英语教学研究

杨淑玲　李卉琼　高绪华 编著

天津出版传媒集团
天津科学技术出版社

图书在版编目（CIP）数据

英语教学研究 / 杨淑玲，李卉琼，高绪华编著. --天津：天津科学技术出版社，2020.4
　ISBN 978-7-5576-7612-4

Ⅰ．①英… Ⅱ．①杨… ②李… ③高… Ⅲ．①英语—教学研究 Ⅳ．①H319.3

中国版本图书馆CIP数据核字(2020)第053744号

英语教学研究
YINGYU JIAOXUE YANJIU

责任编辑： 陶 雨

出版： 天津出版传媒集团
　　　天津科学技术出版社
地址： 天津市西康路35号
邮编： 300051
电话： （022）23332400
网址： www.tjkjcbs.com.cn
发行： 新华书店经销
印刷： 北京宝莲鸿图科技有限公司

开本 787×1092　1/16　印张 10.75　字数 240 000
2021年4月第1版第1次印刷
定价：58.00元

前言

随着我国经济地位的提升,大学英语在教学中的地位逐步提高。众所周知,全球一体化的进程逐步加快,中国作为世界上最大的发展中国家,在与其他国家交流的过程中,离不开语言的作用,特别是国际性的语言——英语。正因为这样,大学英语教学才会随着社会和国际形势的变化而进行相应改革:大学英语教学逐渐从注重国内到注重国外,正由从区域性交流向国际性交流的道路上迈进。

曾几何时,英语教学的研究往往从学生、教学方法、教学模式等单一角度切入,将学生、教师、教学模式等方面融合在一起研究,不断提升英语教学研究视角的教材相对而言比较少。在世界一体化的进程下,"地球村"这样的理念早已经深入人心了。当今的教育必须根据国内、国际对于人才的需要,在人才培养的确定、教育内容的选择以及教育方法的采用上,不仅要满足国内的人才和文化需要,而且要适应国际产业分工、贸易互补等经济文化交流与合作的新形势。

本书共包括九章。第一章是当今大学英语教学定位。主要研究了全球一体化与大学英语教学、中国英语教育存在的问题、影响中国英语教学的诸因素,使读者能够理解当今英语的教学现状,更好地定位英语教学。第二章是大学英语教学课程研究。通过大学英语教学的历史沿革、大学英语课程的发展、大学英语课程存在的问题与对策三方面内容,帮助大家在了解英语发展变迁的同时,对于大学英语课程中存在的问题,以及如何解决有更清楚的认识。第三章详细介绍了当今比较先进的教学模式:"混合式"教学模式、"任务型"教学模式、"输入—输出"互动教学模式、"学术综合英语"教学模式、"网络化"教学模式等。第四章是教师教学水平对大学外语教学的影响。对于更好地认知教师在教学中的作用很有帮助。第五章讨论了学习兴趣对英语学习的重要性。通过学习兴趣与教学、兴趣的养成两个知识点,让学生在培养大学英语学习兴趣上下工夫。第六章是大学英语的五大能力，即听力能力、口语能力、阅读能力、写作能力和翻译能力。第七章研究了英语教学的发展。从四个方面，即"因材施教"、阶段教育的衔接、文化教学、情感教学，阐明了个性、阶段教育、文化和情感对于提升大学英语教学质量的重要性。第八章是语言教学研究，从语言教学的起源及其理论、语言教学模式、国内外对语言教学的研究等三个方面进行研究。第九章为大学英语教学与双语教学、对大学英语双语教学发展、双语教学的利与弊进行分析。

  本书总结自我教学的经验，为从事大学英语教学的同行提供参考，希望本书能够对各位的教育和教学有所帮助。

作者
2016 年 9 月

目 录

第一章 当今大学英语教学定位 … 1
- 第一节 全球一体化与大学英语教学 … 1
- 第二节 中国英语教育存在的问题 … 5
- 第三节 影响中国英语教学的诸因素 … 8

第二章 大学英语教学课程研究 … 17
- 第一节 大学英语教学的革新 … 17
- 第二节 大学英语课程的发展 … 18
- 第三节 大学英语课程设计存在的问题与对策 … 20

第三章 教学模式对英语教学的影响 … 23
- 第一节 "混合式"教学模式 … 23
- 第二节 "任务型"教学模式 … 26
- 第三节 "输入—输出"互动教学模式 … 30
- 第四节 "学术综合英语"教学模式 … 34
- 第五节 "网络化"教学模式 … 37

第四章 大学英语教师教学综述 … 43
- 第一节 大学英语教师的职业水平 … 43
- 第二节 教育教学与师资管理的理论认知 … 52
- 第三节 多媒体环境下的个性化 … 55

第五章 学习兴趣的启示 … 61
- 第一节 兴趣与教学 … 61
- 第二节 兴趣的养成 … 70

第六章　大学英语的五大能力 ·· 77
第一节　听力能力 ·· 77
第二节　口语能力 ·· 84
第三节　阅读能力 ·· 91
第四节　写作能力 ·· 99
第五节　翻译能力 ··· 108

第七章　英语教学的发展 ·· 112
第一节　"因材施教" ·· 112
第二节　阶段教育的衔接 ·· 118
第三节　文化教学 ··· 121
第四节　情感教学 ··· 129
第五节　结语 ·· 136

第八章　语言教学研究 ··· 137
第一节　语言教学的起源及其理论 ·· 137
第二节　语言教学模式的应用 ·· 143
第三节　国内外对语言教学的研究 ·· 144

第九章　大学英语教学与双语教学 ··· 156
第一节　双语教学发展 ··· 156
第二节　双语教学理论的缺陷 ·· 159

第一章　当今大学英语教学定位

第一节　全球一体化与大学英语教学

大学英语教学改革作为高等学校本科教学质量与教学改革工程的重要组成部分，多年来在推动高校教育教学改革、提高人才培养质量、促进大学生全面发展等方面发挥了重要作用。随着中国经济地位的提高，中国在国际社会中扮演越来越重要的角色，中国必须与国际接轨，进而走向国际化。高等教育的重要性和国际性也随着中国的发展越发地凸显出来。语言是共通的，语言也是没有疆界的。大学教育承载着国家的兴旺和未来。培养具有国际视野的综合型人才，已经成为当下重中之重的使命和任务了。而大学英语作为国际跨文化的交流工具，承载着重大的历史使命，它的成败直接关系到我国高等教育国际化的进程。

教育不再是单纯的教育了，面向国际的现代化教育已经成为了历史大趋势，各高校要努力培育具有国际视野和国际协作精神的高素质人才。这一背景引发了外语界对大学英语教学定位的空前大讨论。其核心是讨论教育应该是素质性外语教育，还是工具性外语教育。许多优秀的研究成果和理论因此诞生。在有关专家学者强烈呼吁下，某些省市率先成立了具有试点性质的大学英语教学指导委员会。比如上海市就制定了我国高等教育史上第一个地方性的大学英语教学大纲，明确突出大学英语的工具性，借此期望能切实提高上海大学生直接使用英语从事学习、科研和工作的能力，从而为其他省市的大学提供了参考和借鉴。

与此相反，国内绝大多数高校坚持素质性外语教学。根本原因在于，领导决策层认为深化大学英语教学改革就是以英语为教学语言推广外语的通识教育，增加一些富有文化内涵的、尤其是能推广中国文化的课，如"英美文化概况""认识中国文化""中外文化概览"等，不断拓宽大学生的国际视野。

如果把大学英语教学改革仅仅限定在开设这几门外语通识教育的课程，那么就是对《国家中长期教育改革与发展规划纲要》提出的关于加强国际视野教育、努力培养国际化人才的一种片面的理解。外语通识教育课程有助于开阔学生国际视野，但不介入学科内容的学习很难让学生真正通晓国际规则、参与国际竞争、掌握国际惯例。大学英语教学不仅仅是扩展学生国际视野的一种工具，还应该积极创造条件使学生尽快适应学科内容的创新。在全球化和经济一体化的当今时代，外语教学方面应尤其重视外语的工具性。

本章将从高等教育国际一体化、中国外语教育存在的问题、影响中国外语教学的诸因素三个方面论证大学英语教学应该以学科内容为依托，大学英语教学应该由外语素质性教育向工具性教育过渡，进而明确了随着经济的发展，教育，尤其是大学外语教育在国家和国际上的重要性。

在世界各国高等教育改革与发展的实践和实验中，"国际化"俨然已经成为最重要的工作内容之一，但对于什么是"国际化"以及对于"国际化"的认知，还没有确定的共识。不同的国家、不同的利益持有者、相同的国家但是不同的利益持有者以不同的方式诠释其内涵。此外，各国的研究者也从不同的角度揭示高等教育国际化的内容。

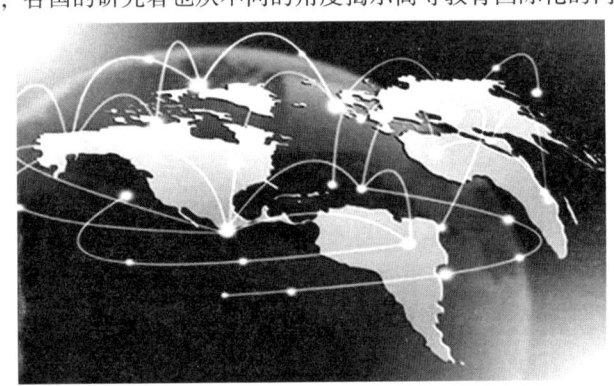

在高等教育研究的过程中，研究者往往将"国际化"与"全球化"两者互用，而不加以区分。在这个过程中，Altbach 认为，高等教育"全球化"是指能直接影响高等教育且在很大程度上不可避免的经济、科学以及技术趋势，而"国际化"是指政府、科研机构甚至是科研部门为了对付或利用全球化而采取的政策或开展的项目。Knight 在 Altbach 的基础上进一步指出，教育国际化就是在世界经济全球化、贸易自由化的推动下，在国际教育贸易市场开放的前提下，教育资源在国际间进行配置，教育要素在国际间加速流动，教育国际交流与合作日益频繁，世界各国教育相互影响、相互依存的程度不断提高，各国教育相互交流，相互竞争，相互包容，相互激荡，共同促进世界的繁荣和发展，各国在人才培养目标的确定、教育内容的选择以及教育手段和方法的采用等方面不仅要满足来自本国、本土化的要求，而且要适应国际间产业分工、贸易互补等经济文化交流与合作的新形势。这是目前对于"国际化"和"全球化"最具有影响力和说明力的研究。教育国际化的核心或者实质，说到底就是在经济全球化、贸易自由化的大背景下，各国都想充分利用国内的和国际的两个教育市场资源，同时，不断优化配置本国的教育资源和要素，抢占世界教育的制高点，培养出在国际上有竞争力的高素质的人才，为本国的最高利益服务，从而提高国家的竞争力。

教育国际化的最终目的是培养具有国际意识、国际交往能力、国际竞争能力的人才，他们能立足于本土，放眼于世界和全球，积极主动地参与国际性质的竞争。这一目的为高校大学英语教学提出了更高和更多的要求。在高等教育国际化进程中，课程国际化已经是一个重要领域。对于某一个课程来讲，教育课程国际化包括了外语技能方面的训练、国际区域研究学科的发展过程和"学科普遍化"。但从广义的课程概念出发，课程国际化还应该包括两个方面：课程目标的国际性与课程体系的国际通行性。为了大力推进高等教育国际化，充分利用国内和国际两个高等教育资源市场，不断优化配置本国或本地区的教育资源，各国各地区纷纷推行国际化课程的革新。

第一章 当今大学英语教学定位

欧盟《博洛尼亚宣言》发布后，德国高校为了适应国际化的需要，同时也是为了与美国、英国等高校抢夺人才市场，逐渐开设了许多以英语为媒介的国际化学位课程。为了培养具有国际交流能力的学生和留学生，在韩国政府的资助下，韩国很多大学增加了对于用英语授课的课程比例。2008年高丽大学用英语授课的课程比例达到了33.76%，除了法律和韩国研究专业外，其余专业新招聘的教师都要求必须要能用英语授课。延世大学、汉阳大学2008年英语授课课程的比例比前一年增长了十多个百分点，对于韩国国内学生英语能力的提升显然起到了很大的作用。另外，在上述几所大学的国际教育研究生院中，除区域研究课程用相应语言授课外，其余都用英语授课，为学生提供了一个国际化的教学环境。与韩国举动相似的是，为了增强日本人国际间的理解与协调能力，日本政府于2003年颁布了《培养"能使用英语的日本人"行动计划》，提出全体国民应具备用英语进行日常会话和简单信息交流的能力，各种职业和研究等工作上需要英语的人士要掌握相应的专业英语，大学毕业生要能在工作中使用英语，各大学要为此设定具体的实现目标。这些举措显然有利于日本大学英语人才的培养，是积极的和有意义的。

各国"千帆相竞"的局面，一方面为我国提供了学习范本；另一方面，也增加了我国国际人才的竞争压力。为了适应高等教育国际化的新形势，中国教育部自2001年起颁布了一系列文件，要求高等教育要切实提高大学生的专业英语水平和直接使用英语从事科研的能力。自这些文件发布后，各高等院校大力推进全英或双语课程的建设，如复旦大学2010年春开设的双语课程多达101门，研究者对重庆和湖北等地八所重点大学调查后发现双语课程开设相当普遍。当然，这些课程开设的初衷是好的，出发点既是为了国家和民族的未来的，也是有利于大学生的自身发展，然而，开设的结果并非尽如人意。根据调查得知，目前阻碍双语教学发展存在三大瓶颈：双语教学师资严重不足，语言环境的局限，缺乏双语教学的教材。学生也普遍看好双语课程，但不敢轻易选修或不愿意选修，主要原因是对全英语授课的不适应。中国双语教学发展速度很快，但是和西方先进教育强国相比，还存在很大的差距。专业词汇的欠缺和文献阅读能力的薄弱，是影响课程质量的两大主要因素。因此，教师们都希望大学英语教学能突破传统模式，不断形成具有本区域特色的新的教学模式，从以语言为主导逐渐向以内容为主导转变，使大学生能更好更快地适应双语教学课程。

如果说大幅提高国际化课程是今后中国大学的一个发展趋势的话，大学英语教学应该定位在为中国高等教育国际化服务，这是长期的目标。服务体现于三个方面：一是提供国际化课程的师资；二是提供部分英语讲授的国际化课程；三是帮助学生适应英语授课、满足英语学术交流的需要。就目前的条件和环境来讲，让大学英语提供国际化课程或国际化课程的师资有相当的难度，这些难度是因为各个区域的资源是不均衡的，区域内部之间也呈现出不均衡的态势。不过，部分高校的教学实践表明，大学英语教学完全可以帮助学生适应英语授课，同时，满足他们英语学术交流的需要。

大学英语教学目标的定位是与国家对外开放的政治经济需求紧密相关的。可以这样说，大学英语教学目标的定位和我国的国情息息相关。为了适应我国高等教育新的发展形势，深化教育教学改革，2007年教育部制定了《大学英语课程教学要求》（以下简称《课程要求》），作为各院校组织非英语专业本科生英语教学的主要依据。根据《课程要求》，大学英语教学是以英语语言知识与应用技能、学习策略和跨文化交际作为主要教育教学内容，大学学生的学习和成长以此作为蓝本。大学英语的教学目标是培养学生英语综合应用能力，特别是听说读写和翻译的能力，使他们在今后工作和社会交往中能用英语有效地进行口头和书面的信息交流，不断扩大通用性质的语言的适用性和通用性，适应我国经济发展和国际交流的需要。与此同时，考虑到我国幅员辽阔，各地区以及各高校情况差异较大，大学阶段的英语教学要求分为三个层次，即一般要求、较高要求和更高要求。

与以前的教学大纲相比，《课程要求》具有一定的先进性和前瞻性。首先，将过去统一的大纲变为多层次的大纲，兼顾了地区性的差异，这是根据我国的国情编写出来的。其次，提出了以信息技术为基础的现代化教学模式，不断丰富现代化教学模式的探索和使用。最后，指出了形成性评价与终结性评价相结合的方式，这些方式对于指导大学英语教育教学有很大的作用。然而，随着高等教育国际化的深入，《课程要求》中提出的教学内容以及设定的目标已跟不上时代的要求，教学改革也迫在眉睫。在讨论当前高校大学英语教学时，王守仁指出，21世纪头十年里大学英语教学改革是以推进教育信息化进程为特征，重视培养学生的听说能力和自主学习能力，提倡形成性评估与终结性评估相结合；在第二个十年里，面对前所未有的机遇和挑战，我们应以国家中长期教育改革和发展规划纲要为指导，主动适应国家经济建设、社会发展和高等教育国际化的新形势。为了适应高等教育国际化的新形势，中国教育部于2001年颁布《关于加强高等学校本科教学工作提高教学质量的若干意见》，要求"本科教育要创造条件使用英语等外语进行公共课和专业课教学"；随后，2005年颁布《关于进一步加强高等学校本科教学工作的若干意见》，要求"要提高双语教学课程的质量，继续扩大双语教学课程的数量"；2007年颁布《教育部财政部关于实施高等学校本科教学质量与教学改革工程的意见》，继续强调"鼓励和支持校内及聘请国内外著名专家学者和高水平专业人才承担教学任务和开设讲座，推动双语教学课程建设，探索有效的教学方法和模式"。

随着高等教育国际化的进一步深入，大学英语教学需要重新定位。随着各类研究成果的涌现，人们的观点逐渐趋于一致。语言是人类最重要的交际工具，也是最重要的思维工具，学习外语是为了了解世界多样性、参与或从事跨文化交流，而学习外语的过程中能够产生出一批既懂专业又能娴熟运用英语的复合型大学英语教师，进而服从和服务于大学英语教育教学，将当今最先进的教学模式应用和践行到教学实践之中去。此外，可以通过精品课程、教学改革示范点、"国际区域问题研究及外语高层次人才培养项目"等形式充分完善大学英语教师的知识结构。

当然，从根源上讲，大学英语教师的知识结构和素质取决于英语学科专业的定位和发展，大学英语教师主要来源于各高校的英语专业，这才是问题的起源和关键。英语学科应该抓住当前的大好形势，进一步推动20世纪80年代提出的外语专业复合型人才培养战略，积极改善高校外语专业学生的知识结构，拓展外语专业的学科内涵，从课程设置、师资安排、教材教法、教学评估等基本环节稳妥有序地完善外语专业体系。通过整合相关资源，加强对国家急需的战略性复合型外语人才的培养。同时，可以引进一批世界级的应用性人才，让有国际视野掌握专业知识又能熟练运用外语的高级人才成为外语学科方向的领军人物，完善外语学科的人才培养机制。只有这样，将教师、教育、人才和资源完美结合，才可以促进一个国家和区域语言的推广和发展。

第二节　中国英语教育存在的问题

近年来，人们对大学英语教学改革的呼声越来越大，大学英语教学低效费时的弊端日益受到人们的关注。为了促使我国大学英语教学改革，提高大学英语教学的效率，必须对大学英语教学中存在的问题有清醒的认识。

一、英语教学问题综述

我国学生从小学到中学、大学，甚至到硕士、博士，将大量的时间和精力都投入到英语学习中。从轰轰烈烈地举行全国四、六级统考以来，大学英语教学受到了空前的重视。但是，有一个容易被大家忽略的现实是，我国学生英语的整体水平不高。虽然目前各高校英语教学条件、设施都得到了较大的改善，学校领导、教师及学生都付出了较大努力，但始终没能获得应有的成果。"聋子英语""哑巴英语"的帽子始终戴在学生头上，很多院校的毕业生，只会说几句英语或者是几个英语单词，英语的教学和发展处于前所未有的尴尬境地。另外，对于非英语专业的学生来讲，学习英语的目的多是为了应付英语四、六级考试，一旦过关就把英语抛到脑后。一切为了功名利禄的考试固然能够激发学生学习的积极性，但是，在这个学习的过程中，学生很容易产生厌烦和抵触情绪。当然也有一些学生对英语学习非常重视，将大量精力放在英语学习上，甚至抛下了专业课的学习。尽管如此，真正遇到外国人时，还是说不清，别人也听不懂。

学生英语水平普遍不高与英语教学的方式有很大关联。在课堂上，教师一直讲，学生一直闭口听、记笔记，却害怕开口、害怕提问，这样，就忽略了学生自身的兴趣及英语教学的目的性。实质上，英语教学就是为了让英语这门语言在日常生活中能够广泛地应用和交流，让更多学习英语的人，能够参加到以英语为媒介的国际化和区域性的交流之中去。此外，下课后，学生也只是背单词、背笔记、做机械性的训练。这样完全没有启发式的教学使得学生既无法提高对英语学习的兴趣，也无法提高英语学习的成绩。

二、英语教学中的具体问题

（一）受"应试教育"的制约

应试教育是传统英语教学模式的一个基本目标。它与素质教育的根本区别在于"考试观"的不同。考试主要具备两种功能：评价功能和选拔功能。在"应试教育"思想的长期影响下，人们更加看重考试的选拔功能。比如，大学英语四、六级考试早已成为大学英语教学的指挥棒，通过率的高低是评价学校及教师的一个主要标准。这又使四、六级考试的应试性特点得到了强化，使得考试失去了其应有的作用，提高学生英语应用能力的目标得不到落实。事实上，语言学习应该做到：多听、多说、多读、多写，特别是多背。语法知识固然很重要，但获得外语的"语感"更加重要，这就需要背诵。没有背诵，也就失去了外语学习的"脊梁骨"。不仅是背单词，更重要的是背诵课文。而英语四、六级考试的题型主要是选择。这就是学生将大量的时间花在了背语法、词汇、做大量模拟试题上的原因。学生更加看重答案的标准性、唯一性，不愿意诵读课文，更是不愿意去根据语言的语境和背景，去了解更多的文化知识和文化内涵，此外，单纯地接受教师的课堂传授教育，而忽视了课堂上的讨论和交流，从而在心理上很排斥交际活动，过分依赖教师的讲解，逐渐丧失了思考、质疑、创新的能力，虽然具备了较强的应试技巧，但交际素质很低，至今，我们的教育仍然停留在这个圈里而无法脱身。

此外，传统的英语教学模式是单调乏味的。它严重制约了英语教与学两方面的积极性。教师在课堂上习惯地采用以讲授为中心的、单向的、非交际的"满堂灌"教学方法，使得原本应当生动活泼的学习过程变得死气沉沉。在这种呆板、单一的教学模式中，教师机械地讲，学生被动地听，课堂教学无法活跃和互动起来，学生语言交际能力得不到提高。这样教学过程一味简单地重复，也就失去了新奇性。对学生来说，他们原本处于被动地位，如果接受知识的过程始终单调乏味，课堂学习效率就很难提高。

值得一提的是，那些乐意去学习英语、会学习英语的大学生，总是尽量摆脱单纯的课堂教育的束缚，选"英语交流活动""英语角"等方式和途径，为自己的英语学习和提高另辟蹊径。这是难能可贵的，更是值得大学教师不断去理解和反思的。

（二）教学模式和教学方法单一

目前，我国英语的教学模式存在呆板和落伍的问题，主要体现在两个方面。首先，我国的英语教学仍沿用着旧式的、传统的模式。在英语教学中，教师不但要向学生传授必要的语言知识，还应该启发和引导学生运用所学知识进行广泛的阅读和交际等实践活动。但是，在相当长的一段时间里，我国的英语教学一直都采用"书本加黑板"的教学模式。这种模式不仅忽略了教与学之间的关系，而且忽略了英语教学的根本目的是要培养学生的交际能力。虽然，随着国家经济的发展，大学里面教学硬件资源得到了很大的提升，但是，我们的教师没有充分利用大学的各种资源，助长学生学习梦的翅膀的力量。此外，学生独立运用语言能力差、对教师依赖性强、"高分低能"等现象，造成很多学生"只会考试、不会实践"，这些现象不是独立的，也不是片面的，而是存在于各个教育阶段的。

其次，教学手段单一落后。随着现代技术的发展，在教学中出现了很多现代化的教学手段，使学生可以在更广泛的范围内接触和学习英语。但从实际情况来看，现代教育技术在英语教学中的应用还是不够。尽管一些学校使用了诸如多媒体、网络等教育手段，但实际效果并不理想。这一方面是由于学生数量多与现代化设备相对少两者之间的矛盾，从而在整体上缺乏多媒体学习环境所导致的；另一方面也与学校乃至英语教师本身不重视现代教育技术的真正作用，致使很多现代化教育设备无法发挥其训练和实践的功用有很大关系。可见，要激发学生对英语学习的兴趣，提高他们综合运用英语的能力，必须改革英语教学手段，优化学生学习环境。

（三）教材选择存在弊端

教材在很大程度上决定着课程的教学目的和教学方法，因此，对于任何一门课程而言，教材的设计和选择都非常重要，甚至决定了这一门课程教学的成功与否，英语教学也不例外。

目前，我国非英语专业大学英语教材在内容选择上重文学、重政论，忽视了现代的实用型内容。改革开放以来，社会各方面都得到了较快发展，但是外语教学却止步不前，能够在英语教育上取得很大的建树的学者和研究者更是寥寥无几。特别在教材上，教材内容已与现代社会相脱节，教材设置目的已不能满足现代外语教学的需求。要知道，学生是新一代的青年，而旧的教材，使他们的思想和思维一开始就被束缚住了。

20世纪90年代以来，虽然我国引进了原版英语教材，本土教材的设计上也有了较大改变，但是这些教材只追求"可教性与可学性"，而忽视了实用性，学生从课本上学到的知识没法在社会交际中得到应用，从而渐渐失去对英语学习的兴趣。

要想设计一本好的英语教材，作为一个研究人员，应该考虑以下几个因素。

（1）好的教学指导思想。指导思想决定了学生能够怎样学习，能学到哪些东西，这决定了学生在学习的道路上能够走多远。

（2）内容的安排和选择符合教学目标。这些问题决定了教材是不是足够吸引学生的目光，能否激发他们对于未知领取的探索和渴求，如果是的话，那么我们的教育至少成功了一半。

（3）体现先进的教学方法。老师是课堂的主宰者，如果说这样说不过分的话，老师的思维有多远和有多么先进，就决定了学生能跟着老师的思维走多远。优秀的老师总是能够很好地引导学生，不断启发他们的思维。

（4）教材的组成是否完整，全套教材包括了学生用书、教师用书、练习册、录音带和录像带或多媒体光盘等组成的立体化教材。充分利用一切资源和手段，助力学生的成长，是学校和老师的梦想，也是学生内心渴望。因此，立体化的教学是有必要的，是让学生有学习兴趣的重要一步。

（5）教材的设计是否合理。教材的篇幅、版面安排、图文比例和色彩等都很重要。冗长的内容总是让人觉得枯燥乏味。新鲜的东西总是使人目不转睛。就好比月亮始终围绕着地球转动一样，大家都知道是"万有引力"的作用，而它的奥妙就在于能够让月亮在引力的牵引下，始终不变方向。如果我们的教材能够做到这一点的万分之一，恐怕我们的人才就会变得不计其数了。

（6）教材的内容是否真实、地道。在任何时候，教材都应该根据英语国家的社会环境和区域环境编订，都应该与时俱进，而不能够停滞不前。现在的社会，总是变化万端，新的词汇和新的语素不断出现，教材内容应该根据具体情况去修改和添加，而不应该因为担心某些因素而不去补充和完善。

总之，作为教材的直接使用者，教师可以结合以上因素为教材的设计提出建议，开发出适合我国学生的科学性教材，从而促进我国英语教学的发展，使我国的英语教学步入良性轨道。

(四) 忽视了文化教学的重要性

各国文化都是独特的，都有值得其他民族学习和弘扬的地方。要学习一门语言就要掌握该语言中的各种文化，而教师和学生的精力都很有限，也有一定局限，不可能掌握所有的文化内涵，因而就要有所取舍。对于我国学生来讲，主要有三个方面的文化影响着交际：（1）语言的文化内涵；（2）中西文化习俗、行为规范等方面的异同；（3）中西文化价值观的异同。然而，我国的教师和学生都认为，学好英语就要学好语音、语调、语法和词汇等知识——他们认为这些才是学习的根本。事实上，即使掌握了这些知识，如果不了解中西文化的差异，仍然会影响交际活动的开展。正如同西方人学习中文一样，如果只学习中文的语音、语调、语法和词汇等知识，西方人只会越学习越糊涂。

我国教师和学生对英语学习的误解，使他们都把重点放在了语言知识上，而忽视了英语文化的学习，这就是"舍本逐末"，导致学生在和外国人交际时常出现各种误解和麻烦。比如，一些学生习惯用姓称呼外籍教师，常使外籍教师很不满。因为，在英语国家用姓作称谓的情况只限于几种少数情况（如监狱看守对囚犯的称呼，教练对球员的称呼等）。而称呼教授一般是 professor + 姓。

总之，语言是交际的工具，如果不了解各种语言所承载的文化，不了解各文化间的差异，就很难顺利地进行交际，文化差异的存在，常常使跨文化交际失败。因此，教师在英语教学过程中，除了要强调听、说、读、写等技能的提高外，还要帮助学生了解西方文化，让学生了解中西文化上的差异，从而促进跨文化交际的开展。

第三节　影响中国英语教学的诸因素

影响大学英语教学的因素有很多，在此不可能对每一个因素都一一详述，我们会围绕大学英语教学所涉及的一些主要因素，如教师、学生、教学内容、教学方法、教学环境等进行研究，从而让读者明白他们是如何影响大学英语教学的，为以后的工作和学习规避这些行为，提供一定的参考。

一、教师

教师是大学英语教学的重要因素，在英语教学中起着主导作用，这一角色鲜有变化。在英语课堂上，教师主要充当两种角色，即掌控者和引导者。作为一名合格的英语教师首先应该具有纯正的发音。然而,并非所有的英语教师都具有纯正的发音,所以教师可借助VCD、广播以及多媒体等手段来弥补自己的不足,确保学生在课堂上所听的内容都是纯正的英语。同时,教师在讲解单词、句子、课文时,应该穿插一些解释,对难懂的词语要不断重复。

在多数英语课堂上,教师的讲话占据课堂大部分的时间。不可否认,教师的讲话有利于学生的语言习得,但却也不能因此牺牲学生的练习时间。应该让学生成为课堂的主体,有时间去练习、熟记和应用。同时,教师还要注意不断改变教学形式,以增强课堂的趣味性。一成不变的事物是很难存活的,更何况面对的都是鲜活的、充满求知欲望的学生,他们是检验教师课堂趣味性的指南针。一个合格的英语教师还应具有一定的应变能力,能预测课堂活动中出现的状况,很好地处理课堂上的突发事件,确保课堂互动的有序开展。

此外,教师应该随时调整自己的提问方式、语言运用、提供反馈的方式。在英语课堂中,提问是教师常用的一种教育手段。通过提问,可以有效激发学生的学习兴趣,促使学生积极思考。另外,语言运用的方式也很重要,为了让学生对所讲述知识有一个充分的了解,教师在教学中可以采用重复话语、降低语速、增加停顿、改变发音、调整措辞、简化语法规则、调整语篇等措施。

学生是英语教学的重要反馈者,同样,教师的反馈也是十分重要的。所谓教师的反馈可以是对学生话语的问答,如表示学生回答正确或错误、赞扬鼓励、扩展学生的答案、重复学生所答、总结学生回答、批评等。总之,教师的目的就是采用不同形式的教学方法,调动学生的积极性,扩展学生的知识面,培养学生的学习能力,提高教学的效果。

二、学生

(一) 角色扮演

在英语教学中,学生主要扮演这几个角色。

(1) 主体。学生是英语教学中的主体,无论是教师传授知识也好,学生自主学习也好,最终的目标是为了学生更好地成长和成才。学生对知识的探索、发现、吸收,以及内化等实践都有利于知识体系的构建,有利于形成科学的世界观、人生观和价值观,学生通过自己的理解和学习,不断形成自己的思想、意识和价值观念。然后,用这些思想、价值观念等指导自己的行为和行动,进而起到一定的作用——这里主要指的是积极作用。

(2) 参与者。作为外语教学活动的重要参与者,学生应积极主动地参与各项活动,积极思考,勇于表达自己的观点,展示个人的才能。没有学生的参与,一堂课就只是教师的个人秀,也就没有任何的听众和掌声;相反,如果学生成为了学习的主体,不但能够让课堂生机勃勃,也可为课堂的改进建言献策,从而促进老师的进步、学生的自我成长。

(3) 合作者。英语教学是师生之间及学生之间共同进行的,因而团队合作是不可缺少的。在合作中,他们可以相互学习、相互帮助,共同提高。一堂课就是一堂合作课,教育不再是单纯的教师教学,学生学习,教师配合学生学习,激发学生的学习动力和潜力;学生配合教师教学,让课堂更加出彩,并体会合作共赢的真谛。

(4) 反馈者。在英语教学中,学生的反馈信息是教师教学的一个重要依据。学生可以结合自身学习经历和教学法的实用性向教师提出建议或意见,并协助教师改进和完善教学内容和教学方法，从而提高教学效果。

（二）个体差异

学生之间的差异主要体现在这几个方面。

1. 语言潜能的差异

语言潜能是学习外语所需要的认知素质，它是一种固定的天资。努力提高学生的外语素质就是对学生综合语言运用能力的培养，可以根据语言潜能也就是学生的认知素质来预测其学习外语的潜在能力。卡洛尔（Carroll）提出学生应具有这几种学习能力。

（1）学生应具有语音编码解码的能力，即关于输入处理的能力。

（2）学生应有归纳性语言学习的能力，它是有关语言材料的组织和操作方面的能力。

（3）学生对语法还应有一定的敏感性，它是从语言材料中推断语言规则的能力。

（4）学生应具有一定的联想记忆能力，它是关于新材料的吸收和同化的能力。

每个学生的语言潜能都存在差异。在英语教学过程中，教师应先了解学生的语言潜能进而因材施教，以收到事半功倍的效果。然而，在日常的教育教学过程中，很多教师不愿意花费更大的心思在开发每一个学生的语言潜能上，而愿意采用大众化的、一般性质的教育。笼统的教育在大学校园内屡见不鲜，因此，在这样环境下培养的人才，一方面不能够满足国内日益发展的需要，另一方面也不能够满足提高国际竞争力的需要。这不得不引起教育工作者的反思。

2. 认知风格的差异

认知风格又称认知方式，是指个体在认知过程中所表现出来的习惯化的行为模式，其差异既包括个体知觉、记忆、思维等认知过程方面的差异，也包括个体态度、动机等人格形成和认知功能与认知能力方面的差异。每个学生都有各自不同的认知风格。然而，不同的认知风格又有优劣之分，但这并不体现在学生的学习成绩上。每个学生都有自己偏爱的信息加工方式，在学习不同材料时也会各有所长。当学生的认知风格与教师的教学风格、学习环境中的某些因素相吻合时，就会获得好的学习成绩。因此，教师应了解并尊重学生的认知风格，针对不同的学习任务和学习环境因材施教，正确引导，使自己的教学特点与学生的需要有机地结合起来，从而获得良好的教学效果。

良好的认知才会有良好的行为。正是由于社会对于相同专业的人才的不同需要，才会导致不同认知的学生有不同求知思路。对于一部分学生而言，学习达到一定程度就可以了，就可以满足自己求职和工作的需要了。而对于另外一部分学生而言，现阶段的学习还不够，自己还有提升的空间，社会发展的速度是那么快，因此，有必要为了考研而努力。有的人认为，自己的发展靠着家里的关系就可以了，压根不需要在大学里努力。这些积极的和消极的认知，充斥在大学校园内。作为大学教育工作者，有必要了解每一个大学生的认知，进而引导他们成长。

3. 情感因素的差异

情感因素差异主要涉及这几个方面：

（1）学习动机

学习动机是指激发个体进行学习活动，维持已引起的学习活动，并使行为朝向一定的学习目标的一种内在过程或内部心理状态，是直接推动学生进行外语学习的内部动力，是影响外语学习成绩的一个关键因素。学习动机来源于学习活动，也是学习活动得以发动、维持、完成的重要条件，并由此影响学习效果。众所周知，良好的动机就等于成功的一半。很大程度上，动机决定了人的认知。正是基于此，在大学英语的学习过程中，要时时刻刻端正学生的学习动机，规避消极的动机，激发并引导积极的动机，让学生积极参与到课堂之中来，参与到激发自我学习潜能之中来，激发大学生的各种爱好和兴趣，帮助其成功成才。

（2）性格

性格是指一个人对现实的态度和行为方式表现得比较稳定但又可变的心理特征，性格是学生的重要情感因素，也是决定其英语学习成功与否的关键因素之一。人的性格大体可以分为外向型和内向型两种。埃利斯（Ellis）认为，外向型的学生有利于交际方面的学习，因其喜欢交际，不怕出错，能积极参与英语学习活动，并在活动中寻求更多的学习机会；而内向型的学生在发展认知型学术语言能力上更占优势，因其善于利用沉静的性格从事阅读和写作。对教师来说，研究学生在性格上的差异的最终目的是为了充分了解学生的个体差异和不同的心理状态，发挥不同性格学生的优势，因材施教，以获得更理想的教学效果。

正如同哲学家所说的那样："世界上没有两片相同的叶子"，当然，这个世界上更是没有相同性格的学生。正是这样，面对那么多的学生，对于他们的性格进行有效的观察和记录，进而根据他们的性格进行合理的人生规划和引导，是积极的，也是很有必要的。相反，因为学生人数多，而忽略了对于学生性格的分析，这是责任心不强的表现。

（3）态度

态度就是个体对他人或事物的稳定的心理倾向或为达到某种目的而做出的努力，它是影响学习效果的重要因素之一。学习态度一般包括情感成分、认知成分和意动成分。所谓情感成分就是对某一个目标的好恶程度；认知成分是对某一个目标的信念；意动成分就是对某一个目标的行动意向以及实际行动。通常来讲，要想获得好的学习效果，学习者应该对异质文化具有好感，向往其生活方式，渴望了解其历史、文化和社会习俗等。相反，学习者对外族文化抱有轻蔑、厌恶甚至仇视的态度是学不好该族语言的。此外，学生对学习材料、教学活动的组织形式及对教师的态度都会影响到他们语言学习的效果。

态度中的内在感受是指人们对事物存在的价值或必要性的认识，它包括道德观和价值观。价值观以得或失为条件来影响人们的行为，而道德观则能使人们不惜任何代价甚至是不惜生命来达到一些目标；态度中的情感是和人的社会性需要相联系的一种较复杂而又稳定的评价和体验，它包括道德感和价值感两个方面；意向是指人们对待或处理客观事物的活动，是人们的欲望、愿望、希望、意图等行为的反应倾向。

分析学生的个体差异有利于教师制订合理的教学计划，选择适合的教学材料及方法。

（三）成功的语言学习者应具有的特点

（1）认真并愿意听教师讲课。坚持做笔记，对教师讲过的单词、短语、句子和课文等定期复习。只有这样，学生才可以将课本及老师所讲的知识转化为自己的知识，逐步吸收对自己有用的知识，为自己的成长和成功铺路。

（2）具有冒险精神。能大胆地运用所学知识，不怕犯错，对于教师的纠正有较好的态度。真正的知识不是像宝物一样去用来收藏。对于语言而言，不能够应用到生活和交际中，是最大的浪费，这里面有时间成本，有人力成本，有金钱成本，也有教育成本等，因此大胆地实践而不怕失败，是一个成功者应具备的良好素养。

（3）善于思考。可以用英语思维来考虑问题，能将所见所闻与学过的英语知识联系起来。英语的教学，最主要的目的就是将学生带进英语学习的具体语境中，不断去丰富自己的见闻，去了解来自其他区域的文化和内涵，进而不断完善自己的人格。

（4）懂得通过与教师的交际来提高自己的语言水平。主要表现在经常提问、积极发言。作为学生，应该在大学英语课堂中做一个良好的反馈者，而不是沉默者。在课堂上积极发言，不害怕出错，做最积极的反馈者，那样，既帮助了你自己，帮助了教师，也帮助了周围的同学。

（5）有适合自己的学习方法。例如，有的学生喜欢早上背单词、课文，有的学生则善于睡前背诵单词、课文，因此学习者应该善于寻找和琢磨适合自己的学习方法和手段。

（6）有着长远的学习目标。要使近期目标比目前学习的内容更加深入，善于充分利用有限的课堂时间与教师和同学进行交流。对于一个国家文化的了解和学习，从来不是一蹴而就的，应该有持之以恒的心态、不畏艰难困苦的求索精神，一步步的由小计划开始，最终达到自己心中想要的结果。

（7）懂得安排自己的课后时间，懂得学习英语需要持之以恒。经常在课堂发言，在余下的时间里，也可以尝试着将英语作为自己的第二语言和身边的人进行沟通和交流，对于难点就记下来，对于不懂的就及时去问和查阅资料，不能够束之高阁。

三、教学内容

教学内容是指在教学活动中为实现教学目标，师生共同作用的知识、技能、技巧、思想、观点、概念、原理、事实、问题、行为习惯等的总和。教学内容是一种特殊的知识系统，既有别于语言知识本身，又不同于日常经历；既要考虑英语学科本身的知识体系，又要考虑学生的年龄特点和实际需求等。通常来讲，教学内容主要有这五个方面内容。

（1）语言知识。英语运用能力的有机组成部分就是英语语言知识。语言知识是语言学习和语言运用的重要内容之一。英语语言能力的形成是以语言知识为基础的。

（2）语言技能。英语语言的技能主要包括听、说、读、写四个方面，它们是形成综合语言运用能力的基础和必要手段。听的技能就是分辨和理解话语的能力；说的技能就是运用口语表达思想、输出信息的能力；读的技能是指辨认和理解书面语言的能力；写的技能主要指运用书面语表达思想、输出信息的能力。在大量听、说、读、写等专项和综合性训练中，学生将会形成这几种技能的综合运用能力，为真实的语言交际奠定基础。

（3）情感态度。情感态度是指兴趣、动机、自信、意志和合作精神等影响学生学习过程和学习效果的相关因素。积极的情感态度有利于发挥学生潜在的各种技能；相反，消极的情感态度会阻碍语言学习能力的养成。因此，教师在教学中应不断激发并强化学生的学习兴趣，引导他们逐渐将兴趣转化为稳定的学习动机，从而形成积极的情感态度。

（4）文化意识。文化意识是指所学语言国家的地理、历史、风土人情、传统习俗、生活方式、文学艺术、行为规范、价值观念等。对于英语学习者来讲，接触和了解英语国家的文化可以加深其对英语语言的理解和使用，提高其人文素养，培养其世界意识。因此，教师在英语教学中要注重对学生文化意识的渗透，根据学生的年龄特点和认知能力，传授文化知识，培养文化和世界意识。

（5）学习策略。学习策略是指学生为有效地学习和发展而采取的各种行动和步骤。英语学习策略主要包括认知策略、调控策略、交际策略和资源策略等。培养学生的学习策略可以促使他们有效学习，并能为终身学习奠定基础。好的学习策略，可以改进学习方式，提升学习效果，还能使学生学会如何学习，从而形成自主学习的能力。因此，教师要帮助学生形成自己的学习策略，对自己的学习过程和效果进行监控和反思，培养学生根据学习风格调整学习策略的能力，引导学生观察他人的学习策略，乐于尝试不同的学习策略。

四、教学方法

教学方法是教师和学生为了实现共同的教学目标，完成共同的教学任务，在教学过程中运用的方式或手段的总称。从古至今，英语教学中出现过不少教学方法，并且它们都在英语教学中发挥过作用。然而，事实证明，教学方法没有最好的，只有最有效的。具体地说，英语教学中采用固定的、一成不变的方法，将会引起学生的反感，也就会降低外语教学的效果。即使在一堂课使用一种教学方法，学生也会感到单调、乏味。因此，英语教学所采用的方法应具有灵活、多样等特点，要对各种语言技能有所侧重，这样才能全面提高英语学习的能力。

五、教学环境

（一）教学环境的要素

教学环境是一个由多种不同要素构成的复杂系统。广义的教学环境是指影响学校教学活动的全部条件，它可以是物理环境和心理环境。狭义的教学环境指班级内影响教学的全部条件，包括班级规模、座位模式、班级气氛、师生关系等。在此，我们将教学环境的要素总结为这几方面。

（1）社会环境。这一环境是影响和制约外语教学的重要因素，它主要涉及社会制度、国家的教育方针、科学技术水平、经济发展状况、人文精神、外语教育政策、社会群体对英语学习的态度以及社会对英语的需求程度等。英语教学发展的主要动力就是社会环境，它对英语教学有着极强的导向作用。越是经济发达的国家，越是重视英语的发展，越是能够为英语的发展提供更多的经济支援、人力支援、物质支援和政策支援等，从而，更好地促进大学英语教育的发展，为英语的发展开启更好的安全路灯。

（2）学校环境。为学生提供学习场所和学习手段的最佳环境就是学校。学校环境对英语教学的影响是最重要和最直接的，它决定着多数学生英语学习的成败。学校环境主要涉及课堂教学、接触英语时间的频率、班级的大小、教学设施、教学资料、英语课外活动、英语教师及其他教职工对英语的态度及其英语水平、校风班风和师生人际关系等。学校氛围是尤其重要的。在良好的学校氛围下，大学英语学习会出现良好的学习态度和竞争，进而，方便学校根据社会的整体需求培养社会需要的综合性人才。

（3）个人环境。个人环境也会对学生的英语学习具有一定的影响。个人环境一般包括学生的家庭成员、同学、朋友的社会地位，物质生活条件，文化水平，职业特点和对英语学习的态度、经验、水平及学习方式，成员之间的关系及感情，学生的经济状况，拥有的英语学习设备和用具等。在条件好的家庭，孩子很小的时候便接受良好的教育，当然，英语教育也在其中。物质的付出，是为了孩子更好地融入这个社会，并且能够及早地成为社会的精英。

（二）教学环境对英语教学的影响

教学环境对英语教学有这几个方面的影响。

（1）教学环境能够使教师在教学中更加努力地营造良好的课堂环境，充分利用现代化教学设备，优化教学环境，提高学生对英语语言的运用能力。

（2）教学环境可以帮助教师正确认识环境对学生英语学习的影响，结合我国英语教学的现状，理性地分析、判断和选择其他国家英语教学的理论和方法。

（3）教学环境可以帮助教师有效地加工语言输入材料，科学地设计语言练习，创设良好的课堂英语使用环境。

（4）教学环境有利于教师在不断学习和实践中优化课堂教学环境，在创设良好的英语教学环境过程中，提高自身的教学素质。

六、结语

学习本章我们了解到，随着全球一体化进程的加快，社会对于大学英语教学的要求也是越来越高，大学教育应该根据社会的需要适时地作出改变。大学英语教育在其产生伊始，对于中国外语人才的培养起到了很好的积极作用。随着社会的发展，大学英语教学中存在的问题也愈演愈烈，并在某些具体方面表现得很突出。

参考文献

[1] Altbach，P. G. Globalization and the university：Myths and realities in an unequel world ［J］. Tertiary Education and Management. 2004（10）.

[2] Andrade，M. S. & J. H. Makaafi. Guidelines for establishing adjunct courses at the university level ［J］. TESOL Journal. 2001（10）.

[3] Burger, S. Content – based ESL in a sheltered psychology course: Input, output and outcomes [J]. TESOL Journal. 1989 (6).
[4] Burger, S. Wesche, M. &M. Migneron. Late, late immersion: Discipline – based second language teaching at the University of Ottawa [C]. In Johnson, R. K. &E. M. Swain (eds.). Immersion education: International perspectives. Cambridge, Uk: Cambridge University Press. 1997.
[5] Burger, S. &M. Chretien. The development of oral production in content – based second language courses at the University of Ottawa [J]. The Canadian Modern Language Review. 2001.
[6] Blossom, W. Content – based unit learning in English for academic purposes courses in teachers'colleges [J]. Adolescent & Adult Literacy. 2001.
[7] Lo, W. Y. W. Reflections on internationalizatiaon of higher education in Taiwan: perspectives and prospects [J]. Higher Education. 2009 (58).
[8] Short, J. D. Assessing integrated language and content instruction [J]. TESOL Quarterly. 1993 (27).
[9] Song, B. Content – based ESL instruction: Long – term effects and outcomes [J]. English for Specific Perposes. 2006 (25).
[10] 蔡基刚. 全英语教学可行性研究——对复旦大学"公共关系学"课程案例分析 [J]. 复旦大学学报, 2010 (6).
[11] 教育部高等教育司. 大学英语课程教学要求 [M]. 上海: 上海外语教育出版社, 2007.
[12] 李天鹰. 日本英语教育改革的行动计划 [J]. 外国教育研究, 2003 (11).
[13] 李同艳. 浅论我国高校双语教学的三大瓶颈及其解决对策 [J]. 北京大学学报(哲学社会科学版), 2007 (5).
[14] 史光孝, 赵德杰. 以内容为依托的大学英语教学走向: 同事教育抑或学术英语教育 [J]. 山东外语教育, 2011 (2).
[15] 束定芳, 陈素燕. 宁波诺丁汉大学英语教学的成功经验对我国大学英语教学改革的启发 [J]. 外语界, 2009 (6).
[16] 束定芳. 高等教育国际化与大学英语教学的目标和定位——德国高校英语授课学位课程及其启示 [J]. 外语教学与研究, 2011 (1).
[17] 王守仁. 关于高校大学英语教学的几点思考 [J]. 外语教学理论与实践, 2011 (4).
[18] 汪霞. 大学课程国际化中教师的参与 [J]. 高等教育研究, 2010 (3)
[19] 文秋芳. 压缩教学周期, 增强教学密度——大学英语教学改革新思路 [J]. 中国外语教育, 2008 (3).
[20] 王若梅. 解析高等教育课程国际化 [J]. 江苏高教, 2011 (2).
[21] 严明, 冯莉. 国外ESP教学研究及其启示 [J]. 黑龙江高教研究, 2007 (4).
[22] 张贞爱, 王克非. 韩国外语教育国际化考察 [J]. 外语教学与研究, 2010 (5).

[23] 张乐兴,李养龙."以学习者为本"的大学英语课程设置:调整与效果评价[J].山东外语教学,2010(5).
[24] 陈莉萍.高等教育国际化背景下大学英语教学定位[J].大学英语教学研究,2015(9).

第二章 大学英语教学课程研究

第一节 大学英语教学的革新

大学英语教育始终是大学教育中的一个重点。大学英语教学改革是英语教学发展的必要途径。下面就来探究一下大学英语教学改革的主要历程和改革成果。

一、大学英语教学改革历程

（一）大学英语发展的初期阶段

新中国成立后至1984年是大学英语发展的初级阶段。在这个大阶段里，又包含了两个小阶段：即新中国成立后到1978年，此阶段的大学英语课一直被称作公共英语课。大学英语发展的第二个小阶段是从1978年至1984年。第二阶段的外语教学发展历程主要有：大学英语教学开始逐渐恢复并迅速发展，教育部召开了具有全国性的外语座谈会并颁布了《加强外语教育的几点意见》。大学英语教学逐渐开始步入正轨：一方面开展了公共英语教师培训计划，另一方面设立了公共英语教师的培训中心，并成立了高等院校理工科公共外语教材编审委员会，组织编写了教学大纲和通用教材，同时成立了中国公共外语教学研究会。

（二）大学英语发展的中期阶段

1985年至2001年是大学英语发展的中期阶段。此阶段的英语教育事业取得了长足进步，具体体现在以下两个方面。

（1）教育部颁布了《大学英语教学大纲（高等学校理工科本科用）》，从此，"大学英语"这个名称开始取代"公共英语"；同时，成立了大学外语教材编审委员会，并设立了大学英语编审组，之后又成立了高等学校大学外语教学指导委员会。此外，这一阶段还出版了大学英语教材以及《大学英语教学大纲词汇表》，如杨惠中和张彦斌的《大学核心英语》、董亚芬的《大学英语》等。

（2）随后，又相继出版了《大学英语教学大纲通用词汇表（1~4级）》和《大学英语教学大纲通用词汇表（5~6级）》；同时，成立了大学英语四、六级标准考试设计组。这些举措对大学英语教学及其改革影响极大，很好地推动了大学英语教学的发展。

（三）大学英语发展的后期阶段

大学英语发展的后期阶段是从2002年至今。随着我国各项事业的蓬勃发展，特别是中国经济的飞速发展以及中国在国际事务中扮演的角色越来越重要，这一阶段的英语教育事业也进入了鼎盛时期，特别是为了解决高校不断扩招引发的各种问题和矛盾，大学英语教学改革又迈出了坚实而有力的步伐。这一阶段，经过不断修订和改善，最终制定了《大学英语课程教学要求》；启动了包括"大学英语网络课程"的"高等学校教学质量和教学改革工程"和"新世纪网络课程建设"。

随着经济的发展，中国与世界上其它国家的交往和交流也越来越多，这给英语教学带来了一场新的契机。第一，英语教学的地位提高了，以前英语教学是一个没有生命力和阳光的职业，而现在该职业充满生机和机遇。第二，教育部规定小学四年级或五年级就应该开始学习英语，英语的基础性教育遍地开花。第三，英语作为大学入学考试的必考科目，而且纳入高考总分，把英语当作人生成功和成才的阶梯。可以说，这一时期外语教学生机勃勃、百花齐放，围绕着教学目标和教学方法专家学者进行了多方面的讨论。

第二节 大学英语课程的发展

英语教学的课程设置在一定的程度上受到英语语言学理论的影响。在整个英语教育中比较有影响力的课程设计，有传统英语课程设计、整体化英语课程设计、动态化英语课程设计和生态化英语课程设计四种。

一、传统英语课程设计

传统英语课堂设计分成三大块，即教学大纲的制定、教学大纲的施行和课堂教学。在相应的阶段，各类参与者完成各自的任务，没有对应的调查，没有对应的反馈，更没有必要的联系，而是"各自为政"，总体上缺乏协调。例如，政策制定者负责教学大纲的制定，他们无需关心大纲如何执行，更没有关注课堂教学中教师的教学行为和学生的学习行为，其效果不尽如人意。大学英语在曲折中前行。

二、整体化英语课程设计

针对传统英语课程设计中条块分割的不合理情况，Johnson 提出了整体化课程设计，使得各个阶段的决定和结果互为一致、互为补充，课程设计成为一个开发、修正、再开发、再修正的连续循环过程。在这样的过程中，虽然英语教学课程设计有了提升和进步，但是，"实验式"的开发、修正、再开发和再修正，不免有消极的因素存在。

三、动态化英语课程设计

Graves 赞同整体化课程设计的观点，但他认为课程设计是一个复杂动态的系统，在这个系统中所有的要素都相互联系在一起，于是他提出了动态化英语课程设计系统，如图2-1所示。

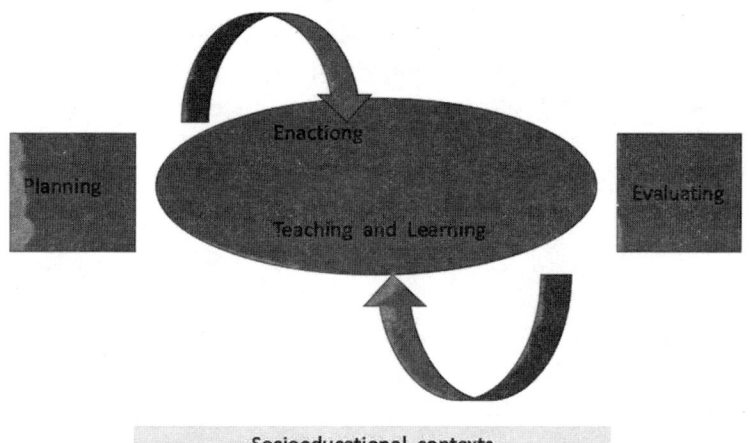

图 2-1 动态化英语课程设计

在这个动态化系统中，突出了 Enacting 过程，该过程涵盖了教师的教学过程和学生的学习过程两个环节，在这个环节中教师是总指挥，对课程的成功起着关键性的作用。

四、生态化英语课程设计

英语教学本身是一个大系统，含有英语课程的诸多方面，它们相互重叠，因此，在进行英语课程设计时应该以生态学视角来看待和处理各种出现的问题，从而更好地进行生态化外语课程设计。陈坚林认为，如果我们采用生态学的理论，那么课程设计包括四个部分：课程计划（由政策制定者和项目执行者制定政策文件）、目标/手段说明（由需求分析者和教学法学者制定教学大纲）、计划执行（由教材编写者和师资培训者承担）、课堂教学（教师、学习者、教学媒体和教学内容），而其中的每个阶段又单独构成一个子生态系统，子系统和母体相互关联而密不可分。

五、大学英语课程设置的发展历程

1986 年颁布的《大学英语教学大纲》标志着大学英语已经成为了一门高校公共基础课程，国家教委组织专家依据教学大纲就如何培养学生的英语语言基本功，进行了相关课程设置。虽然，中国幅员辽阔，地区差异较大，各所学校也有各自的特点，但全国高校都采用统一的课程设置模式，将目标模式与过程模式进行整合，属于传统性课程设计。

1999 年颁布的《大学英语教学大纲（修订版）》提出了大学英语课程改革的设想架构。与此同时，《高中英语课程标准》全面实施，我国中小学基础英语教育改革取得了显著成果，这对大学英语课程设置提出更加严峻的挑战。此外，社会的发展对大学生的要求越来越高，这些因素在客观上促进大学英语课程设置的改革和发展。

2004 年国家教育部颁布了《大学英语课程教学要求》，全面实施大学英语教学改革实践，具体表现在这两个方面：（1）提出根据学生的专业差异和个体差异设置各自的大学英语必修课程系统和选修课程系统；（2）课程设置要调动教师的积极性，发挥教师的专长和特点，开设教师和学生双方都喜欢的课程，实现个性化大学英语教学，发挥教师的潜力。从《大学英语教学大纲》到《大学英语课程教学要求》的发展遵循了课程理论发展的新趋势和发展方向，反映出课程的设置从现代课程理论转到了后现代课程理论的方向上来。

在《大学英语教学大纲》指导下，大学英语课程设置采纳了目标模式，强调课程设置时应该分四个步骤：（1）目标分析——调查社会生活、学科知识和学习者，确定学习目标；（2）开发研究——根据学校种类和学科的差异，确定教学内容；（3）推广研究——具体课程的实施；（4）评价研究——检测课程的有效性并确定推广政策。

在《大学英语课程教学要求》的指导下，大学英语课程设置基于社会的不同需求，强调课程设置的适应性、变化性和不确定性。每个学校新建立的大学英语课程体系都是开放性的，在教师、学生和社会需求之间能够做到不断协调。目前，以《大学英语课程教学要求》为依据的大学英语课程体系包括"立体化"模式、"生态化"模式、"通识教育"模式、"专用英语（ESP）"模式等。"立体化"模式中的课程体系相对而言比较灵活，以多层次菜单式呈现，学生可以合理选课，在培养学生的外语能力的同时，注重学生整体素质的提高。该模式中必修课程与选修课程平行，且呈连续性和渐进式，有利于课程资源的整合和有效利用，课堂教学与课外活动融合，有利于培养学生课堂学习的积极性，该模式已经为很多普通高校所采用，并取得了不俗的效果。"生态化"模式强调大学英语课程体系是一个动态的、开放的整体，其中各课程要素相互依存、相互作用，随着环境的变化而变化，形成一个灵活协调、动态平衡的课程体系，包括通用英语和专用英语。"通识教育"模式突出语言技能培养与通识教育相结合，使学科课程与活动课程兼有、必修课程与选修课程兼有、教师面授与网络教学兼有、终结性评价与过程性评价兼有，与其它模式相比，该模式更为传统。"专用英语"模式遵循需求分析、真实性和以学生为中心三个原则，根据学校的实际情况来确定具体的课程。

作为高等学校教学质量与教学改革工程的重要组成部分，大学英语教学改革受到特别的重视，采取了"试点——全面实施——示范点"的方式，最终形成了三种主要形态：

（1）基本沿袭传统课程体系，性质为必修课程，内容为综合英语，在第一至第四学期开设，合计16个学分。

（2）综合课程＋拓展课程，其中综合课程一般为必修课程，拓展课程既有必修课程也有选修课程，高校之间差异较大。在综合课程方面，各学校根据自己的情况开设的时间一至四学期不等。在拓展课程方面，有些学校定为人文性课程，有些学校定为专用课程，有些学校兼有，在开设的顺序方面也随着各学校的特殊情况而定。

（3）专用英语课程体系，设置面向非英语专业本科生的必修与选修相结合的完全专门性的英语课程体系，如英语读写译、英语听力、英语口语、英语写作等，随社会与学生的需要而开设。

第三节　大学英语课程设计存在的问题与对策

大学英语课程设计主要是依据《大学英语课程教学要求》，然而作为政策指导的《大学英语课程教学要求》缺乏内在逻辑性，对大学英语课程的性质和要求没有严格的限定，影响了大学英语课程体系的建设。尽管近年来学界对大学英语课程体系研究取得了一定的成果，但在实践中许多高校仍然依循传统，忽视科学的课程理念，对社会以及学生的英语能力需求缺乏有效回应，教材设计、课时安排、教学内容、教学方法等比较陈旧。事实上,《大学英语课程教学要求》只是一种宏观政策指导,在具体设计课程时应该利用语言教学的研究成果进行具体指导,这就需要各个高校根据本校的具体情况而定,适时地做出相应的改变和调整。

当前,对于语言的性质和语言习得已有了大量的研究,这可以帮助选择教学内容以及教学顺序。关于如何促进总体学习以及特定语言学习也有很多研究,这可以指导大学英语学习的基本原则,例如,重复学习原则、深度处理材料原则、考虑个体差异原则、认知风格原则、学习态度原则和学习动机原则等,课程设计应该将这些学习原则与具体的课堂和课程设计联系起来。下面列出的20条原则可以帮助解决目前大学英语教学中存在的种种问题。

一、有关大学英语教学内容以及呈现顺序有如下8条原则

（1）频率：语言课程必须通过收入语言中反复出现的项目,尽可能地覆盖语言的用法,使学生从他们的付出中得到最大的回报。在这个方面,便于学生的学习和理解,让学生能够尽快地学会学习和培养自主学习的能力。

（2）策略和自主：语言课程应该训练学生如何学习语言、如何监控并意识到自己的学习,这样他们才可以成为效率高的独立的学习者。方法很重要,只有为学生提供便利的学习方法,才能够为他们找到学习中高效的学习方法。

（3）间断性的复习：学生应该有间隔性复习的机会。掌握和了解复习的心得,是学生掌握一门语言的关键所在。

（4）语言体系：课程的语言焦点必须落在可以推广的项目上,这意味着省时省力。

（5）不断推进：语言课程应该不断地覆盖有用的语言项目、技能和策略。

（6）可教性：语言项目的教学应该考虑到语言项目如何排列才最有利,应该考虑到对学习者来说什么时间学习是最佳时机。

（7）学习负担：课程应该帮助学生最有效地利用先前的知识,减轻学生的学习负担。

（8）干扰：排列语言项目时要考虑到一起学习的项目应该彼此之间产生积极影响,避免相互干扰。

二、具体的呈现格式有10条原则

（1）动机：要尽可能地让学生对语言学习充满兴趣,感到激动,使他意识到语言学习有价值。

（2）四方格：语言课程应该使意识的输入、语言的学习、意识的输出和语言交流活动大致平衡。

（3）可理解性输入：在听读方面应该有大量的有趣的可理解性输入活动。

（4）流利：语言课程应该提供各种活动帮助学生在输入和输出上运用已有知识,增强他们的流利性。

（5）输出：应该鼓励督促学生就各类语言,进行口头表达和书面表达。

（6）有意识的学习：语言课程应该在语音系统、拼写、词汇、语法和语篇方面集中强化学习。

（7）在任务上花时间：应该花尽可能多的时间运用并聚焦第二语言。

（8）处理的深度：学习者应该尽可能地深度处理要学习的项目。

（9）融合性动机：语言课程应该设计得让学生对语言、语言使用者、教师教语言的技能，以及他们成功学习语言的机会都有着积极的态度。

（10）学习风格：学生应该有机会以最适合他们学习风格的方式处理学习。

三、对于具体的课程监控和评价有2条原则

（1）持续的需求和环境分析：语言课程材料的选择、排序、呈现和评价应该基于对学习者、社会的需求、教学条件、时间，以及现有资源的仔细考虑。

（2）反馈：学习者应该得到有效的反馈，使他们能够提高运用语言的能力。

四、结语

通过本章，我们了解了我国大学英语教学的发展历程。从中我们了解到，大学英语教学也和其他语言的教学改革一样，并不是一帆风顺的。

参考文献

[1] 陈莉萍. 大学英语课程设计研究综述［J］. 大学英语教学研究，2015（9）.

[2] 胡争艳. 大学英语综述［J］. 大学英语改革与发展探究，2015（10）.

[3] 沈银珍. 多元文化与当代英语教学. 杭州：浙江大学出版社，2006.

[4] 鲁子问. 英语教学论. 上海：华东师范大学出版社，2010.

第三章 教学模式对英语教学的影响

第一节 "混合式"教学模式

"混合式"大学英语教学模式突出了口语教学和网络学习,旨在探讨应用型本科大学英语的教学改革思路。该教学模式增强了英语学习的实用性、知识性和趣味性,克服了学生的怯说心理,体现了应用型本科的教学特点。

一、引言

与重视"精英教育"的研究型大学不同,应用型本科教育在服务层面、办学结构、办学职能、人才培养规格等方面均有自己的特点,因此作为应用型本科的大学英语课程教学模式,应当突出"应用为主、实用为度、重在实践"这一指导思想。

"混合式"教学模式本着"因材施教"、语言输入和输出紧密结合的原则,在原来的分级教学基础上进一步深化了大学英语教学模式改革,建立了分类、分级"混合式学习"的教学模式,突出了口语教学和网络自主学习,旨在为应用型本科大学英语教学模式探索出一条新路。

混合式学习的基本模式是网络学习与传统课堂学习相结合,学生根据自身的条件来决定学习工具、学习环境、学习内容、学习步调等。该学习模式既包含了共同接受学习的要求,又给出了个性化学习的机会,充分体现了人本主义。所以,在执行过程中,教师一方面要认清实施混合式学习的环境,选择学习内容,制订学习计划;另一方面要跟踪学习过程,对学习结果进行检测,以确定是否达到预期目的。

二、实施方案

教学模式的设计与实施得益于学校对大学英语教学改革的大力支持。随着经济的发展,逐渐地搭建了英语自主学习平台,在后续的大学英语教学实施过程中,在学生中实行分类、分级"混合式学习"的课程教学模式。具体措施如下:

所有非英语专业的学生按照高考成绩以及文、理科分成 A、B、C 三大类,艺术、体育专业的学生为 B 类,少数对英语教学要求比较高的专业(对外汉语、国际贸易、旅游管理、酒店管理等)为 C 类,其余非外语专业的学生为 A 类。此外,对于 A 类学生还参照其高考英语成绩,按照 2∶6∶2 的比例分成 A、B、C 三个级别,成绩最好的一部分为 A 级,基础较薄弱的一部分为 C 级,多数为 B 级。分类、分级教学真正体现了"因材施教"的原则。

把 A、C 类中原来的大学英语听说课改为大学英语口语课，并增设网络自主学习课程，B 类学生不开设口语和网络自主学习课程。该教学模式的核心内涵就是努力提高学生英语综合应用能力，特别是说的能力，使他们在今后工作和社会交往中能用英语有效地进行口头和书面的信息交流，同时增强其自主学习能力。

考试模式及成绩评定。学生的学期成绩由大学英语综合课（考试，试卷结构参照全国大学英语四级考试，含听力部分）、大学英语口语（考查）、网络自主学习（考查）三个部分组成，三个部分所占比例为 6:2:2。

该教学设计突出了大学英语口语课程和大学英语网络自主学习课程。A 类学生实施"212"教学模式，即每周 2 节综合课，1 节口语课，2 节网络自主学习课（其中 1 节由教师集中面授指导，1 节为学生分散自主学习）；B 类（艺术、体育专业）沿用"3+1"的教学模式，即每周 3 节综合课，1 节听说课；C 类（对外语教学要求较高的非英语专业）学生不实行分级教学模式，实行"322"的教学模式，即每周 3 节综合课，2 节口语课，2 节网络自主学习课（其中 1 节由教师集中面授指导，1 节为学生分散自主学习）。

同大学英语综合课程一样，大学英语口语课程也按照分类、分级细则，实行课堂教学。此外，充分利用外籍教师资源，实行外教"走穴"的形式，让非英语专业的学生能够有和外教面对面直接交流的机会。

建立了大学英语网络自主学习平台。该平台由《新理念大学英语》（上海外语教育出版社）、《新视野大学英语》（外语教学与研究出版社）和蓝鸽语言学习三个模块组成；无线网络信号覆盖整个校区，学生除了可以在自主学习中心接受老师的答疑解惑，还可以在宿舍或校园其他任何地方利用计算机进行英语自主学习。

每个综合课老师都建立有自己相应的网络学习班级，学生注册、老师审核后便可进行网络自主学习。阶段性学习目标、预期绩效、学习模块、学习策略，以及监控和效果评价等均由综合课老师实施，以达到"因材施教"的目的。综合课老师可以根据学生的学习情况，随时调整、修订学生的学习方案。由于新的教学模式中把听说课融入到了网络自主学习中，因此要求教师在教学设计中必须含有"听"的内容，同时也鼓励学生多利用自主学习平台，尤其是《新理念大学英语》平台，学习大学英语听说和大学英语视听说。

三、改革成效

（1）由于该教学模式是按照不同的级别制定不同教学目标，为不同起点的学生制订不同的教学计划，使用不同教学方法，"因材施教"，让学生学会学习，进步学习，热爱学习，因而使学生把学习英语的外在压力转化成内在动力，取得个人真正意义上的进步。

（2）学习口语一定要开口。一个语言形式学会了，而且能够在交际中使用并达到了某种交际目的，这个语言形式就内化了，成了已经掌握并能运用的东西。在非英语专业中开设口语课的动机和目的就是想使学生敢于开口说英语，通过四个学期不间断的强化训练，使大多数学生敢于说英语，部分学生能用标准、流利的英语进行交流。在项目实施过程中，我们还坚持让口语教师随同外教进教室，做好听课笔记，取长补短。就口语课的开设问题对部分教师和 2011 级学生进行了访谈，得到的部分反馈如下：

学生 A：外教上课很有趣，感觉很轻松！

学生 B：大家都挺活跃，虽然只有一节课，但我还是感觉到了中美文化的差异。

学生 C：如果能经常跟外教一起交流就更好了。

教师：老外不会说中文，我们的学生也未必能全听懂，这样学生就不会对老师有汉语依赖，他们不得不去听。此外，外教教学对他们的口语有一定修正作用。

外教：说好英语，首先要敢于张口，克服害羞心理；语言是用来交流的，出一点错误没有关系，要多寻找机会说英语；在日常学习中，多注意听力的提高，能听懂，就有信心开口了。

通过访谈认识到，非英语专业的学生对口语课的开设普遍欢迎，觉得口语课活泼、有趣。虽然学生一开始有些腼腆，怕出错闹笑话，但习惯了也就自然了，并且最终克服了害羞、怯说的心理。

四、结论和启示

对应用型本科来说，分类、分级"混合学习"的教学模式总体来说是成功的。这种新型教学模式充分调动了学生对英语学习的积极性，最大限度地贯彻分类指导、因材施教的原则，以适应个性化教学的实际需要。由于学生在大一的时候，就根据其个体差异，给予他们不同的学习任务，因而学生在网络学习、口语训练以及综合课程上均能进行有效学习。尤其是口语课程的开设，使学生在运用英语中学会协作和交际、学会解决问题，克服了怯说心理，学生的跨文化意识、社交能力、主动性、学会学习等综合素质均得到显著提高。

该教学模式虽然取得了一定的效果，但研究中也发现学生的阅读和听力能力还相对较弱。教师对该教学模式也提出了一些有待改进的地方，如网络学习过程中对学生学习的适时监控，特别是对听力学习的监控。在 C 类和 A 类学生中，A 级班的学生基础较好，他们能迅速完成老师布置的任务，并立即期待老师布置新任务；而 A 类中的 C 级班的学生因英语基础较弱，学习的自主性相对较差。因此，教师在教学过程中应注意对学生学习情况的有效管理，在任务设计和监控上投入更多的精力，密切关注学生学习情况的反馈，不断调整和修订班级学生的学习策略。

总之，分类、分级"混合式学习"的教学模式体现了应用型本科的教学特点，增强了英语学习的实用性、知识性和趣味性，调动了教师和学生对英语学习的积极性，体现了学生在教学过程中的主体地位和教师在教学过程中的主导作用。

参考文献

[1] 杜卫. 应用型本科——借鉴德国经验的跨世纪探索 [M]. 杭州：浙江科学技术出版社，2010.

[2] 教育部高等教育司. 大学英语课程教学要求 [M]. 北京：外语教学与研究出版社，2007.

[3] 李克东，赵建华. 混合学习的原理与应用模式 [J]. 电化教育研究，2004（7）：1－6.

[4] 束定芳，庄智象. 现代外语教学——理论、实践与方法. 上海：上海外语教育出版

社，1996.

[5] 田世生，傅钢善. Blended Learning 初步研究［J］. 电化教育研究，2004（7）：7-11.

[6] 王艳. 自主学习者对教师角色的期待［J］. 外语界，2007（4）：37-43.

[7] 杨海涛. 新建本科院校教学改革理论与实践［M］. 北京：中国金融出版社，2009.

[8] 杨惠中. 怎样提高英语听说能力［J］，外语界，2008（1）：7-10.

[9] Nation．I. S. P. and J. Macalister．Language Curriculum Design［M］．New York：Routledge．2010.

[10] 史光孝. 隐性课程视角下的大学英语课程设计研究［D］. 上海外国语大学，2011.

第二节 "任务型"教学模式

迄今为止，我国外语教学依然是以教师为主导、以增加语言知识和词汇量为目标的教学模式。这种模式忽视了学生的语言输出和应用，不利于培养学生的交际能力。我们正在尝试使用"任务型"教学模式，旨在改变这种状况，使学生从被动学习变为主动学习。

在大学里，我们经常可以看到这样的场景：教师在滔滔不绝地讲，学生玩手机的玩手机，打瞌睡的打瞌睡，认真听的人不多，一方面教师的教学积极性会下降，另一方面，学生的学习积极性也无法提高。当然，出现这样的现象并不是偶然的，而是有着深刻的历史和现实的原因。

中国在教育上一直是传统的"师者，传道、授业、解惑"的理念，但"传道、授业、解惑"并不等于"一言堂"。我们的课堂，特别是外语学习的课堂，已经习惯了老师讲、学生听的模式，这样单一的教学模式已经不能够适应社会、科技的进步了。坚持这样传统的教育教学模式，不但会挫伤学生学习的积极性，而且，对于该课程的选修和必修都会造成不可估量的损失，因此，在新的环境和时代背景下，我国的教育理念也应该有新的内容。

一、我国大学英语教学现状

2007年，教育部指出，大学英语教学的培养目标是培养学生以听说为主的实用能力，并能运用英语进行跨文化交际的能力。

虽然我国高校大学英语教学总体上是"3P"（Presentation，Practice，Production）模式，但在实际运作中，受中国传统教学模式的影响，外语教学还是以教师为主导，以语言知识为中心，以阅读为主要途径，以词汇量为目标的教学模式，也可以说是一种教师灌输、学生被动输入的学习模式。它存在两个局限，一是我们过多关注语言知识，静态的、非情景的语言形式在输入中占了相当的比例。这种输入是不完整的，没有在真正意义上促进语言学习的输入；二是重视语言知识的接受和记忆，忽视了运用和培养交际能力。

再从教材来说，大学英语的教材分为读写和视听说，教读写课的老师不管视听说，教视听说的老师又不管读写，同时有些老师为了迎合学生的趣味，也为了少改作业，所以很少布置课后作业。此外，大学英语课程一个班平均有 40~60 个学生，哪里有时间让他们说呢？所以，英语课基本是老师在放 PPT，老师在读和写，老师在听和说，而学生的参与度很低。教师已经变成了舞台的"中心"，所有的灯光和掌声都属于教师，学生上课已经无法提起兴趣，这样就形成了恶性循环。

二、任务型教学法的教学理念

如何改变学生被动学习的状况？

已经在做的"任务型教学法在大学英语教学中的应用"课题（该课题为广东省教育厅教改项目），就是试图改变目前这种尴尬的状况，使学生从被动接受输入变为主动输出所学语言和运用所学语言来表达思想，从而达到顺利交流的目的。

在教师指导下推动学生主动学习，将传统环境下"单向""平面"的英语课堂教学转变为一种"双向""多维"的课堂教学，从侧重语言知识的讲解和技能训练转而强调学生综合运用语言能力的培养，以及课堂内交际环境和课堂外学习环境的构建，培养学生以听说为主的实用能力，并能运用英语进行跨文化交际。这与普通本科院校的人才培养目标——"具有跨文化交际能力的高素质创新型、复合型、应用型、外向型人才"不谋而合。

学习是一个复杂的认知过程、心理活动过程和情感过程，只有在有意义和有目的的活动中才会发生，只有靠真实的经历才能实现，而且要不断加强巩固，同时还需要思考和对思考能力的挑战。语言知识不等于语言技能。技能不是懂不懂的问题，而是会不会的问题。这就像学习游泳，光听理论课是学不会的，必须下到水里去学习。因此，我们从以下几个方面着手，重新定义了教学目的、教学内容和教学模式。

1. 任务型教学的目的：改革传统教学模式，取代以教师为中心、单纯传授语言知识和技能的传统教学模式，采用以学生为中心，既传授一般性的语言知识与技能，又注重培养语言运用能力和自主学习能力的任务型教学模式。

2. 任务型教学的内容：着重培养学生的应用意识、交际意识、角色意识、策略意识、应变意识；帮助学生体验真实的人际交往、思想交锋、情感交流、互动合作；使学生的语言学习动态化、交际化、真实化、情感化，师生从中有发现、有收获、有认知、有挑战；调动学生的视觉、听觉、感觉、经验、智慧、想象、创意、求知欲、表现欲；"活动"即"活生生的运动"，帮助学生动脑、动心、动口、动手。

3. 拟解决的关键问题：促进学生自主学习。学生为了完成任务，必须做课前准备。这样他们就会大量接触英语资料，了解英美文化，同时也会大大增加词汇量。

解决课堂中经常出现的问题。目前各校的大学英语课堂还几乎是老师"一言堂"，若让学生讨论，常出现的问题是：

A. 气氛压抑。学生不习惯在课堂用英语表达；担心出错、受批评、失面子。

B. 无话可说。由于课前未准备，学生不知如何表达，缺少兴趣和动机。

C. 不平等地参与。在课堂上只听到一两个人交谈；大多数人是旁听者，他们很少开口或根本不开口。

D. 母语的使用。因为用母语能更容易地表达自己，增加了学生的依赖性和惰性，这样对语言的学习产生了很大的干扰。

三、实施方法

开学第一堂课的动员会：向学生交代清楚做该实验的意义及重要性；让学生知道新的教学理念、目标和模式；告知他们要做什么、如何做。学生的工作是围绕所布置的任务在课前查找信息、撰写发言稿（或准备 PPT）、课内参与活动（小组讨论/上台演示/发表演说等），课后写报告或作文。我们现在采用形成性评估和终结性评估相结合，即学生的平时表现占总成绩的50%、期末考试占50%的方式。

1. 合理分组

试验班分成6组，每组6至7个同学，选一个大家信服且负责的组长。男生、女生和不同程度的学生编在同一组内相互协作，共同完成任务。

2. 科学分工

任务型教学要确保每个学生都有事做，因此学生在组内要有明确的分工。每组的组长要协助教师组织和监督任务的执行情况。例如，某课的主题是环境保护，教师布置的大任务是："如何保护环境"。小任务是：目前我国的环境状况；环境污染的类别；哪些物质会引起污染；如果不保护环境，地球将来会变成什么样；我该怎样来保护环境；政府该怎样来保护环境；未来的绿色地球是什么样的。组长把每一个小任务分配给组员，由他们分别查找资料，并写出要演示的内容。教师的任务是：规定学生准备任务与完成任务的日期、任务内容、展示形式、展示要求和注意事项。

四、师生角色的变化

任务型教学法的目的是推动大学英语课堂的活动，让学生变被动学习为主动学习，在学习中应用五官和大脑，在用中学，学中用。我们认为，现在的教材不再是教师授课的唯一内容，而媒体在教学过程中的角色也发生了变化，它们不仅仅是教师传授知识过程中的辅助手段，也是学生自主学习、协助探索的工具。学生通过自身努力并在教师的协助下，完成知识意义的建构，其中，教师的地位和角色发生了根本的转变，由过去的知识传播者、灌输者变成了教学过程的组织者、指导者。而学生由过去被动的知识接受者变成积极主动的参与者。采用这种任务+合作的教学方法，教师和学生的角色都发生了变化。

教师的角色：

（1）设定学习目标。即设定通过每学期的学习，学生应该达到的水平和掌握的词汇。

（2）设定主题。现在的大学英语教育还必须按教育部大纲所要求的目标，不能摈弃现有教材。所以我们采取了折中的方法，把英语读写教材和听说教材整合成若干主题。传统的模式是每个教师上一门课，上读写课的不管听说，上听说课的不管读写，各自为政，不了解学生的总体英语水平。

（3）围绕主题设计学生活动的任务。目的是让学生参与活动，在用中学，在学中用。这些任务分为小组的任务和个人的任务。

（4）建立任务资源库。围绕任务选择适当的听说读写辅助素材，建立任务资源库。教材的内容有限，不能完全满足学生完成任务的需要，教师需要在课前为学生准备有关素材，供学生使用。

（5）充当课堂学习的协助者、推动者和顾问。在任务型的课堂上，教师不再是填鸭式主讲人和纠错者，而是要努力做到让学生有安全感、满足感和成就感。

（6）引导、激励、支持和参与学生的各项语言活动。

（7）监控和评价学生的表现。设计评价细目表，监控和评价学生的表现。

学生的角色：

（1）接受任务。根据不同的主题，老师会布置不同的任务和提供有关的资料。

（2）收集资料，事先准备。自主选择学习的方法和途径以及完成任务的方法和途径。这样他们就会大量接触英语资料，了解英美文化，同时也会大大增加词汇量。

（3）筛选、分析加工/处理和利用所收集的资料和信息。在此过程中他们要用英语思维，用英语写作，有利于逻辑思维和写作能力的提高。

（4）思考问题，设计方案。

（5）参与小组/班级讨论，交换和分享各自的观点，合作完成任务。这样做可以解决课堂中经常出现的问题，如气氛压抑、担心出错受批评、无话可说、缺少兴趣和动机、不平等地参与、用母语交谈等。

（6）出成果。

（7）向全班汇报、陈述、演示成果。这样可以锻炼学生的思维和演讲能力。

五、目前已经完成和正在做的工作

目前，基本完成《新视野大学英语》的任务型教学法的教案和资料收集工作，已经在2010级和2011级的六个班试点。从目前情况看，最困难的是改变学生观念，让他们积极参与。我们已经整理了80余万字的配合各种任务的文字资料，400余个音频、视频资料。

六、本项目的特色与创新之处

可望改变"一言堂"的大学英语教学模式。任务型教学模式将完全有别于传统的教学模式，促进学生更好地自主学习，流利地用英语进行跨文化交际。

教学内容真实实用。我们在教材的基础上，加大了英语资料的真实性和实用性，以满足社会的需要。

教学资源整合。在任务型教学过程中，针对学习的每个主题，我们都会进行资源整合，以期建立任务型大学英语教学资料库，为教师的教学和科研提供第一手资料，同时全院学生均可享用教学资源。这样就为广大学生提供了更好的学习平台。

参考文献

[1] Samuda, V. & Bygate, M. Tasks in second language learning [M]. Beijing: Foreign Language Teaching and Research Press. (2010).

[2] Willis, D. & Willis, J. Doing task-based teaching [M]. Oxford: Oxford University Press. (2007).

[3] Nunan, D. Task-based language teaching [M]. Cambridge: Cambridge University Press. (2004).

第三节 "输入—输出"互动教学模式

语言输出的量与质取决于语言输入的量与质，而语言输入的量与质又与语言教师的课堂话语的量和质有直接关系。语言教师话语具体表现为词汇的应用。词汇是教师语言输入与学生语言输出的中介。正因为如此，以输入为基础，以输出为驱动，构建"基于大学英语词汇输入—输出的互动教学模式"，提高大学英语教师课堂词汇输入—输出的互动效率显得尤其重要。

一、引言

周明亚认为，"词汇不仅是语言系统的最重要的层面之一，而且也是语言系统赖以存在的主要支柱。"而中国大学生在提高英语的听、说、读、写、译五种能力的过程中遇到的主要困难和障碍几乎都与词汇语音辨别、拼写及其识别能力，以及英汉语码转换速度有关，与他们在阅读、写作、听说及汉语和目标语言互译等方面的综合应用的词汇量多寡相关。虽然学习语言不单纯是词汇问题，但词汇在语言学习中占据先导地位，发挥先导作用，这是毫无疑问的。从本质上讲，词汇就是语言输入与输出的中介。

二、大学英语词汇教学中存在的问题

大学英语词汇课堂教学在帮助大学生提高自身的英语听、说、读、写、译综合能力的过程中发挥着举足轻重的作用。目前在大学英语词汇教和学两个环节中存在着一些亟待解决的实际问题。

就教师而言，在讲解单词时存在一些错误的观念和做法：

（1）对单词重要性和必要性的认识严重不足。许多教师受到某些语言学理论的影响，错误地认为单词记忆是学生自己的事情，教师上课时没有必要详细讲解，认为从头到尾把单词简单地领读一遍即可。

（2）忽视对单词发音与拼写之间关系的讲解，所以学生往往会忽视一些音变现象、字母不发音现象以及多音现象，具体表现为各种拼写错误。

（3）对词源缺乏必要的、系统性的介绍和认识，而这一点恰恰能有效调动学生的潜在学能和学习兴趣。

（4）很少介绍词汇的文化蕴含。文化与语言密不可分，课堂文化教学应得到足够的重视。

（5）没有帮助学生逐渐形成适应自己而又行之有效的学习记忆方法。

就学生而言，问题主要表现在：

（1）喜欢单纯地去看或背生词表，而不关注这些单词所在语境。即使在被告知这种方法的各种弊端后，他们依然如故，这种现象可能源于学生学习英语之初逐渐形成的思维定势。

（2）忽视对单词词性的记忆，因此经常把形容词用作动词，动词用作名词等。这一现象在写作或口语表达方面表现尤为突出。

（3）忽视单词的正确发音以及某些单词的多音现象及其拼写，因此经常会听错音、发错音，表现为拼写困难或错误，这在听写训练或实践中表现突出。

（4）往往记了很多单词，却不知道它们的地道用法以及确切意义，所以写作时，他们能想到并能使用的总是那些为数不多的简单词汇，具体表现为说与写时用词单调、乏味，缺乏灵活性。

（5）忽视词语搭配、习语和常用表达式，其结果表现为交流的随意性或想当然。

三、深度把握词汇的组成要素及其关系

（1）深度把握词汇的组成要素：拼写、语音及词义。李莉文等指出，"学生对单词掌握的'量'与'质'（即词汇活用的能力）是衡量英语教学水平高低的一个重要标志"。骆雁雁根据 Wallace 的观点得出结论，真正把握一个单词必须符合这些要求：

 a. 识别其书面和口头形式；
 b. 随时回忆起来；
 c. 与适当的物体或概念联系起来；
 d. 以适当的语法形式使用它；
 e. 口头上清晰发音；
 f. 书写时正确拼写；
 g. 按正确搭配使用它；
 h. 按适当的正式程度运用它；
 i. 意识到词的内涵意义与联想意义。

深度把握词汇正确拼写、（多种）发音，理解其不同的语境、词义及其各种习惯用法和搭配关系应是大学师生共同的努力目标。就读写而言，（识别）拼写能力是基础，掌握各种地道的搭配或共现关系词是关键，把握词汇在不同语境中的意义是精髓。就听说而言，（识别）发音是基础，认知该词发音与他词发音之间存在的关系是关键，把握该发音在不同语境中的意义是精髓。

（2）提高学生的（识别）词汇拼写能力是提高读写能力的关键。英语是拼音文字，大多数词只要发音正确，并掌握发音规律，是不会出现拼写错误的。但由于历史原因和诸多语言的影响，许多词的拼写与读音并不一致，主要表现在：

 a. 有些词中有些字母不发音。如 comb，tomb 中的 b。
 b. 有时一个字母有多种不同的发音。如元音字母 o 就有多种发音。发音与拼写不一致现象是学生学习、记忆和应用单词拼写的难点之一。

何安平、肖旭月、李雪认为拼写错误可分为语音变异类错误、形素置换型拼写错误、生造词类错误等。其中语音变异类拼写错误又分为增音（condictions→conditions）、减音（behavior→behavor）、音置换（mortality→mortaility）、音易位（solved→ sovled）；形素置换型拼写错误包括等音值形符置换（factor→ facter），不发音字符添加（development→developement）、不发音字符缺失（guarantee→garantee）、转移双写（success→succees）。生造词类错误包括生造词语（abrot？）、动词变形、派生错误（energetic→energious）。所有

这些错误或多或少都与学生发音能力相关,因此让学生了解相关的音节知识、元音/辅音字母的发音规律以及重音知识显得特别重要。即便如此,英语单词的拼写与读音总体上是有规律可循的。教师应引导学生将单词与读音规则结合起来,运用拼读规则,按照音节读单词,以提高(识别)拼写能力。

(3)提高学生的(识别)语音能力是提高听说能力的关键。学生把音读准了,就会为听说能力的提高打下良好基础。因此,让学生深入了解这四点特别重要:某些音失去爆破、词的重音、发音和单词拼写、有些单词有不同的发音。

(4)深度把握词义的方式及影响要素。就深度把握词义的方式而言,充分利用学生已掌握的词汇词义,把他们正在学习的词汇知识与已知的相关知识有机地结合起来,从而拓宽他们对这些词汇把握的深度和广度。

例如,从学生对 memory 已掌握的词义"记忆",拓展到"记忆力""存储(器)""内存"(internal memory);从学生已掌握 power 的词义"能力,力量"推及到"权力""动力",数学术语"幂",物理术语"功率"。在此过程中,教师可根据课堂需要灵活设计一些语用环境,让学生自觉或不自觉地联想到具体词汇的相应语用情景,使他们最终能把现有知识和未来的运用结合起来。教师在词义输入过程中,要注重输入词义的可理解性,即学生听到或读到的语言材料应该是可理解的,其难度应该稍微高于学生当前已掌握的语言知识。根据输入的内容制定输出所要达到的目标,这种目标既不能过于简单,没有任何挑战性;又不能过分超过其学能,让他们感到遥不可及,因而丧失努力的动力。就影响深度把握词义的要素而言,教师在词汇深度输入与输出中发挥着不可替代的作用。教师是词汇材料的选择者和解释者,是词汇学习活动的组织者,是词汇自主学习的引导者和词汇测试的策划者和研究者。词汇教学应与"视听""口语""阅读""写作"等教学活动相结合。教师既可结合所选材料和教学方式隐性地促进学习者的自主词汇学习,也可通过显性的学习策略培训来促使学习者掌握词汇学习策略。教师还可通过各种不同方式,激发学生课前、课中与课后的学习兴趣。黄冬芳从兴趣与记忆的相关规律中获得启示。教师要特别注意词汇意义的等级或梯度性输入。在确定学生需要掌握的词义时,应据其学习阶段的差异确定所要掌握词义的等级,可有意识地按照常用语义——次常用语义——非常用语义的顺序输入。Swamn 得出结论认为,"可理解的输入"在习得过程中固然有很大作用,但仍不足以使学习者全面发展他们的第二外语水平,因此有必要强调输出的作用:输出能引起学习者对语言问题的注意;能对目标语的结构及语义进行假设检验;具有元语言功能;能使目标语表达成为自动化。但是,学生真正掌握"可理解的输入"的多少还取决于其记忆能力。学生记忆力的提高必然有助于提高输入与输出的质量。

四、构建"基于大学英语词汇输入—输出的互动教学模式"

我们正在组织一些老师编写适合于非英语专业学生学习特点的词汇教材。该教材与以往面向英语专业的词汇教材不同,它强调实用性,淡化理论层面。为帮助学生加深词汇记忆,编委们收集了与大学英语词汇相关的核心词根与核心词缀、同音词、同形异音词、同音异形词、同义词、反义词。为了促进学生对词汇进行深层次学习,编委们特别挑选了三大重要词性:核心动词、核心名词、核心形容词。各核心词汇例句和编排格式符合学生的认知规律。编委们创造性地增加了"中华文化"一栏,旨在帮助学生了解并掌握一些与中华文化相关的圣贤名言、成语、兵法等,以深化学生的相关词汇知识。根据词汇输入与输出中各要素之间的关系,构建"大学英语词汇输入—输出的互动教学模式",其各要素关系见图3-1。

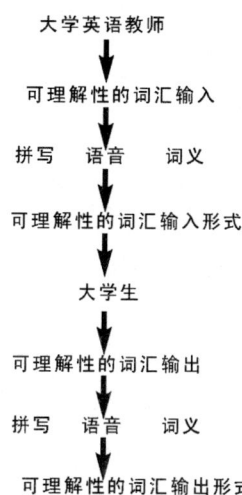

图3-1 基于大学英语词汇输入—输出的互动教学模式简图

大学英语教师作为词汇输入与输出的中介,在帮助大学生强化和加深对词汇的理解与应用过程中发挥着不可替代的作用,所以教师与学生成为该互动教学模式中的第一层互动关系,可理解性的词汇输入与可理解性的词汇输出是第二层次的互动关系,具体表现为拼写、语音及词义的输入与输出,可理解性的词汇输入形式与可理解性的词汇输出形式及其组成部分之间存在第三层次的互动关系,具体表现为读写、听说、读听、写说等之间的互动。三种层次互动的效率决定着大学英语词汇教学的成败。因此,聚焦词汇拼写、语音及词义的输入与输出的效率成为进一步细化研究的对象。

五、结语

综上所述,大学英语教学过程中语言输入与输出的质量决定着大学英语教学质量的高低,具体取决于并表现为大学英语课堂教学中词汇输入和输出的宽度和深度,其中包括词汇拼写、语音与词义三个组成部分。为提高大学英语词汇教学效率,以输入为基础,输出为驱动,构建大学英语词汇输入—输出的互动教学模式,不仅非常重要,而且切实可行。

参考文献

[1] 顾翔. 大学英语词汇教学中存在的问题及其解决策略 [J]. 河海大学学报(哲学社会科学版),2003(1):67-70.

[2] 黄冬芳. 兴趣、记忆与大学英语词汇教学 [J]. 西安外国语大学学报,2001(1):87-90.

[3] 李莉文,任长慧. 大学英语词汇习得及对教学的启示 [J]. 外语与外语教学,2001(6):40-41.

[4] 李雪. 从中国学生英语拼写错误分析看大学英语语音教学 [J]. 世纪桥, 2006 (11): 136-137.

[5] 连秀萍, 黄鹓飞. 不同输入方式对附带英语词汇习得的影响 [J]. 西安外国语大学学报, 2010 (3): 110-113.

[6] 梁爱民. "可理解性输入"与"最近发展区"概念支架类型研究 [J]. 济南大学学报 (社会科学版), 2010 (4): 33-36.

[7] 卢仁顺. "输出假设"研究对我国英语教学的启示 [J]. 外语与外语教学, 2002 (4): 34-37.

[8] 骆雁雁. 基于语块理论的大学英语词汇教学模式研究 [J]. 外语学刊, 2009 (6): 168-170.

[9] 邵钦瑜, 冯蕾. 从社会文化理论的视角论教师在大学英语词汇教学中的中介作用 [J]. 北京交通大学学报 (社会科学版), 2011 (4): 105-109.

[10] 徐方. 短时记忆、外语听力理解与输入假设 [J]. 国外外语教学, 2005 (1): 28-35.

[11] 颜帼英, 戴培兴. 从语言输入到输出 [J]. 语文学刊·外语教育教学, 2012 (2): 89-91, 116.

[12] 张一平. 大学英语多媒体网络教学对学生英语听说能力的影响 [J]. 外语教学理论与实践, 2008 (4): 39-440.

[13] 章兼中. 外语教育学 [M]. 杭州: 浙江教育出版社, 1991.

[14] 周明亚. 词语搭配现象与大学英语词汇教学 [J]. 外语界, 2003 (2): 73-75.

第四节 "学术综合英语"教学模式

大学英语教学改革在经济全球化和教育国际化的 21 世纪面临挑战, 而如何在新形势下为社会培养具有国际竞争力的多学科背景人才, 成为亟待解决的问题。

一、改革背景

学校从实行大学英语分级教学以来, 虽取得了一定成效, 但基础好的学生对仍然定位为基础英语的大学英语教学不免产生学习倦怠情绪。这些学生在中学阶段已打下较扎实的语法和其他基础, 问卷调查反映他们对大学阶段的英语学习充满期待, 对提高语言应用能力表现出强烈渴求, 希望通过学习获得用英语在所学专业领域的口语和文字交流能力。

根据《国家中长期教育改革和发展纲要 (2010-2020 年)》关于培养专业领域国际化人才的精神, 本次教改的总体目标设定为培养非英语专业学生的英语综合应用能力特别是听说能力, 使他们能以英语为工具辅助完成今后的专业学习和工作, 能进行基本的学术交流; 同时增强其自主学习能力和思辨能力, 提高综合文化素养, 以适应我国社会发展和国际交流的需要。为此, 我们决定在分级教学的高起点学生群中开设"学术综合英语"核心必修课程, 取代传统大学英语基础课。

二、理念与模式

在研究的过程中，我们发现以内容为依托的外语教学 CBI（content-based instruction）能大大提高教学效率。在教学内容里融入通识性的科学文化元素，即通过让学生学习与其专业大背景相关的知识和内容来提高他们用英语进行专业学习和工作的能力，为其日后的专业发展做铺垫；此外，社会建构主义学习理论为我们以学生为中心的"项目研究法"结合"同伴互评"的教学模式提供了理论依据。社会建构主义学习理论提倡在教师指导下以学习者为中心的学习，既强调学习者的认知主体作用，又不忽视教师的指导作用，同时注重同伴的交互作用，教师是意义建构的帮助者、促进者，而不是知识的传授者与灌输者。学生是信息加工的主体，是意义的主动建构者，而不是外部刺激的被动接受者。贯穿本课程教学的"项目研究法"结合"同伴互评"策略，帮助真正实现以学生为中心的教学，是合作学习的直接表现形式。因为了解评价标准和技巧的过程就是学习的过程，而接受所获评价的过程则是反思学习的过程，所以交互真实的同伴互评对语言学习产生双向效益：给他人评价和阅读、聆听他人给自己的评价。教学突出语言技能培训，以"同伴互评"教学法为突破口，将之贯穿语言技能培养各环节，在提高学生语言应用能力的同时发展他们的创新思维，以项目型教学理念进行教学设计，使学生能在小组协作课题研究中学习语言，激发其学习语言的兴趣，培养自主学习和探索研究课题的能力。

总之，学校改革理念是通过让学生接触和其专业相关的大学科内容来学习英语，以提高用英语交流和汲取信息的能力。在教学实践中以"项目研究法"和"同伴互评"教学法搭建多边的教学互动平台的模式，融知识传授、能力培养和素质提高为一体，实现既定的培养目标。

三、实施方案

学术综合英语课程是一门衔接大学英语和专业英语/双语课的课程。大学开始为高起点新生开设学术综合英语课程，取代传统的大学基础英语。初期有四个班约 160 人参与，和另外四个平行班对比实验。结果显示效果显著后，教学覆盖面拓展至 2011 级全部高起点新生（约 500 人）。

1. 以科普素材为载体的语言学习与技能培训有机结合

学术综合英语课程的目标是提高学生英语应用能力，特别是学术交流能力，将语言技能培养与专业背景知识学习融合起来，使学生最终能以英语为工具辅助其专业发展。作为与学生未来专业英语学习衔接和过渡的学术综合英语课程，其教学内容分两部分，一是能力培训。技能培训体现阶段性，第一阶段以基本技能训练为主，包括笔记、新闻听力、查阅文献、复述、演讲陈述、归纳性写作；第二阶段以较高要求的技能为重心，包括听讲座、功能演讲（functional speech：informative speech & persuasive speech）、文献综述、论文摘要写作和小论文写作。二是书面和口头评价（written & oral comment，或称同伴互评 peer evaluation）作为一种技能和学习方法贯穿两个阶段的学习。

教学过程以内容为依托，在主题内容的学习中穿插技能培训，两者有机结合。专题内容广泛介绍而不深入探究其专业知识。教学的素材、主题是当代大学生必须具有的一些科普常识，如学术规范、航天和空间探索、能源利用与节约、基因工程与遗传、黑客及网络道德、建筑艺术、未来交通、人与自然灾害、食品卫生与安全、纳米技术、生物技术等。语言技能培训穿插在不同的主题课文学习中。例如，在"未来交通"这一单元要求学生学会利用说明性和说服性演讲来介绍和推销一种汽车，而在"人与自然灾害"单元让学生学习制作英文的防火防震安全手册，并作教育性演讲（instructive speech）；在"航天和空间探索"单元则要求学生学会综述中美俄三个大国的航天发展史等。每项任务设计采用项目教学法。此法与传统的任务型教学不同，是以探索性的研究课题为出发点，旨在通过专题研究或新知识的探索来激发学生学习语言的兴趣，从而综合锻炼其听、说、读、写能力。完成一个项目，学生要经历一系列研究程序，如搜索和阅读相关主题的资料，进行归纳性和批判性的文献综述，课上用PPT展示汇报，班上讨论回答提问，最后形成书面报告。

2. 以英语为媒介语的同伴互评教学法贯穿课程主要教学环节并常规化和制度化

学术综合英语课程介绍之初即开始了同伴互评的宏观培训。对于口头互评，教师要做示范。口头互评相对于书面互评更具即时性和交际性，个体学生在口头展示学习任务后要面对来自听众的质询、评价和建议，过程中往往会出现激烈辩论，最后教师归纳点评。以培养语言应用能力特别是听说能力为重心的教学中有大量的口语产出任务，将口头互评常规化，能使学生在真实的交际环境中潜移默化地有效使用目标语，同时也培养了学生的思辨能力。

四、改革成效

基于学生需求、学科专业需求、社会需求创设的学术综合英语课程，以科普内容为依托将学生的英语学习与学科专业学习大背景相结合，在知识学习中适时融入语言技能培训，提高了学生的科学文化素质以及用英语进行专业学习和工作的能力。

1. 学生的英语语言应用能力大幅提高

课程结束后的问卷、访谈调查和期末测试均显示学生对学术综合英语课程满意度高，学习效果好。首先表现在学生词汇量的增加，大量有意义的语言输入使学生每学期能学到1000个单词以上的高阶词（含学术词汇和准学术词汇）；学生已经能听懂全英文授课，通过两个阶段共听了15个讲座加上记笔记的训练，学生捕捉大意和主要细节的能力明显提高；学生阅读能力的进步体现在了解了学术语音的共性，已经习惯阅读长文章，并在短时间内找到需要的信息；在说的方面，除了能以英语完成有效课堂互动，学生还掌握了不同功能的英语演讲技巧，并用英语评价同伴的成果、提出有建设性的建议；写作方面，学生经过大量的归纳性写作训练后，学会了综述文献和如何写论文摘要及普通学术报告。

2. 学生增强了英语学习与学科专业学习相结合的意识

在教师有意识的引导和鼓励下，来自不同学科背景的学生都能出色地将专业知识融入项目设计中。学科意识的增强让学生无论是在学习内容，还是在学习形式上都能找到各自的学习兴奋点和发挥专长，使学习过程变得有意义，达到了一箭双雕的效果。

3. 学生的批判性创新思维能力得到了发展

通过同伴互评实践，学生提高了鉴赏力和反思学习的能力。书面和录音录像的互评记录均显示学生学会了从宏观和微观、个人和社会等多角度思考问题，所呈现的英语作品个性鲜明。同时,还增强了评价礼仪和团队合作意识。评价自己和他人学习的能力是自主学习能力的重要组成部分,因此在同伴互评贯穿项目型教学的活动中,学生的自主学习能力相应提高。

五、反思探讨

大学基础英语转型为学术英语,是公共课为专业人才培养服务的一种模式,但不可一刀切。大学应该根据具体校情,仅为入学通过分级考试达到三级水平的学生开设该门课程,而且在度的把握上倾向于综合英语,学术交流能力的培训定位在较基础的层面。诚然,科学素质在科技发达的21世纪已成为大学生基本素质的一部分,但如何在普通高等院校适时适度地将科学素质培养融入大学英语教学,让更大的学生群受益?这个课题有很大的研究空间。

参考文献

[1] Beckett. G. H. M. Project – based instruction in a Canadian secondary school's ESL classes: goals and evaluations. Vancouver: University of British Columbia. 1991.

[2] Kasper. Loretta F. M. Content-based college ESL instruction. London: Lawrence Erlbaum. 2000.

[3] Liu J. &Hansen J. G. M. . Peer response in second language writing classrooms. Ann Arbor: The University of Michigan Press. 2002.

[4] Lyle. F. M. Fundamental considerations in language testing. Shanghai: Shanghai Foreign Language Education Press. 1990.

[5] 蔡基刚. "学术英语"课程需求分析和教学方法研究 [J]. 外语教学理论与实践,2012 (2): 30 – 35.

[6] 袁昌寰. 任务型学习理论在英语教学中的实践 [J]. 课程·教材·教法,2002 (3): 41 – 46.

[7] 张晓君. 英国EAP教学发展对公外研究生英语课程设置的启示 [J]. 四川外语学院学报,2004 (11): 152 – 155.

第五节 "网络化"教学模式

本课题在分析《国家中长期教育改革和发展规划纲要(2010 – 2020)》和《教育信息化十年发展规划(2011 – 2020)》的基础上,提出大学英语教学目标的八大元素,构建高校网络化大学英语教学模式,进一步完善了大学英语课程体系和"四环互动"教学模式。高校网络化大学英语教学模式涉及大学英语教学中共性的元素。由于大学英语教学过程中的每一门课程和每一节课的具体特点和教学目标的差异性,教师在使用过程中必须注意它的灵活性。

一、引言

信息技术对教育发展具有革命性影响。高等学校必须创新网络教学模式,强化信息技术应用，提高教师应用信息技术水平，更新教学观念，改进教学方法，提高教学效果，鼓励学生利用信息手段主动学习、自主学习，增强运用信息技术分析解决问题的能力，加快全民信息技术普及和应用。教育信息化关键在教师，如何根据大学英语教学的特点实现现代信息技术与大学英语教学的深度融合，是高校大学英语教学改革的关键。

二、大学英语教学的目标

随着社会语言学、语用学和话语分析等语言学分支学科的发展，语言学家和教育学家认识到语言符号系统同社会语境的密切关系，认识到大学英语教学的最终目的不是获取僵化的语言知识，而是培养综合语言能力。

大学英语教学的目标是培养学生的综合语言能力。综合语言能力包括八个元素（见图3-1），语言知识、语言技能、专业知识是语言应用能力的基础，认知策略、交际策略、情感态度、文化意识和人文素养是语言运用得体的保障。

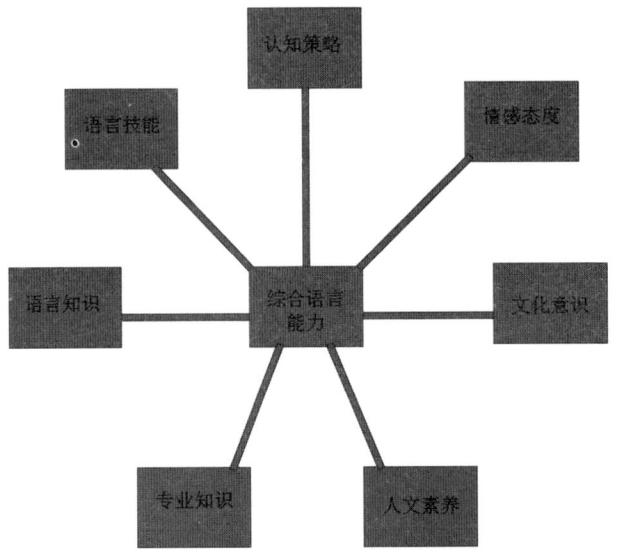

图3-1 综合语言能力

三、信息技术下大学英语教学过程的特点

"信息技术与教育深度融合"是国家《教育信息化十年发展规划（2011-2020）》为"实现教育信息化"而提出的一种全新观念。信息技术应用于教育、教学过程，不能只是停留在运用技术去改善"教与学环境"或"教与学方式"的较低层面上，而必须在运用技术改善"教与学环境"或"教与学方式"的基础上，进一步去实现教育系统的结构性变革——也就是要"改变传统的'以教师为中心'的课堂教学结构，构建出新型的'主导—主体相结合'课堂教学结构"。这正是《教育信息化十年发展规划（2011-2020）》提出并倡导的目标。"信息技术要与教育深度融合"这一全新观念与做法的基本出发点，也是"信息技术与教育深度融合"的本质与确切内涵所在。如何实现现代信息技术与大学英语教学的深度融合、构建全新的大学英语教学模式，是大学英语教学改革成败的关键。

第三章　教学模式对英语教学的影响

余胜泉认为，"信息时代基本的认知方式正在发生意义深远的改变，正从个体认知转变为分布式认知。应对知识与信息膨胀的根本途径，要依赖人脑和电脑协同的分布式认知，这是信息时代人类适应复杂性的基本思维方式……分布式认知超越了认知是个体级别上的信息加工过程的传统认知观点，认为认知的本能是分布式的，认知现象不仅包括个人头脑中所发生的认知活动，还涉及人与人之间以及人与技术工具之间通过交互实现某一活动（比如计算）的过程。"信息技术与大学英语教学的融合涉及教师的教学理念、教学管理、教学内容、教学手段、教学方法、教学过程和学生的学习理念、学习方法、学习内容、学习工具、学习过程。实现信息技术与大学英语教学的深度融合的首要条件是教师和学生的理念问题。

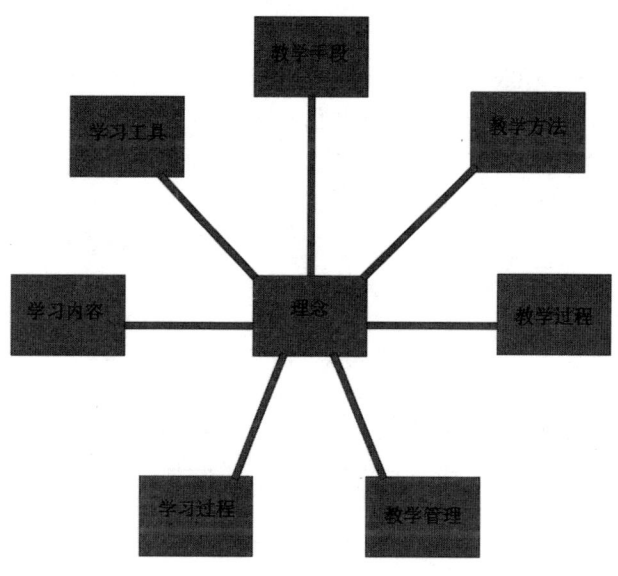

图 3-2　理念与教学元素之间的关系

根据图 3-2 显示，理念不是外在于教与学各元素的，也不是凌驾于信息技术之上、支配信息技术的发展，而是信息技术为我们提供了新的教育理念。信息技术与大学英语教学的深度融合，是指基于现代信息技术，揭示内含于信息技术中的新理念，并使其成为大学英语教学改革的基本理念。在基于信息技术的大学英语教学中，教师的主导作用和学生的主体作用体现在教学元素的每一个环节。教师不仅要明确自己的教学理念、方法、目标、手段、教材与网络资源、教学活动、教学环境等教学元素，还要了解学生的学习理念、方法、目标、手段、活动、环境等学习元素。信息技术融合于教学过程的每一个元素和环节；信息技术的发展衍生出新的教学理论、方法和手段，教学元素又推进了信息技术的发展和应用。信息技术对教师和学生提出了新的挑战。教师要具有新的教学理念，熟悉现代信息网络技术，改变传统的教学模式。学生也要具有新的学习理念、方法与手段。这种改变对教师的教和学生的学提出了更高的要求：教师必须具备教学科研能力，学生必须具有自主学习和研究性学习能力，因为学生可以通过网络资源库获得所需要的专业知识，教师的教要重点侧重于对学生理念和语言综合能力的培养。

四、大学英语课程体系建设

大学英语教学改革必须实现三个转变：从以教为主向以学为主的转变；从以课堂教学为主向课内外一体化的转变；从以终结性评估为主，向形成性评估与终结性评估相结合的转变。实现三个转变的前提是教学模式改革。教学模式改革涉及教学理论、教学目标、课程体系、教学方法和教学手段的改革。

大学英语教学要建立"精语言、通文化、懂专业"的课程体系。"精语言"就是语言基本功要扎实，注重语言能力和交际能力的培养。灵活运用语音、词汇、语法和相关英语知识的能力，达到语音准确、语调流畅自然、遣词造句合乎规范、表达得体，听、说、读、写、译技能熟练，具有较强的大学英语应用能力；"通文化"就是在注重知识传授与技能培养的同时，不断强化对学生的文化教育，提高学生跨文化交际能力，扩大学生的国际视野。通过学习外国语言和文化，了解文化差异，学习者可以学会多视角地观察世界、多维地思考问题。同时在大学英语教学中将语言教学同文化教学结合起来，培养跨文化交际能力，还能提高学生学习大学英语的积极性和主动性。"懂专业"就是在夯实学生的语言应用能力和提高学生文化素养的同时，不断完善课程体系和教学内容，增加与具体专业相关的专业英语课程，加强学生综合语言能力的培养。

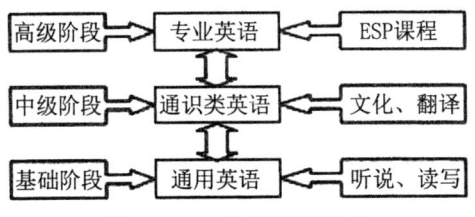

图 3-3 大学英语课程体系

大学英语学习分为三个阶段：基础阶段、中级阶段和高级阶段。基础阶段是高中英语学习的继续，重点是继续加强学生英语的听、说、读、写、译五项基本技能的训练；中级阶段主要开设文化类、翻译类和学术写作类课程，培养学生的跨文化交际能力、口笔译能力和学术论文写作能力；高级阶段是专业英语，主要开设 ESP 课程，目的是顺利实现向双语专业课程和全英语专业课程的过渡。专业英语课程既不是单纯的语言课，也不是单纯的专业课，而是一门将语言应用与专业知识紧密结合的课程。专业英语不仅涉及科技英语文体的一般特征，又涉及一定的专业内容及信息交流，两者相辅相成。专业英语有别于基础英语的最大之处是长句多，专业术语多，因此应围绕专业交流的实际需要，要求学生掌握一定的专业英语词汇、语言特点，培养他们综合运用英语知识和专业知识解决具体问题的能力，包括获取专业文献信息、跟踪科技前沿及促进其创新思维发展。

五、网络化大学英语教学模式的建构

教学模式可以定义为在一定教学思想或教学理论指导下，建立起来的较为稳定的教学活动结构框架和活动程序。作为结构框架，突出了教学模式从宏观上把握教学活动整体及各要素之间内部的关系和功能;作为活动程序则突出了教学模式的有序性和可操作性。教学模式通常包括教学理论、教学目标、教学程序、教学条件、教学评价五个因素,这五个因素之间有规律地联系着就是教学模式的结构。教学模式是一定的教学理论或教学思想的反映,是一定理论指导下的教学行为规范。不同的教育观往往提出不同的教学模式。教学目标在教学模式的结构中处于核心地位,并对构成教学模式的其它因素起着制约作用,它决定着教学模式的操作程序和师生在教学活动中的组合关系,也是教学评价的标准和尺度。正是由于教学模式与教学目标的这种极度的内在统一性,决定了不同教学模式的个性。不同教学模式是为完成一定的教学目标服务的。教学程序是指教学模式都有其特定的逻辑步骤和操作程序,它规定了在教学活动中先做什么、后做什么,各步骤应当完成的任务。教学条件是指能使教学模式发挥效力的各种条件因素,如教师、学生、教学内容、教学手段、教学环境、教学时间等。教学评价是指各种教学模式所特有的完成教学任务,达到教学目标的评价方法和标准等。由于不同教学模式所要完成的教学任务和达到的教学目的不同,使用的程序和条件不同,当然其评价的方法和标准也有所不同。目前,除了一些比较成熟的教学模式已经形成了一套相应的评价方法和标准外,有不少教学模式还没有形成自己独特的评价方法和标准。

网络大学英语教学模式是依据一定的教学理论和教学思想、依托网络技术、为实现大学英语教学目标而构建的模型,它涉及教学理念、教学手段、教学方法、教学框架和教学流程,是大学英语教学与网络技术深度融合的结果。它具有指导性、目标性、可操作性、系统性、发展性、稳定性和灵活性的特点。

任何教学模式的建构必须依靠一定的教学理念和理论,教学理念和理论是网络大学英语教学模式的灵魂。网络化大学英语教学理念,是大学英语教学理论和网络信息技术深度融合的结果。网络化大学英语教学理念随着网络信息技术的发展而产生,同时又指导网络技术的发展与应用。教学目标是大学英语教学的出发点和归宿,针对不同的教学对象和教学要求,需要确定不同的教学目标、教学手段和教学方法。高校网络化大学英语教学活动的基本结构是在一定的教学理念指导下、利用网络信息技术和灵活的教学方法实现"课前导学""课堂教学""课后应用""综合评估"的"四环互动"。

"四环互动"的特点是突出以学生为中心的现代教育思想,突出学生在学习中的主体地位,使学生的学习从被动变为积极参与式的学习。"课前导学"就是教师要根据教学目标和要求分层下达学习任务的同时,给予学生学习方法和学习手段的指导;"课堂教学"是指依靠网络技术,对听、说、读、写、译等不同的课程,集成听力教学平台、口语教学平台、写作教学平台、阅读教学平台、写作平台和翻译教学平台等,分别嵌入教学模式。课堂教学主要采用启发式和互动式教学方法;"课后应用"是指在完成课后作业的基础上,通过说或写的输出形式强化学习,实现教、学、用一体化;"综合评估"就是指"形成性评估"和"终结性评估"相结合,形成性评估涵盖"课前导学""课堂教学""课后应用"的每一个环节。

网络化教学模式以网络信息技术为支撑,使大学英语教学不受时间和地点的限制,朝着个性化学习、自主式学习的方向发展。新的教学模式给学生带来众多有益之处,同时也对学生的学习能力和学习方式提出了新的要求。学生在这种模式下必须具备较强的自主学习能力，自觉去完成网络平台中的学习任务。

六、结语

随着高等学校国际化水平的提高和现代信息技术的发展，大学英语教学和信息技术的深度融合，已经成为高校大学英语教学改革成功的关键。现代信息技术不仅仅是大学英语教学的工具，它还深刻影响着大学英语的教学思想和理念。大学英语教学与信息技术深度融合必然会形成一种全新的大学英语教学理念。

参考文献

[1] 何克抗．学习"教育信息化十年发展规划"——对"信息技术与教育深度融合"的解读［J］．中国电化教育，2012（12）：22-23．

[2] 余胜泉．推进技术与教育的双向融合——《教育信息化十年发展规划（2011-2020）》解读［J］．中国电化教育，2012（5）：5-6．

[3] 张红玲等．网络大学英语教学理论与设计［M］．上海：上海外语教育出版社，2010．

[4] 中共中央国务院．国家中长期教育改革和发展规划纲要（2010-2020）［M］．北京：人民出版社，2010．

第四章 大学英语教师教学综述

第一节 大学英语教师的职业水平

受地域差异和地方经济发展的因素制约，我国西部，尤其是少数民族地区高校英语教师科研水平远远低于其他地区，中部和西部无论是在经济水平方面，还是在硬件资源配置方面，尤其是在教师资源配置方面，都存在着很大的差距，而且这个差距随着经济的发展，仍然有扩大的趋势，这不但不利于区域的教育水平的提高，同时，在教师科研发展中存在很多问题。本章节将对照少数民族地区高校英语教师科研水平现状进行梳理和分析，并根据西部地区高校英语教师科研水平，对于今后区域性质乃至全国性质的大学英语教育的适合性和可行性进行了相关研究，旨在通过学校支持、研究者与一线教师合作学习，以及在具体课堂环境下实现学习反思和教学反思等策略来逐步提高高校英语教师教学科研水平，进而实现教师专业化发展，推动区域性和全国性高校英语教学的良性发展。

一、西部地区高校英语教师发展现状

受地域和地区经济发展制约，我国少数民族地区英语教学发展和教师职业发展的速度远远低于中东部地区。在过去很长一段时间里，科研发展没有被纳入到高校英语教师的职业生涯发展中，究其根本，是经济的落后决定了区域性质的接受教育水平和科研水平比较低。广大英语教师只是在按部就班地埋头教书，一套教材用很多年，一本教案用几十年不变，教师很少写论文、做科研，教学与科研长时间处于分离状态。近年来，随着大学英语教学改革的深化，一方面，科研已经成为评价教师绩效的一个重要指标，高校教师不写论文、不做科研的现象将一去不复返了；另一方面，大学英语教师参加学术交流的机会不断增多。通过参加校际、省际甚至是国际间的英语教学、英语学习等方面的学术会议和学术讲座，特别是具有学术交流性质的讲座和座谈，在充分认识到区域教育水平的高低后，越来越多的大学英语教师自身开始认识到从事科研工作的重要性，并已主动参与到科研活动中。他们从事科研工作的方式主要有两种途径：即，撰写学术论文和进行课题研究工作。但由于缺乏系统的理论知识学习和教育科研方法培训，大学校园内的很多教师还没有真正掌握正确的科研方法，不知道如何从事科研工作。因此，在实际工作中从理论学习和教育科学研究方法两个方面加大对教师的培训力度，是当前大学英语教学改革急需解决的一个关键问题。

采取深度访谈和问卷调查的方法，选取内蒙古自治区两所高校大学英语教师为研究对象，本课题对少数民族地区大学英语教师科研水平现状进行了系统调查和分析，找出了存

在的问题。在此基础上，进行了相关策略研究。

1. 基本情况描述

参加调查教师基本情况，见表4-1。

表4-1 参加调查教师基本情况

项目	总数	每校平均	百分比（％）
教授	3	1.5	10
副教授	7	3.5	20
讲师	7	3.5	20
助教	18	9	50
总数	35		100

在接受调查的35名教师中，30名学校的教师具有硕士学位，他们中一半以上是在职后接受了研究生教育，并且所学专业大多为应用语言学和翻译理论（这主要是受限于本地区高校研究生专业设置），另外5名教师为在读硕士。27名教师的学习经历单一，即他们是在本地区完成了从基础教育阶段到硕士阶段的学习任务，没有在外地学习或进修的经历。另外8名教师是近两年新参加工作的，毕业于外地大学的硕士研究生，其中1名有海外留学经历。在接受英语教育教学理论方面，35名教师中只有18名教师本科毕业于师范院校，接受过基础的教育教学理论培训，其他教师都是在从教以后才有机会接触到此方面的学习和培训。

调查表明：第一点，西部地区大学英语教师学历结构虽然较过去有了显著的进步，但与其他学科普遍取得博士学位的教师队伍相比，大学英语教师师资还存在很大差距，这一点是值得注意的。其次，生源本土化现象十分突出，这在一定程度上影响了大学英语教学水平的常态发展，局限了教师教学和学生学习的视野。同时，教师缺乏职前和职后教育教学理论的系统培训和实践，不知如何将所学专业知识合理应用于教学实践和研究中。这对他们的教学也产生了负面的影响，久而久之，一方面，他们会逐渐淡化在学生阶段所掌握的专业知识；另一方面，没有专业知识和教育教学理论的支撑，他们的教学水平也不能得到有效的提高，他们在教学中会产生沮丧、畏惧情绪甚至对教学失去兴趣，这将对教学产生不良的影响。教学和学习相互依赖。区域的教师教区域的大学生，受限于本区域的经济水平和教师的个人经历的局限，不但不能在教学伊始拓宽学生的学习思路和学习方式方法，相反，还会起到局限学生思维和降低其学习兴趣的消极作用。这是很敏感但容易被忽视的问题点。

2. 科研能力和科研水平综述

在调查少数民族地区高校英语教师科研发展水平的过程中，通过收集并分析了35名教师在不同职业发展阶段所撰写的科研论文和所从事的课题研究，共计收集论文175篇，主持或参与各级课题占了57项。其中，教授所撰写的论文占论文总量的51％，占了课题论文的一半多一点；副教授所撰写的论文占论文总量的40％，讲师所撰写的论文占论文总量的7％，助教所撰写的论文占论文总量的2％。57项课题中，教授的成果（29项）占到课题总量的51％，副教授的成果（25项）占到课题总量的44％，讲师的成果（3项）占到课题总量的5%，助教在课题研究方面的贡献率为零。从上面的调查结果中，我们不难看出这样一个规律：教师研究成果的产出集中在他们职称晋升前1~2年，而在他们取得相应职称资格后很长一段时间内科研工作处在了空白期，既没有从事课题研究工作也没有发表过相关论文。他们科研工作的另一个高峰会出现在他们下一次职称晋升前的2年之内，这一现象在从讲师到副高评审这一阶段尤为明显。而当大部分教师完成了副高职称的评审后，很多教师的科研发展进入了空白期，他们在科研发展方面就停滞不前了，这一点也符合了高校英语教师职称结构现状：教授少，副教授和讲师所占比例较大。从这一点可以初步断定：教师是在被动，而不是主动地进行科研工作，他们从事科研工作的动机功利心强，主要是为了实现每一个人生阶段的奋斗目标，而不是出于对教学的热情和对科研工作的热爱。可想而知，这样产出的研究成果的实用性一定不会很高，深度不够。这一点从他们所进行的研究中也可以得到一定的印证。在本项研究中，教师的论文和课题被划分为实证研究和非实证研究两类，非实证研究主要包括引介、述评、综述及相关理论研讨等方面的内容，实证研究则分为：学习方法、学习策略研究，课堂教学、教学案例研究，教学方法、教学策略研究，语言学、文学或其他专业方向研究，关注教师自身职业发展（教师发展专业化方面）。35名教师不同发展阶段所撰写的论文和从事课题研究的梳理与归类，见表4-2。

表4-2 35名教师不同发展阶段所撰写的论文和从事课题研究的梳理与归类

研究类别	研究内容、主题及特点	课题数量	所占比例	论文数量	所占比例
非实证研究	引介、述评、综述及相关理论研讨	0	0	57	32.6%
实证研究	学习方法、学习策略研究	5	8.8%	42	24%
	课堂教学、教学案例研究	24	42.1%	10	5.7%
	教学方法、教学策略研究	20	35.1%	16	9.1%
	语言学、文学或其他专业方向研究	2	3.5%	41	23.4%
	关注教师自身职业发展（教师发展专业化方面）	6	10.5%	9	5.2%
总数		57		175	

从表4-2可以看出：教师论文主要以引介、评述国内外教育教学理论为主。这些文章一方面介绍相关教育教学理论或一些语言学方面的理论，另一方面这些论文的作者也在试图将这些理论与教学实践相结合，以此来提高教学效果，促进自身专业发展。但由于受限于自身理论水平，这些论文内容趋于重复，理论价值和实践意义都不是很高。在实证研究方面，语言学、文学或其他专业方向的论文占到论文总量的23.4%，这部分论文的作者大多是刚刚硕士毕业的青年教师，这些论文选自他们毕业论文的一部分或是所学专业的某一次作业。遗憾的是，他们后续发表的论文很少再写这个研究领域的内容了。这也在一定程度上体现出教师做科研的功利性很强。因为理论研究难度较大且研究周期较长，所以教师们更愿意尝试实证性研究，这样的研究往往周期短，见效快。这种现象导致的直接后果就是教师专业知识水平发展的停滞和落后。教学方法、教学策略研究和课堂教学、教学案

例研究也是教师撰写论文的主要内容，但从论文内容来看主要还是关注一些表象问题，例如，课堂教学组织、活动设计等，研究方法也主要采用描述法，他们所做的研究往往深度不够，没有触及教学中存在的真正问题。

另一个很明显的现象就是趋同性，以2014年内蒙古某高校外国语学院课题申报的活动为例，在12项申报课题中，关于"翻转课堂"教学研究的课题多达16项。我们从中挑出了5项类似的课题研究项目，见表4-3。

表4-3 5项类似的课题研究项目

序号	项目名称
1	基于移动终端应用的英语碎片式学习——颠倒课堂的微课程研究
2	翻转课堂在文化体验型大学英语教学中的应用研究
3	MOOC-大学英语教师的机遇与挑战
4	基于交互式微课程链的大学英语任务型教学与移动学习整合研究
5	微课程在大学英语课堂教学中的应用研究

通过查看他们的课题论证活页，我们不难看出，这几个项目不仅在名称上存在相似性，从内容上看，重复率也是很高的，都是围绕"微课程"制作和"翻转课堂"教学实践展开研究，研究的局限性很大，同时内容的相似性很高，也很难在课题研究项目上面出更多的新观点和新意。

我们采用问卷调查和访谈的方法，在本次研究中调查了不同职称教师从事科研工作的动机和他们对自身专业发展的设计和态度。调查结果表明：具有较高职称的教师已经形成了一定的科研意识，确立了专业发展方向。例如，上述实证研究中提到的6项教师职业发展研究课题中3项都是由1名具有副高职称的教师，带领几位青年教师完成的。

通过对这3项课题研究成果的深入了解，可以发现：

（1）3项课题研究具有很大的关联性，研究成果是连续的，前一个课题是后一个课题的研究基础，后一个课题是前一个课题的深入延续。

（2）在职称评定和职场竞争等外在因素的影响下，具有中级职称的教师开始逐渐树立科研意识，主动申报课题，撰写论文。存在的问题在于：由于缺乏专业理论方面的培训和指导，教学工作量繁重，教师在做科研方面，研究方向缺乏稳定性和一致性。有的教师论文、课题选题杂乱无章，研究内容五花八门，这样不仅浪费了他们大量的时间和精力，更不利于他们自身专业化发展，到头来也会极大地打击他们从事科研的积极性，甚至影响他们从事教学工作的热情。

（3）刚参加工作的青年教师精力充沛，自己可支配的时间充足，本应是从事科研工作的主要力量，但由于缺乏有效的专业指导和合理的职业规划，他们逐渐放弃了对语言学等专业理论知识的进一步深入学习，自然也就错失了养成良好科研习惯的最佳时机。

二、提高西部地区高校英语教师科研水平的有效策略

通过调查研究，可以看出：近年来，少数民族地区高校英语教师科研发展速度较快，研究水平有所提升。究其原因，首先是广大教师自身职业发展理念的改变。广大教师已经

认识到科研对于教学的促进作用，开始自发、自觉地围绕教学开展科研工作，并具备研究问题和解决问题的能力。其次是来自于学校的管理压力和评职称的诉求迫使越来越多的教师不得不从事相关科研工作，当然，这样的科研并不是教师主动意义上的探索，而是一种被动、无奈的选择，他们研究成果的水平也就可想而知了。再者，随着我国国家经济水平的提高，国家对于少数民族地区的经济投入、硬件投入、软件投入和师资力的投入很大，有了目标就有了动力，因此，出现少数民族地区高校英语教师科研发展速度较快，研究水平有所提升的现象也是十分正常的事情。

不过，大学英语教育是国家教育的根基，是国家国内需求和走向国际化的前提条件，因此，提高高校英语教师科研水平应从这三个方面做起：

第一，"抓好教师从事科研工作的目标导向工作，强化教师的科研意识，为大学英语教师从事科研工作提供有效指导"。

随着大学英语教学改革的不断深化和深入，大学英语教学条件得以改善，并且，每年都呈现上升的趋势，但其教学与专业发展仍然得不到学校的高度重视。因此，从管理层面来说，学校应为教师从事科研工作提供导向性目标指导工作，强调科研工作要从教学实践出发，从思想上和工作上强化教师的科研意识，鼓励教师积极从事教育教学研究，强调科研工作必须从实际出发，坚持其实效性。具体而言，学校科研管理部门和师资培训部门首先应制订科学合理的科研培训计划，定期请英语教育专家、学者、教学名师，通过讲座、学术研讨甚至名师进课堂等具有实效性的方法对英语教师进行教育、科研领域的方法培训，帮助他们掌握基本的从事科研的方法。其次，学校应高度重视大学英语课程，不断提升大学英语课程在学校教学管理和课程设置中的地位，鼓励大学英语教师积极从事教育教学实证研究，加大对教育教学课题和论文的资金资助和技术指导。并通过在广大教师中征集研究内容和研究方向来制定课题指南，真正做到教学与研究相结合，科研为教学服务，教学促进教师科研水平的提高。

第二，"以研究课堂教学中的关键问题为抓手，建设研究者与一线教师的合作团队"。

对于英语教师而言，教学是科研之本，教师应从教学中发现问题、分析问题，找出解决问题的方法，这一过程本身就是进行科研活动的过程。然而受自身理论水平、自身经验和研究能力所限，教师所从事的研究往往只在同一水平上反复，研究成果的理论价值和实用价值偏低，这在一定程度上打击了他们从事科研工作的积极性。要解决这一问题，我们建议以研究课堂教学中的关键问题为抓手，建设研究者与一线教师的合作团队。

课堂教学中的问题层出不穷，不可预料，鉴于英语教学的特殊性，在这一点上，大学英语教师最有发言权。英语课堂教学中强调师生互动，强调以"学生为中心"和"培养学生综合运用语言的能力"。对于英语教师而言，在教学中发现问题并不难，难点在于如何对发现的问题进行归纳总结，发现具有普遍性和共性的问题，并从理论的角度对这些问题进行分析，提出解决问题的思路，在教学中进行实践。这也正是我们采用文秋芳等教授提出的"建设研究者与一线教师的合作团队理念"的原因所在。研究者和一线教师通过合作学习，各自发挥他们的专业优势，团结合作来实现理论和实践的契合。一方面，研究者可以清楚地了解一线教学情况和教学中存在的问题，通过理论研究提出解决问题的具体方案和路线指导，并将这些方法交给一线英语教师在课堂教学中进行实践检验，根据教师提出的反馈意见，研究者再进一步通过对反馈意见进行分析，提出解决问题的方法。另一方面，也可以避免出现研究重复问题。同时，在条件允许的情况下，研究者还可以亲临课堂，从不同的角度对大学英语课堂教学进行观摩，在课后就教学情况与任课教师进行讨论，对教师教学进行实时指导。一线教师通过合作学习，能够从专家那里得到理论和实践两方面的指导，及时了解学术前沿新动态，不断提高理论水平，掌握从事科研的有效方法。这样的合作学习必定会形成一个英语教学的良性循环圈，从而极大地提高教师的理论水平和教学能力。

第三，大学英语教师应明确专业发展方向，在教学中注重积累科研资料，不断反思，进而形成良好的科研习惯。

科研方向缺乏稳定性和一致性，浪费了教师自身大量的时间和精力，不利于他们对某一领域问题进行深入、细致的研究。因此，大学英语教师应首先明确自身专业发展方向，之后，他们应该在接下来的教学和业务学习过程中坚持不懈地沿着专业发展的方向不断学习、不断积累、不断反思。随着时间的推移和学习的深入，他们就会在其所研究的专业方向上做到触类旁通、融会贯通，进而逐渐形成稳定的专业发展方向。

在教师专业发展的道路上，反思性学习和反思性教学发挥着举足轻重的作用。相关研究指出，教师职业发展要经历五个发展阶段：a teacher（教师），a lecturer（讲师），a reflective teacher（反思型教师），a professional teacher（专业学术型教师），a good teacher（高素质教师）。从中可以看出，在现代英语教学中，反思能力是一个高素质英语教师必须具备的一项能力，它包括对教学设计的反思，对教学过程的反思，对自身教学行为的反思，对课堂教学群体行为的反思以及对教学评估的反思。教学反思中最常采用的方法包括反馈（feedback）和教学日志（teaching diary）。其中，不断从同事和教学对象那里得到反馈意见，可以帮助他们准确把握自身的教学情况，及时发现存在的问题。而撰写教学日志则可以真实记录教师对教学内容的理解，对教学对象的判断和对教学情况的描述。可以说，教学日志本身记录了教师教学和专业发展的全过程，是教师教学和专业学习的写真集。通过教学反思，教师可以及时了解自身教学现状和存在的问题，提出解决问题的方法，并及时改进教学质量，这样他们就能在教学实践和学习研究中始终处于主导地位，提高教学积极性和教学质量。同时推动自身专业发展，逐渐成长为高素质的英语教师。

三、少数民族地区大学英语教师基本情况调查与分析

英语教师是大学英语教学改革和教学实践的主体，是改革成败的关键因素之一。本课题就少数民族地区大学英语教师基本情况进行调查和分析，指出在英语教师发展中存在的问题，并进行对策研究，以期对少数民族地区英语教学改革和英语教师自身发展提供参考。

大学英语教学改革成败的关键在于教师。只有高质量的教师才能为学生提供有效的指导，并培养高素质人才，才能切实提高大学英语教学质量。建立优秀的大学英语教学团队是合理利用教学资源，提高教师队伍整体水平的有效途径。

作为教学改革的实践者，教师的积极性、主动性和开拓精神的发挥尤为重要。努力造就一支师德高尚、业务精湛、结构合理、充满活力的高素质专业化的教师队伍是少数民族

地区高校的首要任务。

伴随着少数民族地区高校英语教学改革发展的进程，师资队伍建设已成为首要任务。随着毕业生就业形势的日益严峻，少数民族地区社会经济建设的快速发展以及引进人才力度的进一步加大，近年来越来越多的优质英语人才选择来少数民族地区高校任教，每年都有来自全国重点院校英语专业的研究生补充到我们的教师队伍中，这极大地改变了少数民族地区高校教师的地缘结构，教师队伍整体水平有了明显提高。然而，在实际工作中这一部分教师无论在教学中，还是科研工作方面都没有发挥出他们所应发挥的作用。毋庸讳言，目前我们的大学英语师资队伍建设仍然存在许多问题，教师业务素质有待提高。要提高教师素质，就必须要发现存在的问题，并提出解决问题的对策，而此项调查研究将为未来教师发展研究提供真实有效的参考依据。

此次调查研究的具体内容如下：

本次调查的内容涉及教师基本情况调查（学历、职前教育、在职教育以及择业原因等方面的情况）和教师教学情况（对教学理论的掌握程度、教学方法运用情况、教师教学态度等方面的情况）两方面的内容。问卷共发放200份，回收185份，其中168份为有效问卷。在发放问卷时，我们充分考虑了教师的不同年龄段、不同教龄、不同职称、受教育程度等因素，使研究对象具有代表性，确保了研究的可信度和有效性。大学英语教师基本情况，见表4－4。

表4－4　大学英语教师基本情况表

年龄	20～30岁	30～40岁	40～50岁	50岁以上	
相应人数	55	96	17	0	
教龄	0～5年	6～10年	10～15年	15～20年	21年以上
相应人数	67	72	19	10	0
职称	助教	讲师	副教授	教授	
相应人数	47	104	17	0	
受教育程度	本科	硕士	博士		
相应人数	14	154	0		

调查结果表明：受访教师中92%的教师具有语言学方向的硕士学位，在从教之前，他们对教育教学理论和教学方法知之甚少。因此，他们课上采用的教学方法往往是沿袭老的教学方法，或在岗前培训时对此方面知识进行粗略了解。因此，他们希望在职业生涯中有机会接受更为系统的教育教学培训，尤其是有更多的机会能与同行交流沟通。

对新教育技术在教学中运用情况的调查表明：一部分教师还没有根据教学需求自己制作教学课件，都在使用教材附带的多媒体教学课件进行教学，课堂教学内容主要是进行课文翻译、词汇解析等，多媒体教学的优势没能充分发挥出来。这部分教师从年龄上看主要集中在两个阶段，一个阶段是刚刚毕业两年左右的青年教师群体。他们对于英语教学缺乏了解，还没有真正形成正确的英语教学理念，拿到教材没有很多的想法，不知如何入手开展教学，因此也就更多地依赖于教材附带的课件开展教学。这部分教师会随着教学经验的积累和对教学改革的理解而逐步提升自我。另一个阶段是职称较高的教师群体，这部分教师已基本实现了职称上的诉求，也没有打算继续晋升职称，因此对自己放松了要求，对教学失去了进取心，也就无心在课件制作上下工夫、花力气了。当然，我们也发现还有一些教龄较长、职称较高的教师在教学过程中能够使用自己制作的教学课件。尽管他们的课件精美程度不能与出版社提供的课件相提并论，但能够切实反映他们的教学思路和教学思想，这在一定程度上表明：教龄较长、职称较高的教师在教学中已经积累了丰富的教学经验，形成了自己的教学风格，他们更加注重自身的个性化教学要求。

与教龄较长的教师相比，青年教师更注重与学生的沟通和交流，比如，他们在课后与学生保持着密切的联系，课上他们倾向于尝试教学新理念、新方法，组织学生参与各种各样的教学互动活动，这在一定程度上起到了活跃课堂教学气氛的作用，也反映出青年教师的教学热情比教龄较长的教师高很多，而教龄较长的教师则有可能出现了职业倦怠的倾向。

与青年教师相比，教龄在10年以上的教师职业倦怠情绪较强。其主要原因在于：这些教师常年承担着超负荷的教学工作量，同时为了评职称他们不得不挤出时间学习，被动地花时间去写论文、做研究……这些都压得他们喘不过气来。大学英语教师的科研素质和科研成果质量都有待进一步提高。统计数据表明：职称高、教龄长的教师已具备了一定的科研能力，他们的科研成果较多，而青年教师的科研状况则很不乐观。参加问卷调查的青年教师中95%的教师没有参与过教材编写工作，89%的教师没有承担过任何级别的科研课题，78.5%的教师没有固定的研究方向，82%的教师不了解如何做科研，绝大部分教师做科研的目的是为了完成工作量和评职称。从教学的角度来说，教师认为他们对学生的高付出与学生的低回报使他们产生了挫败感，进而导致对教学工作和教学对象失去热情和兴趣，产生无助感，丧失工作信心，缺乏进取心，最终的结果是在敷衍工作，被动应付。

在针对教师教育和专业发展的调查中，61.9%的教师（以35岁以下青年教师为主）表示希望通过进一步的学习提高自己的专业素质。他们有着比较强烈的自主专业发展意识，80%以上的教师有着进一步提高学历水平的愿望。然而国内语言学方面的博士点少之又少，这就使得很多教师望而却步。

在对教师教学实践反思方面的调查中，被调查教师中写反思日志的人为零，教师之间也很少互相听课。究其原因，我们认为大部分教师还没有真正从思想上意识到教学实践反思的重要性，也没有掌握用于实践反思的具体方法手段，例如，如何写教学日志、录制教学录像、开展教学行动研究等。他们更没有意识到个人的专业发展是通过在教学实践反思中发现问题，经过思考、实践、评价、寻求解决问题的方法才能达到自我发展的目的。

四、对策研究

1. 教学管理部门应制订和实施大学英语教师学位提升计划，鼓励青年教师攻读博士学位，允许教师报考非语言学文学类博士

每一位教师都有专业发展的需求，都有成就动机和自我实现的愿望。作为多年在一线工作的教师，我们有幸与多名青年教师就提高学历层次的问题进行过探讨。在交流中我们发现许多青年教师在刚参加工作之初都有继续攻读博士学位的计划，但工作2~3年之后真正实施这一计划的人却很少。这主要是由于我国高校英语语言文学专业博士点数量少，每年招生人数有限，竞争相当激烈。针对这种情况，我们建议学校管理部门能够鼓励青年教师报考非语言文学类博士。英语教师可以继续攻读经济类、管理类博士学位，或者教育类博士学位。青年教师跨学科攻读博士学位，可以在较短时间内提高教师队伍学历层次，同时也为构建新的大学英语课程体系提供师资保障。

2. 加大对教师教育教学理论和新教育技术运用能力的培训，为教师提供更多的教学实践交流机会和指导

从调查中我们可以看出，大多数教师在职前教育阶段没有系统完整的学习过教育理论和教学法方面的知识，即使是语言学专业毕业的研究生也只是对他自己的研究专业方面的知识了解较多，而对于整个语言学理论体系只是一知半解，更谈不上将语言学与教学理论结合起来运用于教学中了。基于这种现状，我们认为教学管理部分应制订阶段性培训计划，定期对教师进行培训。需要强调的是，培训应采用灵活多样的方式开展。以往这一类培训一般都是请一些知名专家来做讲座，这一类讲座往往因为专业性太强或与教师教学实践关联性较小而没有起到培训教师的作用。就教育教学培训而言，广大教师最需要的是教学实践方面的培训，往往一些生动形象的讲解并结合观摩课的方法能帮助教师们更为直观地学到他们想要学的内容。因此，针对教师的培训应该更注重教学实践交流和指导。

3. 注重青年英语教师自主专业发展，培养复合型英语教学人才

由于英语教学工具性的特征，英语教师往往被误认为没有自己的专业。在具体教学工作中英语教师会遇到各种各样的实际问题。对于青年英语教师而言，较早地树立自身专业发展方向，有效选择所需学习的内容，是英语教师自主专业发展的必由之路。

同时，我们想要提出的另一个观点是，高学历并不等于高水平的教学能力。现在貌似有一种趋势就是高学历能够代表一切，一个人只要拥有博士学位，那么他就拥有了一切（学识、能力、地位、权力甚至财富等）。然而，在教学实践中所反映出的事实并非如此。在一位好的英语教师身上，我们所能看到的不仅仅是高深的专业水平，更重要的是他的教学理念、教学思想、渊博的学识和在教学中的方法、手段的运用。因此，我们认为英语教师可以尝试扩大学习研究领域，跨学科进行学习。可以根据学校办学特色，学习经管类专业知识，或学习商务交际、跨文化交际领域的专业知识，并将这些知识与自身专业相结合，积极申报大学英语拓展课，这也能满足"课程要求"所提出的"个性化教学要求"的发展方向。

4. 构建教师实践群体，开展教师团队合作学习

教师实践群体将具有共同目标和共同愿景的教师聚集在一起，以解决日常教学过程中的实际问题为基础，搭建一个合作学习、经验交流、知识共享的平台。在这一团队中，教师们可以平等交流，从不同侧面就教学中出现的问题进行交流，分享研究成果，互相督促、互相借鉴，进行教学反思，这样既可以促进教师专业知识和能力结构体系逐步完善，帮助教师摆脱"孤独"的处境，也解决教师教育理论与教学实践脱节的困境。

第二节　教育教学与师资管理的理论认知

一、国内外教师教育和师资管理方面的理论

本节对国内外教师教育和师资管理方面的相关理论进行了研究，分析了英语教师的职业特点，列出了制约英语教师职业发展的因素，给出了促进英语教师职业发展的对策。最后提出：要促进英语教师的持续性发展，就必须设定新的、更高一级的目标以迎接新的挑战，并做出自己不懈的努力，这是可持续发展的关键所在。

1. 国外教师教育与师资管理方面的相关理论认知

在世界范围的教育改革浪潮中，人们越来越清晰地认识到，社会发展的关键推动力量是高素质的现代人，而具有终身学习能力和教育创新能力的现代教师是培养现代人素质的关键。随着广泛深入的教育改革以及教师专业化水平的提高，出现了"反思型教师"（reflective teacher）、"学者型教师"（academic teacher）和"专家型教师"（professional teacher）这样一些名词。同时，随着教育国际化、综合化，教育理论的蓬勃发展以及现代教育技术等条件的完善，"反思型教师"和"专家型教师"的培养已为越来越多的人所关注。"专家型教师"是指在教育教学的某一方面有专长的教师；"反思型教师"是指这种教师不但具有课堂教学所必需的知识、技能和技巧，同时还具有对教育目的、教育行为后果、教育伦理背景以及教育方法、课程原理等更广泛的问题进行探索和处理的能力；"研究型教师"是指用科学方法探求教育教学本质和规律的教师；"学者型教师"（academic teacher）是指在教育教学的学术领域里有一定造诣的教师。这表明：现代教师不但要具有深厚的基础知识、扎实的学科知识、出色的教育教学工作能力，还必须具有研究能力。他们的成长轨迹如图4-5所示。

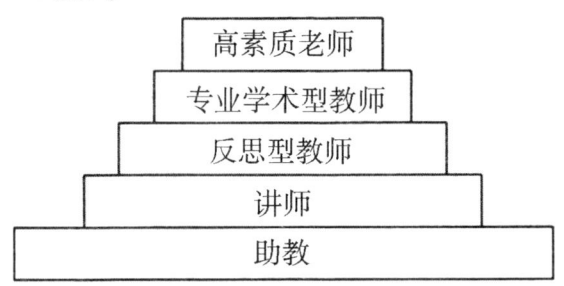

图4-5　现代教师成长轨迹图

不仅如此，我们还应该看到各种类型教师的人格魅力和心灵影响，它们之间相辅相成，共同促进。与此相适应，就要有一种新型的教师观和教师教育模式，这种新型的教师观的主要内容有：教师是专业人员、教师是发展中的个体、教师是研究者。基于这一点，教师教育模式主要是研究型模式，即教师教育实现一体化（职前教育和在职教育的一体化），这样可以促进教师的全程专业发展；教师发展和教育教学研究实现一体化，即通过实践研究以实现教师的全员专业发展；教师发展与教育改革实现一体化，以实现教师的全

面发展。这样动态的、开放的教师教育符合当今世界的潮流。早在20世纪七八十年代，语言教学界就开始关注教师教育的研究，Jim Scrivener 在《学习教学：英语教师指南》一书中指出，教师提高教学能力的过程也就是一个认知和成熟的过程，阐述了师资教育与在职进修之间的关系，说明理论学习和正规的教育培训对于提高教学能力是很有帮助的，并从四个方面论证了"What is a good teacher"的问题。Noonan 在《语言学习研究方法》中对如何促使教师结合自己的具体教学情况，通过思考和探索，制定出结合自己需要并切实可行的教学方法去进行教学展开了系统的研究。Strevens 认为教学的所有方面几乎都与教师密切相关，合格的语言教师最起码的要求和条件是："具有鼓舞人的个性、对语言讲授有足够的课堂把握技能。"而如何使教师具备这种理论水平和教学能力是我们选择这一课题进行研究时所关注的主要问题。

2. 国内教师教育与师资管理方面的相关理论认知

近年来，随着国内和国际形势的发展，我国对英语人才的需求日益增加，学习英语的学生和社会群体的人数急剧上升，对英语教师的需求量日益增大，我国英语教学事业正在蓬勃发展。在这种形势下，英语师资培训和师资建设的重要性与日俱增。一方面，高等学校英语专业加大了对英语人才的培养力度；另一方面，对在职教师的培训也在不断加强，包括出版社在内的各级部门都在通过组织教师参加专业知识、教学技术、技能培训等种种途径来提高教师的业务水平，使他们的成长与教学实践紧密结合，从培训中得到提高，做到教学相长。

二、英语教师职业发展研究

在进行此课题研究时，我们阅读了大量资料，对一些教师教育和师资管理方面的理论进行了归纳和整理。

1. 英语教师应具备的素养

对广大英语教师来说，英语本来就不是母语，他们的英语水平还需要提高，各方面的应用技术还有待掌握。所有这一切，都对教师的学习提出了更高的要求，即教师要：学习专业知识，了解相关理论，培养科研意识，提高专业化发展水平。Richards 提出了教师教育的核心知识内容应该包括六个方面："教学理论、教学技能、交际能力、专业知识、教学推理和决策能力、语境知识"。我国部分学者认为英语教师的基本素质结构应该包括如下六个方面：

（1）现代教育理论和学科理论；
（2）较高的科学文化素养；
（3）优秀的个人品格；
（4）灵活的教学方法和技巧；
（5）扎实的语言基本功和丰富的学科知识；
（6）较强的学习能力和教育研究能力。

还有学者提出：除了具有扎实的语言基础知识和基本技能外，语言教师还应该具备语言学、社会学、心理学、认知科学等相关领域的理论知识，并具备将这些理论运用到自己的具体教学实践中去的能力，如具备教案设计、教学实践、教学决策、教学评价等各方面的能力。尤为重要的是，英语教师还应该具有在本领域中可持续发展的潜能。

综上所述，我们认为英语教师成功的职业发展之路离不开这几个方面的因素：

（1）高度的责任心、热爱教学、具有探索精神；

（2）扎实的专业知识和较高的理论水平；

（3）较强的学习能力和教育研究的能力；

（4）掌握一定的教育教学理论并具备教学实践能力。

其中，我们认为第一点是尤为重要的，只有具备了这一点，教师才会去认真钻研，才能有信心和决以去进行教学理论的探索和教学实践的尝试。

2. 制约英语教师职业发展的因素

Tsui 曾经将教师的不同发展阶段划分为五个层次：生手；高级初学者；合格的实践者；熟练的实践者；专家，并对每个发展阶段的教师的特点进行了描述。其中，"生手"是第一个也是最低的一个层次，"专家"是最高的层次。从低层次向高层次的发展能否实现，受到诸多因素的制约。而每一个层次向高一级层次的发展，其制约因素也会有所不同，但总体上来说，这些制约因素是相似的，我们可以将其归纳为如下几项：

1. 教学经验丰富而理论高度不够

骨干教师从事英语教学多年，积累了十分丰富的教学经验，老师们在学习国家政策、把握新的课程标准、教材内容的选择和取舍、教案的设计、教学实施、教学决策、教学评价等方面都有相当丰富的经验；对于学生的管理、课堂教学活动的开展、课堂教学偶发事件的处理、课堂教学任务的布置与监控等都有自己一套成熟的经验。可以说，不少人已经形成了自己的教学风格。然而，由于科研的压力、严重的课业负担，再加上学校的导向、自己的某些潜在的惰性，缺乏系统的进修和培训机会，这部分教师对于教学相关理论的学习明显不足。这样，没有理论的指导，教学实践也就不可避免地会出现盲目性，也必然影响教师的职业发展。

2. 教学投入很大，但科研重视不够

正如前面所说，教师的课业负担普遍较重，既要备课、上课，又要辅导学生，还要批改学生的作业，而且一般教师的课时数每周都有十多节，再加上班级人数较多（50人以上），一般为大班授课，要想为学生改一篇作文，就要至少看一百多本作业，仅此一项就构成教师的严重负担。然而，学生作业又不能不布置，布置的作业又不得不及时批改，这就要求英语教师在教学和作业批改上投入大量的时间。但是，人的精力毕竟是有限的，由于教学上大量的时间投入，教师很难再挤出时间来搞科学研究。在这种情况下，教师把绝大部分时间都投入到教学过程中，对自身的教学科研认识不够，也缺乏具体从事研究的经验。既然对自己的教学缺乏研究，也就影响到教师职业的发展。

3. 对问题的探究缺乏深度和广度

英语骨干教师有十分广泛的教学知识和丰富的教学经验，但这还不够。广泛的知识和丰富的经验只是职业进一步发展的开端，因为教学中还有许多东西没有引起教师的足够重视，很自然，教师不明白的地方还有许多。即使有些教师对教学问题进行了探究，但其深度和广度也仍然有限，这在一定程度上制约了教师职业的发展。

4. 科研论文的写作能力有待提高

应该说，科研论文写作能力的培养不是一蹴而就的，它需要多年的阅读、反思和不停的写作练习。尤其是对论文的选题、研究方法的设计、数据的收集和分析、书写规范等要有相当程度的把握，以便写出符合学术规范的论文。在这方面，提高科研论文的写作能力仍然是摆在英语教师面前的一个有待解决的重要问题。

5. 批判思维能力有待进一步发展

对于广大英语教师来说，存在的一个普遍问题是批判思维能力比较欠缺。这主要是因为分析问题的角度比较单一，对相关的理论观点不太熟悉，无法开展不同观点之间的比较，而这些却是培养批判思维能力的基础。因此，批判思维能力的发展对我们的综合能力来说相对滞后，有待发展。孙平华曾经指出："所谓批判思维的能力，就是要能够在比较的基础上进行分析与评论，分析要能够击中要害，评论要能够恰如其分。当然，在批判的过程中，离不开分析、判断、推理、演绎以及发现问题、分析问题和解决问题的思维能力。另外，批判还有一个深度的问题，深入浅出、精辟入理的批判，往往更有说服力。"

三、促进英语教师职业发展的对策研究

Tsui 从分析四位教师教学专长的发展历程出发，指出了教学专长的发展是一个持续的和动态的过程，在这一过程中，前一阶段的知识和能力的发展为下一阶段进一步发展奠定了基础。教学专长的发展也是一个具备较高能力的教师不断地为自己设定新的目标并接受新的挑战的过程。在达到这些目标和接受这些挑战的过程中，他们获得了新的见识。正是在这种不停地获取新的能力的过程中，教学专长得以发展。在这一过程中，教师不断为自己设定更高一级的目标，并努力实现这些目标，从而不断扩展自己能力的上限，实现可持续发展（生手—高级初学者—合格的实践者—熟练的实践者—专家）。因此，要促进英语教师的可持续发展，就必须设定新的、更高一级的目标以迎接新的挑战，并做出自己不懈的努力，这是可持续发展的关键所在。否则，只满足于现状，就会停滞不前。换句话说，教师教学专长的发展是一个有意识的、不断努力的过程。为此，教师在职业发展过程中，要能够树立新的目标、迎接新的挑战。其中，新的目标包括学习现代教育教学理论、理论与实践相结合、培养教学反思能力、掌握教学科研方法、积极投身教学研究。

第三节 多媒体环境下的个性化

一、建构主义教育理论对多媒体网络环境下大学英语教学的影响

本节从建构主义教育理论对多媒体网络环境下大学英语教学的影响，培养学生自主学习能力对教师的新挑战，以及自主学习能力的培养这三个方面对多媒体网络环境下大学英语教师个性化教学和专业化发展进行相关理论研究。

建构主义观点是由瑞士心理学家让·皮亚杰于1966年提出的，他创立的学派被称为"皮亚杰派"，是认知发展领域中最有影响的学派。建构主义理论的内容很丰富，但其核心

可以概括为：课堂活动以学生为中心，强调学生对知识的主动探索、主动发现和对所学知识意义的主动建构。威尔逊认为，建构主义的学习环境是"一种在追求学习目标与问题解决的活动中，使用多种认知工具及学习资源，学习者一起工作并相互支持"的学习环境。学生成为信息的制造者，而不是信息的消费者，而教师成为学习的促进者、指导者，以及学习团体的一员。按照建构主义的观点，必须为学习者提供尽可能丰富的学习活动环境。选择生活中有真实意义的内容、时间或问题，并提供这些内容、时间或问题作为学习的出发点。现实问题为学生提供了发展更深层次、更丰富的知识结构的可能性。学习者能够通过互相交流，相互协作学习获益。也就是说，在建构主义学习环境中，教师要考虑有利于学生建构意义的情境创设问题，考虑教学目标分析设计练习。因此，教师就成为课堂活动的主导者、组织者，而不是传统意义上知识的灌输者和传授者。在发现学生问题后应进行错误诊断与纠正，努力调动学生自主学习的积极性，注重在传授知识的同时，全面提高学生的综合素质。

近年来，针对大学英语的课程设置和教学水平提高等问题许多学校采取了不同的方式或做法。但是由于种种客观因素，开课的门类和学时是有限的，这在很大的程度上不能够满足学生学习的需求，因而未能从根本上解决问题。研究人员认为，要解决好这个问题与矛盾，就必须从改革现有的模式入手，即改革单一的课堂教学模式，丰富未来的教育方式，同时，利用各个大学已经建立校园网或因特网的技术优势，实现资源共享，将课堂教学与多媒体网络教学相结合，联合解决当前教学中存在的问题。这在当前应当是一种行之有效的解决方法。其理由如下：

（1）利用多媒体网络进行大学英语教学从教学理论上符合建构主义学习理论，它不仅实现了以学生为中心的教学理念，同时也符合教学应以人为本的原则。它借助现代化的教学手段来改变学生的认知方式，为学生的课内与课外学习创立一个广阔的空间，最主要的是为学生开辟了一个虚拟而又现实的空间，并在教师的适当引导下，使学生通过自主学习的方式，开阔视野，扩大知识领域，为培养多学科、多技能的复合型人才打好的基础。

（2）利用媒体进行大学英语教学，还可以缓解因学生人数多、层次差别大、师资缺乏、课时紧而导致的教师难以多层次、多角度地满足学生的学习需求的局面。此种模式将大学英语教学从课堂延伸到课外，比如，远程教学的设想和实行，如果这样的计划能够在区域实行成功的话，学生不但不用担心上课的问题，而且还能够有效地从多个角度帮助学生理解、消化、扩展知识。

（3）在当今的技术水平下，在因特网宽带工程广泛进入高校的背景下，利用多媒体网络进行大学英语新模式的教学是可行的，也是必要的。它不仅能激发学生的学习热情，利用多媒体和网络，还便于教师和学生之间的及时交流和反馈，这就使得教师和学生的距离无论是在空间上，还是在时间上，都能够在更加广泛的领域共同交流，共同进步。

新的《大学英语教学要求》指出，"教学模式改革成功的一个重要标志就是学生个性化学习方法的形成和学生自主学习能力的发展"。在教学中引导学生自主学习一直是英语教学的一个理想境界，这个境界不但没有削弱教师的作用，反而能够让教师在教学的同时，投入到课程科研和项目科研中，从而为更好地提升教学水平提供良好的条件。科德曾经指出："有效的语言教学不应违背自然过程，而应适应自然过程；不应阻碍学习，而应有助于并促进学习；不能令学生去适应教师和教材，而应让教师和教材去适应学生。"这就是说，语言教学应该以学生为中心，树立学生良好的学习兴趣，不断培养学生的主观能动性和课堂参与性。

二、多媒体网络环境下培养学生英语自主学习能力对教师的新要求

1. 自主学习的特征

自主学习是一种全新理念的学习模式，也是对传统教学观念的一种挑战。在这个过程中，我国学者自 20 世纪 80 年代起一直对自主学习进行不断探索和研究。他们对自主学习的认识都存在一些共同之处，即自主学习往往是学生在教师指导下通过多种方式和途径进行能动的、有选择的学习活动。总体来说，自主学习有这几个特征。

（1）指导下的自主性。传统的教学方式以教师教授为主，教师独占讲台，成为课堂的主宰者，成为舞台的中心，学生被动地接受知识，而自主学习注重教师指导下的学生自我探索和兴趣的培养，自主学习，学生由被动接受知识变为主动获取知识。但自主学习并不等于自由学习，教师的指导作用也很重要，两者必须紧密联系在一起。在教学方式上注重激发学生内在的学习动机，挖掘学习潜力，指导学习方法。在教学手段上指导学生运用现代化的学习工具（如计算机和网络等），主动建构自身的知识和能力。

（2）学习的主观能动性。自主学习重视学生的主体地位，强调学习者的自觉意识和能动作用在构建自主学习模式过程中的重要性。因此，在教学过程中，教师不应采取传统的教育方式，直接告诉学生应如何解决问题，"授人以鱼，不如授人以渔"，应向学生提供解决该问题的有关线索，由学生自己解决，从而挖掘学生发现问题，解决问题的潜力，从而发展学生的自主学习能力。

（3）学习的开放性。自主学习是一种开放的学习，有学习者自己支配，学习者不受时间、地点、教材等条件的限制，可以自主选择学习的时间、地点，自主确定学习目标、内容、方法和计划，自主进行学习反馈和评价，并对自己的学习负责。

（4）学习的合作性。自主学习虽然具有独立性的特点，但它并不等于个人封闭学习，而是自己引导自己的学习，所以，它与自学有着本质的区别。自主学习模式重视自主合作的教育氛围，这不仅需要教师走下讲台，参与到学生的学习中去，和学生打成一片。成为课堂中的一员，而不再是课堂的主宰者。相反，教师成为学习的合作者，学生还可以根据自身的学习情况选择学习伙伴，在学习过程中进行相互合作、交流和帮助。

（5）学习的创造性。自主学习的目的不是对学习内容的简单复制，而是学生创造性地发展已有的知识体系与新知识体系之间的关系，完成知识的再创造，也不是学习过程的简单复制，而是学生在管理自己的学习过程中不断反思和改进学习方法，进行创造性的学习和解决问题，形成自己的学习方法，提升自己解决问题的能力，从而达到形成学习技能和发展个人能力的目的。

2. 培养学生英语自主学习能力对教师的新要求

自主学习使传统的学习方式发生根本性的变革，在这样的形式下，要求教师角色发生根本性的转换。英语教学重心从"教"转换成"学"并不意味着教师作用的减少，相反，这种转移对他们提出了更高的要求。这些要求不仅包括教师教育理念的转变，课堂教学中

角色的转变、教学方法和手段的改善和提高，还包括教师的个性化教学与专业化的发展。

（1）积极转变、不断更新教育理念。自主学习的英语教学要求教师自觉转变教育观念，改变传统的以课本、教师为中心的教育思想，在教学中贯彻"以学生的需要为中心，以培养学生的综合应用能力为重点"的教学思想，发挥教师的教学主导作用，在课堂中利用一切可以利用的手段，引导学生学习，让学生在掌握基础知识的同时，培养学生把英语当作工具去了解和学习其专业及相关领域内的最新成果和发展趋势的能力，提高学生对所学知识的实际应用素质，不断满足国家和国际对于当代人才的需求。只有对教学规律不断研究，不断更新教育理念，才能有效引导和促进学生的学习。

（2）激发学生学习动机和主观能动性，组织和指导学生自主学习。动机是一切学习的原动力，自主学习的根本就是激发学生学习的动力，同时，自主学习模式的宗旨也是发挥学生的主观能动性和创造性，因此教师在教学中应首先激发学生的兴趣，帮助学生树立"我要学"的学习观，取代"让我学"的学习观，充分调动学生的学习积极性，并建立一个宽容的课堂气氛，不断淡化学生对课堂、对教师的依赖。然而自主学习不等于自由学习，宽松的学习环境并非不要纪律、不要学校的管理准则和行为规范，相反，自主学习是建立在学生自觉，即有一定的素质和素养的基础之上。建立自主学习模式更需要教师成为引导学生主动参与的组织者，在营造宽松自主的环境的同时，使学生成为能够对自己行为负责的人。因此，对教师来说，在自主模式下是否能管理和督促学生自主学习，掌握学生的学习心理和学会如何管理学生，有时可能比自身的学识更为重要。教师的指导是否具有科学性直接影响到学生的学习质量。教师应意识到不同学习者有不同的学习方式和需求，根据学生的个性特点的不同，认知能力和学习方式的不同，帮助学生确立适当的学习目标，选择行之有效的学习策略，并在教学过程中引导学生养成良好的学习习惯，逐步培养学生有意识地形成适合自己的、有效的学习策略的能力。

（3）改进教学方法，精心组织课堂教学，熟练掌握和运用现代化教学手段。首先，在教学方法上，教师应把听、说、读、写、译能力的培养有机地贯穿到整个教学活动中去，充分考虑到学生的学习主体地位，采取以学生为中心的主题教学模式，最大限度地调动学生学习英语的积极性，应尽量让学生自始至终成为教学活动的积极参与者，逐渐淡化教师在课堂中的主体地位，教师服务与学生，让其成为课堂的主体和受益者。其次，在教学过程中，要精心组织课堂教学，充分利用时代所给予的网络和计算机技术，营造良好的学习氛围，采用师生互动的教学方式，提高学生学习的兴趣和自信心。

大班授课是扩招后大学英语教学中普遍存在的形式。固然，对于大学英语教学而言大班授课存在局限性：大班授课受众人数多，教师与学生个体交流的平均机会少，对于辅导学生的学习和引导学生树立良好的自主学习的能力不利，一定程度上影响了学生学习的效果。但是，大班授课的优势在于，作为受众的学生心情更为放松，这有助于帮助他们克服在学习非母语时容易产生的焦虑心理。同时，如果教学组织者引导得当，那么大班授课更易于帮助学生产生竞争心理，进而激发学生学习的上进心，增强学习的积极性和主动性。为弥补大班授课的一些缺陷，多媒体教学被广泛引入大学英语课堂。多媒体英语教学最大的优点在于，它利于建立以学生为主体的教学模式。学生在教师指引下，利用多媒体创设特定的语境，使学生自我建构知识体系。自主学习模式需要有丰富的学习资源来支持，教师要能够根据学生的不同需求，发散自己的思维模式，开发适合学生的声形兼具、图文并茂的数字化学习资源，丰富教学内容并引导学生更有效地学习。这必然要求教师能够熟练使用教学工具，对新兴的多媒体网络在内的教学媒体有选择、应用、评价的能力以及熟练使用计算机平台和各种应用软件的能力。

（4）不断对教学过程进行反思。做一个"反思型"的教师，是自主学习模式对教师的高要求，也是一个高素质的英语教师所必须具备的能力。要培养学生的自主学习能力，教师就要不断对教学对象群体的行为自身的教学行为、教学设计、教学过程、教学评估等方面进行反思，以研究者的目光审视和分析教学实践中的各种问题，从理论上提高自己的业务水平，以便更好地指导实践。可见，自主学习模式对教师的要求远远高于传统教学模式，教师的角色也由传授者变为合作者，由主导者变为引导者，由管理者变为组织者，由实施者变为开发者，由教书匠变为研究者。

三、个性化教学的理论研究

研究表明，个性化教学并不是今天的新名词。早在18世纪，法国启蒙主义思想家卢梭就在他的教育论著《爱弥尔》中提出了个性化的教学思想。教师的个性化教学来自于教师情感的个性，思维的个性，行为的个性乃至阅历、学识、能力等方方面面的整合。因而教师在教学中所显示出的个性具有差异性、倾向性和独一无二的不可重复与不可替代性。倡导教师教学的个性化倾向，是对教师人格与生活方式的尊重，使教师能按自己的意愿创造课堂，创造生活，体现生命的真正价值。同时，因教学风格的多样性，学生从不同风格的教师身上受到情感与理智，行为与人格的多方面感染，学生的思维也因教学风格的多样化而消除麻木与呆滞，始终处于活跃状态。同时，教师对于学生的影响，尤其是积极的优秀的品质方面的影响，会对学生以后的思想和行为，产生良好的作用。总之，风格鲜明的一堂堂课，好比为学生打开一本本引人入胜的书，让学生学在其中，乐在其中。所以教师的不同教学风格，也是一种课程资源。因为学生从中获得的，不仅仅是知识，还包含做人的道理、处世的方法、求知的智慧。

因此，我们可以给个性化教学下这样的定义：个性化教学就是教师在一定的教学信仰、教学理念支配、指导下，通过对教材融会贯通的理解和独具匠心的处理，创造性地进行教学设计，富有个性地组织指导学生展开个性化的学习活动，从而使教学具有强烈的学科色彩和教师教学智慧的印迹，使师生的个性在交流互动中得到自由、充分的发展，能够根据不同的个人特点，各自寻求各种不同的途径，达到共同的教学目标和愉悦、和谐的教学境界。

仔细研究个性化教学的定义，我们认为其中三组关键词是引人深思的：（1）教学信仰、教学理念；（2）教材；（3）教学设计。

首先，教学信仰是说教师要不断更新教学理念，坚定献身教育事业的决心，而教学理念则是教学指导思想。在当前形势下，大学英语教学改革正在深入进行中，每个教师都应意识到：教师教学的重点已不是传授知识，而是让学生学会自主学习，培养学生的学习能力，多媒体网络教学环境是给学生提供一个"自主学习"的学习环境。

其次，教材是教学的基本内容，是教师开展各项教学活动的依据。

最后，教师根据教材来确定教学内容，进行教学设计。教学设计是最能体现教师个性化教学的环节，教师在一定教学理念的指导下，根据一定教学内容，设计教学活动，从而达到成功教学的目的。

四、结语

通过本章介绍少数民族地区大学教师的职业水平，可以看到，少数民族地区和中东部还存在着很大的差距，在项目研究、课题研究方面差距也十分的明显。同时，在大学教师中存在着很强的功利心，导致课程研究工作出现"断层"和"真空"。教师是教育的主体，是课堂的设计者，是课堂活跃的带动者，是学生学习的启蒙者和引导者，教师应该根据自己的岗位，不断提高自己的专业素养和职业素养，提升自己的责任心和对于岗位的奉献精神。大学英语的教育教学，应该尊重大学生的个性，"因材施教"，不断提高学生自我学习的能力。从而，培养出社会需要和国际需要的综合性人才。

参考文献

[1] Codder. S. P. Error, analysis and interlanguage [M]. Oxford: Oxford University Press, 1981.

[2] Richards. J. C, FARRELL. T. S. C. Professional development for language teachers: strategies for teacher learning [M]. Canbridge: Canbridge University Press, 2005.

[3] Strevens. P. D. The nature of language teaching. In. M. H. Long & J. C. Richards (ed.), Methodology in TESOL [C]. New York: Newbury House Publishers, 1987.

[4] Tsui. A. B. M. Understanding expertise in teaching: casestudies of ESL teachers [M]. Canbridge: Canbridge University Press, 2003.

[5] 孙平华. 开展教师行动研究，实现持续性专业发展 [J]. 高师教学与研究，2006 (1).

[6] 孙平华. 英语教师职业发展的制约因素与对策 [J]. 中小学外语教学（中学篇），2007 (12).

[7] 王蔷，罗少茜，王蕾. 基础教育阶段外语学科素质教育问题初探（下）[J]. 中小学外语教学，1999 (11).

[8] 文秋芳，任庆梅. 大学英语教师专业发展研究的趋势、特点、问题与对策——对我国1999—2009期刊文献的分析 [J]. 中国外语，2010 (4).

[9] 吴寒. 高校青年外语教师自主专业发展现状和对策研究 [J]. 中国外语，2011 (4).

第五章　学习兴趣的启示

第一节　兴趣与教学

很多人认为，对学习影响最大的因素之一是兴趣。的确如此，无论学习什么，兴趣都是必不可少的。比如，掌握一门学科的教材与知识，需要个体坚持不懈的努力，把这一门学科的新观念材料融合到自己的知识框架中，进而转化为自己的知识，指导自己的行为和行动。英国语言学家科德说过这样一句话，"只要有学习兴趣，谁都能学会一门语言。"一方面，学习兴趣可以帮助个体树立正确的目标，明确的目标往往能够激发你的潜力，克服学习中出现的困难，在困难面前坚持再坚持，从而取得更好的成绩；另一方面，学习兴趣还可以激发个体学习的热情，引导他们积极地参与到学习中去，从而深度发现学习的奥妙，并最终找到学习的窍门和方法。因此，通过树立正确的学习兴趣，学习者可以变被动学习为主动学习，提高学习效率。本章介绍和阐述了学习兴趣的含义及特征，学习兴趣与英语教学的关系，并讨论了如何培养和激发学生的学习兴趣。

一、学习兴趣的含义

学习兴趣是一个教育心理学概念，是指激励个体进行学习活动、维持已引起的学习活动，导致行为朝向一定的学习目标的一种内在过程或内部心理状态。

根据加德纳的划分，学习兴趣包括四个方面。

（1）学习某种语言的目标。任何行为的发出都不是盲目的，如果是盲目的，那么，学习语言也不具有目标性了。正是基于这样的原因，在学习中只有有了明确的学习目标，才能够取得更好的成绩。

(2）学习中做出的努力。任何人想要有一番成就和达到某种目标，必须做一番努力。没有努力，那和目标的距离要么是停留在相同的距离，要么就会越来越远，只有努力，才可以达成自己的目标，并取得自己想要的结果。

（3）实现学习目标的愿望。愿望，也就是内在的动力，在达成目标的过程中起到了很大的作用。为了达成目标，自己的愿望越是强烈，转化为动力和行为的意念也就越强烈，那么，在通往目标的道路上，才会将困难转化为动力，将鼓励变为奋斗不息的动力，由此可见，目标的实现，离不开愿望。

（4）学习某种语言的热爱程度。热爱程度决定了你的动力的大小，越是想要达成自己的目标，比如，学会英语这门语言，你非常喜欢英语，你就会把自己的时间投入到英语的学习过程中，对于出现的难题才会通过网络，通过老师、同学，通过词典等解决。可见，对语言越是爱得深，学习起来才能越容易。

学习兴趣是影响第二语言学习和外语学习速度和成功的主要因素之一。很多研究表明，学习兴趣与学习成绩密切相关，这主要表现在二者在未来的相互影响上。学习兴趣一旦形成，不仅对个体所学东西有一定的指向性，比如，用主动积极的态度去学习、对学习表现出浓厚的兴趣、上课能集中注意力去吸取知识等，而且也有一定的动力使学习过程中的注意状态、兴趣水平保持下去，在遇到困难时有克服困难的意志力，并最终促进学习的进步和学习成绩的提升。

同时，学习兴趣与学习态度也是密切相关的。如果个体学习兴趣明确，学习态度认真，学习目的端正，那么就会积极地为自己创造良好的学习条件和氛围。在很多情况下，兴趣的养成和良好的习惯保持下去，对学习态度都是起到积极的引导和指示作用的，相反，对于语言缺乏足够的兴趣，那么，对于语言的学习只会起到消极的作用。

任何影响学生学习积极性的因素，都是通过学习兴趣这一媒介对学习活动发生作用的。可以说，学习兴趣是推动学生学习的内驱力——兴趣是由学生思想内发出的。而内驱力对学习活动推动作用的强弱，主要取决于两个方面。

（1）学习需要性。学生学习兴趣的作用及其层次，在不同的学习需要中产生的推动作用各不相同。稳定、持久的学习兴趣，对学生的推动力大，一般在高层次学习需要中产生，因为这一个层次的学生随着心理的逐渐成熟，学习心理也逐渐成熟，同时，通过对于学习方法的探索和坚持，学习兴趣能够在这个层次产生积极的和巨大的推动力。而变动、短时的学习兴趣，对学习的推动力小，一般在低层次学习需要中产生，这个时期，该层次的学生心理很不成熟，学习的兴趣不够强烈，同时，学习成绩根据心情和心理素质的高低，如果学生存在不良情绪，学习成绩很难保持。

（2）各种学习兴趣相互影响、共同作用。由于学生的学习需要是多层次的，因此受多种学习兴趣的支配。一般而言，在一定时期内，多种学习兴趣中总有一个学习兴趣起主导、支配作用。各种学习兴趣的方向一致时，对学习的推动作用自然比单一的学习动机作用大；而各种学习兴趣的方向不一致时，对学习的推动作用必然减少。

二、学习兴趣的特点

研究表明，学习兴趣呈现可变性、社会性、多元化、目的性的特点。

(1) 可变性。学习兴趣在学习过程中并非一成不变，而是随着社会环境、周围环境、个人所受教育及经历、思想、需要、兴趣、情绪及家庭等多种因素的不断变化而变化的。除此之外，学习兴趣本身还存在着强弱变化的现象。在学习中，学习兴趣并非越强越好。因为学习兴趣如果过强，人的注意力便会高度集中，但注意的范围则相应变小，这不利于完成要求有较广泛注意范围的学习任务，不过，对于单一性质的学习会产生良好的影响。另外，过强的学习兴趣易造成心情紧张，产生焦虑情绪，影响记忆活动中的再现，反而不利于正常的学习。

(2) 社会性。随着对社会认识的不断深入和社会责任感的进一步增强，越来越多的学习者能自觉地把自己当前的学习与国家建设和社会发展的需要联系起来，能充分认识到自己所学的专业知识和技能在未来社会发展中的作用，从而希望自己能尽快适应社会。学习兴趣社会性意义日趋广泛，特别是高年级的大学生，随着他们对自己所学专业的深入了解，学习兴趣中的社会意义更加突出，这也成为当代大学生奋发进取、努力学习与拼搏的主要动力。

(3) 多元化。多元化是指学习兴趣多种多样，同一个体的学习往往受多种兴趣支配。由于每一个体的家庭情况、接受的教育、个人所受的影响、生活经历，以及对未来的打算各不相同，因而学习兴趣呈现出多元化的特点。有的人是为了报答父母的养育之恩；有的人是为了不辜负教师的培养和期望；有的人则是因为自己对某一学科有着浓厚的兴趣，希望自己在事业上有所成就；有的人是为将来的进一步深造打基础；有的人是为了改变自己的生活现状，希望将来能谋求到一个理想的工作；有的人是为了提高自身地位，获得他人的尊重；有的人则是为了学到更多的知识和本领，将来能为国家建设和社会发展多做贡献。多种兴趣虽然同时存在，但在一定时期总有一个主导性兴趣起支配作用。

(4) 目的性。学习兴趣最终指向的学习目的，学习仅仅是一个过程。正如人们常说的"学以致用"，学习就是为了将来的发展。因此头脑清醒的人，学习会有的放矢，目标非常明确。而头脑糊涂的人，学习则无的放矢，忙于应付，非常被动。在生活中，我们无时无刻不在接触新事物，只要抓住了机会，调整好心态，在哪里都可以学习到有价值的东西，这就需要我们明确自己的学习目的。

三、学习兴趣的分类

关于学习兴趣的分类，角度不同分类就不同。例如，从社会语言学的角度分析，加德纳将学习兴趣分为两大类。

(1) "融入型兴趣"（Integrative Motivation）。具有这种兴趣的学习者喜欢并欣赏所学的语言以及与所学语言相联系的文化，希望自己能够掌握和自由运用该语言，更希望自己能像目标语社会的一个成员，并且能为目标语社会所接受。这样的学习兴趣被认为是学习者内在的、更加持久的语言学习兴趣。

(2) "工具型兴趣"（Instrumental Motivation）。所谓"工具型兴趣"，是指学习者将目标语看作是一种工具，希望掌握目标语后能给自己带来实惠，比如，提高自己的社会地位和经济收入，能够利用这门语言找到更好的工作等。这种学习兴趣具有"无持久性"和"有选择性"的特点。这种兴趣也有一定的局限性，在一定程度上影响和束缚着学习者，从而很难达到真正意义上的语言学习效果。目前在我国的外语学习中，由于受中西方语言和文化的差异、外语教学环境以及学习方法等多种因素的影响，绝大多数外语学习者的兴趣为"工具型兴趣"。例如，绝大部分大学生学习英语的动机都是获得四、六级证书，有人把它称为"证书型兴趣"。

另外，从认知语言学的角度，学习兴趣同样可分为两大类。

（1）内在兴趣（Intense Motivation）。这种兴趣是指外语学习本身能激发学习者的兴趣和愉悦。在政治哲学上，内因往往起着决定性的作用。比如具有内部兴趣的学习者在日常生活中碰到一些人、物、事时，总会情不自禁地用英语表达出来，也总是乐意将英语作为待人接物、发表自我观点的途径和方式。他们具有好奇心，喜欢挑战，能积极地参与学习过程，在学习过程中得到满足，并在满足中升华自己的情感和认知。他们在解决问题时具有很强的独立性。内在兴趣往往能对学习者产生更积极的推动作用，因此它能使学习者保持持久的学习兴趣。

（2）外在兴趣（Extrinsic Motivation）。外在兴趣是指学习外语的动因存在于学习活动本身之外，是为了得到奖赏或避免惩戒才学习外语，比如为了得到老师表扬或是为了避免批评、惩罚，为了在考试中取得优异的成绩，或者是为了获得某种证书和奖金等。这种兴趣具有一定的被动性，即不是学习者主动，自发想去学习某种语言，因此与内在兴趣相比而言，其持久性较短。此外还有成就兴趣（Achievement Motivation）。这种兴趣是指外语学习者愿意去学并力求学好它。学习者认为很有价值的一门外语，会有利于自己取得好成就，而好成就反过来又进一步强化了他的成就兴趣。成就动机为人类所独有，它是外语课堂学习的主要兴趣。成就兴趣主要由三种不同的内驱力构成：认知内驱力、自我提高内驱力和附属内驱力。

认知内驱力的主要因素是好奇。因为好奇导致探究和追求环境的刺激行为，是一种求知的愿望和指向学习任务的兴趣。这种内驱力与外语学习的目的性和认知兴趣有关。学习者在课堂上获得好成绩，而这些成功的学习经验又会使他们期望在今后的外语学习中取得更好的成绩，如此良性循环，从而得到满足。可以说，这种兴趣等同于内部学习兴趣，大量实验表明这是一种在课堂外语学习中最稳定和最重要的兴趣。

自我提高内驱力，是指外语学习者因自身学习成绩好而受到一定奖励或赢得相应地位的需要。这种内驱力不像认知内驱力直接指向学习任务本身，而是把一定的外语成就看作是赢得一定地位和自尊心的根源。这种内驱力可使外语学习者把自己的行为指向当时学业可能取得的成就，又可使他们在成就基础上把自己的行为指向今后奋斗的目标。

附属内驱力指外语学习者取得好成绩主要是为了满足教师、家长的要求，得到他们的赞许或认可，具有很明显的被动性。很明显这种兴趣等同于外部动机。

总而言之，家庭教育对外语成就兴趣的影响很大。一般来说，在学校里的学生其外语成就动机与外语学习兴趣成正比，外语成就兴趣强者其外语学习成绩更好。因为他们取得好成绩会感到自豪。而成就兴趣弱者对成功不怎么感到自豪，对学习失败则感到羞愧。因此，自我提高的内驱力可称为求成欲，附属内驱力可称为满足欲。

四、影响学习兴趣的因素

了解影响学生学习兴趣的因素，有利于提高对学生学习兴趣的培养和激发，从而更有

第五章　学习兴趣的启示

效地促使学生成功地学习。学生作为学习的主体,其学习兴趣既受学生自身内部条件的影响,也受外部环境的影响。

(一)内部条件

学习兴趣是学习的内部动因,是客观的学习要求在学生头脑中的反映。因此,内部条件在对学习兴趣的影响中是首先要注意的。

(1)学生自身需要与目标结构。在现实社会中,由于每个人的生活经历不同,家庭的经济地位不同,因此,导致所受教育各不相同,形成了个人独特的自身需要和认知事物的方式。由此反映在学习兴趣上的认知和求知需要也多种多样,其强度和水平不同,反映在学习兴趣上的强度和水平也就不同。另外,学生的目标结构也影响着学生的兴趣和学习。目标明确、难度中等、近期便可达到,则会加强学生的兴趣和学习任务完成时的持久性。我们往往能够看到这样的现象:在课堂上,学生们常常有两类主要的目标——以掌握所学内容为定向的掌握目标(或称为学习目标)和以成绩定向的成绩目标。对于拥有不同目标的两类学生,尼哥斯和米勒(Nicholls & Miller)把前者称为专注于任务的学习者,把后者称为专注于自我的学习者。两种目标指向者在归因和坚持性上也具有不同的特点,掌握目标指向者在完成活动中具有较强的坚持性,在遇到困难的时候,第一时间不是想着如何如何的不理想和后路,而是根据目前的困境想解决问题的办法和途径,然后,在对的方法和尝试面前,选择了坚持。而成绩目标指向者的坚持性较差,涉及目标指向者的动力来源于外在,而不是发自内心,自然在受挫的时候,内心在鼓励自己的动力就不是那么的充足,对于困难的形势和压力过高估计,在严峻的形势面前考虑的是退路和放弃。在归因方面,掌握目标指向者倾向于将成功归因于学习方法,在平时的学习中,掌握目标指向者更多的是为了成功找窍门和途径,而不是硬着头皮直至目标,他们往往不是比别人聪明,而是他们肯在问题面前想更多的方法。更多的汗水和辛苦只是为了做出一点的改观,这样的精神促使他们的心态健康,更容易获得成功。成绩目标指向者倾向于将成功归因于运气、能力和课题,忽视了自身在其中所起到作用,尤其是自己的内心是否足够的坚强,自己的行为是否恰当而准确,将取得的成就归功于外在,而将失败归因于任务难度和运气。

(2)学生的性格特征和个别差异。学生自身的兴趣爱好、好奇心、意志、耐心等品质都影响着学习兴趣的形成。学习兴趣在学生个体身上起到或多或少的作用。比如交往性兴趣对某一学生来讲可能是第一位的,但对于有的学生可能以得到别人尊重的威信性动机为其第一位兴趣。此外,成功与失败对不同学生的作用不同,也反映了个别差异。有的学生趋于进取,力求获得成就,有的学生则力求避免失败,保持目前现状。

(3)学生的志向水平和价值观。因为学习兴趣与理想紧密相连,学生整个人生观、世界观、价值观所直接反映的理想情况或志向水平影响着学习动机的形成。一般而言,理想水平高的学生,其学习兴趣就强,反之则低。人生观豁达的学生,其学习兴趣就浓烈,反之,也成立。

(4)学生的焦虑程度。焦虑指学生在担心不能成功完成任务时所产生的紧张、担忧、恐惧等负面心理感觉。焦虑水平不同,对学生的影响不同。大量调查表明,学生的焦虑程度过高或过低都会对完成学习任务有不良影响。中等程度的焦虑对学习是有益的。

（二）外部环境

影响学生学习兴趣的外部环境，包括社会舆论、家庭环境以及教师的榜样作用。

（1）社会舆论。社会环境和社会条件不同，对学生的要求就不同。例如，在封建社会，读书人的学习兴趣是追求功名富贵；在工业社会，人们的学习兴趣是以劳动市场的需求来确定自己学什么专业，从而实现自我的价值；我国十年动乱期间，由于对知识和知识分子的不公正待遇，从而产生了"读书无用论"。这些都反映了社会舆论对学习兴趣所产生的巨大影响。但是，正常情况下，社会舆论一般都是通过家庭来对学生的学习兴趣发挥作用的。如果家长教育得当，学生就对社会上的正确舆论产生积极响应，进而抵制错误的舆论。

（2）家庭环境。家庭环境是影响学习兴趣的主要因素，因为家庭环境与社会舆论相比较而言范围要小很多。众所周知，父母是孩子的第一任老师，家庭环境是学生主要的生活范围。一直以来，国外有许多心理学家都在研究"家长的态度对学生学习成绩的影响"。美国心理学家凯尔和赫尔赛（Kahl & Halsay）对两组打算上大学的男孩进行调查研究和互相比较，目的在于找出两组学生学习兴趣上的差异及其与父母态度的关系，结果发现父母的期望与管教对学生学习兴趣的形成具有相当大的影响，父母的期望通过适当的管教，即引导作用，逐步为爱子树立正确的选择，进而开发孩子的学习兴趣。

（3）教师的榜样作用。大量的调查研究表明：教师在学生学习兴趣形成中是一个十分强有力的因素。

首先，教师本身是学生学习兴趣的榜样。教师治学严谨、学而不厌，对自己的专业和教学具有极大的热情和兴趣，那么必然给学生留下深刻的印象。

其次，教师的期望会对学生的学习兴趣产生不同的影响。教师对不同的学生具有不同的期望行为和期望结果，由于这些期望的不同，教师对待不同学生的方式自然就不同，而这种不同的对待方式就影响着学生的自我概念、成就兴趣水平和抱负水平。随着时间的推移，学生的行为和成就与当初老师的期望值越来越近。于是，高期望的学生产生了高水平的兴趣，经过不懈的努力，取得了高水平的行为，而低期望的学生则恰恰相反。这样的例子和行为在中小学、高中和大学比较常见，比如，教师对某个学生特别的期望，往往就会把注意力放到他的身上，给他补习，给他解答疑难的问题，而对于期望度很低的学生，往往是视而不见或者简单地应付了事。

最后，教师不仅有榜样作用，他还是沟通社会、学校和家庭的纽带，是学生形成正确兴趣的重要一环。教师要善于把各种外部因素和学生的内部因素结合起来，促使学生形成正确的学习兴趣。特别是家庭和学生中间，教师起到一个桥梁作用，积极的榜样会让父母特别理解教师和自己的子女，同时，学生也会理解家长和自己的老师，这样就起到了事半功倍的作用。可见，教师的榜样作用不容忽视。

五、学习兴趣的激励措施

学习兴趣是推动学生学习的一种内部驱动力，其实质上是对学习的一种需要，这种需要是社会和教育者对学生学习上的客观要求在学生大脑里的反映。心理学家经过研究认为学习兴趣在学习活动中的作用有四种：

第五章 学习兴趣的启示

（1）引起学习；
（2）维持学习；
（3）强化学习；
（4）调整学习。

在英语教学实践中我们可以发现，英语学习差的学生并不是智力水平低，最主要的是缺少兴趣和信心，或没有养成良好的学习习惯。进一步分析可以得知，这些学生在学习的过程中逐步丢失了学习兴趣，将自己置身于英语学习之外而不愿意去学习，最后，在学习上面不但浪费了时间，而且，在其他方面的兴趣也被淹没或者磨灭了。

在大学，英语课程的学习是不少学生学业进取中薄弱的一环。可以说，学生对英语学习的畏难程度居于各科课程之首。英语教学界和教育管理部门采取了不少措施，从激励学生的学习兴趣入手，来保障大学英语教学效果，提高学生的英语学习成绩，从而确保学生毕业后具备一定的英语知识和能力，进而满足学生成功成才的需要，满足社会对于人才的需要。

英语教学界和教育管理部门采取的学习兴趣激励措施，无外乎融入型兴趣激励和工具型兴趣激励两类。融入型兴趣激励主要从学生自身事业发展和生活丰富性对知识基础的广泛性要求出发，以及全球经济一体化大趋势和中国社会经济发展对未来人才的需求，引导和激起学生对目标语社会的参与意愿和学习兴趣。但经过实践证实，在英语的实际教学过程中和学生自身英语学习的进程中，这种融入型激励往往显得流于空泛而缺乏切实的可操作性。很多研究者提出了很多设想，这些设想往往和大学的教学方式脱钩，更不符合当下大学生对于英语的学习需要，因此，并没有多少实际意义。

大部分学生认为自己毕业之后基本没有应用英语交际的必要，因此对英语的学习十分淡漠，局限于国内就业，以及国内对于外语需要程度的不同，有些人甚至放弃了对英语的学习。此时，工具型兴趣激励措施就能起到举足轻重的作用。

在如今的大学里，可以说绝大部分学校都偏重于运用工具型兴趣激励措施，比如，大学英语教学将各种考试、考级、考证书作为激励大学生加强英语学习的主要手段，相关管理部门也将其作为评价大学英语教学水平和质量的重要标准。而这些考试、考级、考证书的集中体现就是大学生英语四、六级考试，其成为检验大学英语教学质量的重大措施，有的学校甚至与大学生毕业及学位挂钩，由此来激励学校加强英语教学，激励学生努力学习英语。

不过，这样的激励方式虽然在一定的阶段取得了不俗的成绩，不过，随着社会的发展，尤其是中国在国际中扮演越来越重要的角色，中国和全球其他国家联系越来越密切，大学英语教学采用工具型兴趣激励措施就显得力不从心，当然，这不但是社会的要求越来越多，越来越严格，作为工具型兴趣激励措施自身也存在诸多的问题：

1. 学习兴趣激励现状单一

在目前各高校教学体制的要求和国家英语四、六级考试措施的实施下，绝大部分学生进入大学学习英语就是为了完成课时学分，通过考级，最后确保自己大学顺利毕业，而这些很显然都是工具型兴趣的体现。如此，他们就具备了动机的三个要素：明确的态度、学习的愿望和为此所做出的努力，力求达到的预期目标。因此，能够肯定的是国家英语四、六级考试多年来为保障和促进大学英语教学发挥了关键作用。

但是，在单一学分以及考试标准等激励下学习英语，相当一部分学生的成功也是应试教育的产物，是应试教育在大学教育里的发展和延伸。学生迫于社会工作压力或短期功利而学习英语，一旦短期目标实现，他们对英语也就失去了兴趣，英语就会垃圾一样被他们丢到最黑暗的墙角，甚至会因产生抵触情绪而产生止步不前的糟糕状况，这些正是目前大学英语教学应该高度重视的问题。

2. 学习兴趣激励失衡

根据已公布的全国大学生英语四、六级考试改革后多次考试成绩统计数据，考生中达到420分合格成绩标准的只有40%（总分710分计，合格成绩为420分）。如果四、六级证书与学位挂钩，那么这就意味着有半数以上的大学生毕业时拿不到学士学位证书。由此也可以看出，作为激励大学生外在学习兴趣的重大措施，英语四、六级考试受到了严峻的考验，越来越多的人质疑其存在的必要性，指责、埋怨甚至主张取消之声渐起。即使统计数据不是如此严酷，但从利用学习动机激励大学生学习英语这一角度看，其反映了任何单一的学习兴趣激励措施都不可能从根本上解决大学生英语学习的兴趣问题。

随着国家的发展，国家为个人的发展提供了众多的资源的同时，也为大学生提供了众多的平台和机遇，工具型兴趣激励措施不再是单一性的衡量是不是人才的标准，而且，在某些高校，出现了大学生不要大学毕业证，不但高薪就业，而且发展前景仍然很好的现象。

因此，针对当前学生英语学习的现状，我们应重新审视和制订学生学习动机激励的问题及相应的方法与措施，在正确评价多年来偏重于工具型动机激励的同时，重新认识与强化融入型兴趣的作用，使每位学生都能认识到英语学习对自身、对社会的长远意义。英语教学界和教育管理部门也应多探寻带有根本性的、切实可行的学生英语学习动机激励的措施与方法。

3. 复合型学习兴趣激励的设想

从学习兴趣的角度看，学生的学习行为是由他们自身学习兴趣的强弱支配的，是由内部的学习兴趣和外部的学习动机共同发生作用而促成的。从兴趣激励的表现形式看，内部兴趣主要表现为融入型兴趣激励，外部兴趣则主要是工具型兴趣激励。

（1）两类学习动机激励的表现形式与内在联系。加德纳兴趣理论的核心是融入型兴趣，其所对应的英语学习动力或动因是学生对目标语社会语言交际和社会生活的主动性意愿。工具型动机则更重视目标语的实用价值以及其语言优势，更多地表现为学生对于社会英语要求的适应。

就大学生个体而言，其英语学习兴趣往往是由两种动机类型的复合共存而构成的。

①融入型兴趣是学生个体的人生基本取向的体现，能持久、强烈地推动他们的学习。因为融入型兴趣激励一般从我国社会经济发展和全球经济一体化的大趋势对未来人才的要求，以及学生自身事业发展和生活丰富性对知识基础的广泛性要求出发，引导学生对英语社会的参与意愿和兴趣，更加突出和强调学生对自己兴趣的把控和自我引导，那样，学生在学习面前才会有更大的勇气和动力，在失败和挫折面前，才会有强大的心理应对。

②工具型学习兴趣体现社会对学生的要求，其作用较弱，具有短暂但强迫性较强的特

点。考试、考级、考证为工具型兴趣激励的集中表现形式，并以其强迫性督促学生强化英语学习，可收到十分直接的激励效果。但由于其激励方式的强迫性和被动性，往往令学生产生心理抵触等负面影响。

在英语教学的实际过程中，许多学生在学习中都具有深层的融入型兴趣，只是其所拥有的程度不同。但由于各界种种因素的影响，学生学习兴趣往往在表层体现为工具型兴趣，并发挥重要作用。王荣英认为这其实正是两类兴趣激励具有内在联系的表现。学生深层的英语社会参与意愿必须借助一定的英语知识和能力予以实现，而英语成绩及英语达标达级的水平，则是其英语知识和能力的证明。这样，"必须具备英语知识和能力"将学生深层的融入型学习兴趣和表层的工具型学习动机联系到了一起，产生了复合激励的效果。

（2）融入型兴趣与工具型兴趣的复合型激励。英语学习兴趣是可以激发的。大量研究结果显示，激励学生学习兴趣的最重要因素就是教师自身的行为。在英语教学活动中，教师对于学生学习兴趣的有效激励，将会使学生产生很大的学习动力，得到良好的教学效果。因此，教师与教学管理者都必须利用各种有效的教学手段，最大限度地激发学生的学习兴趣。

在英语教学实践中，复合型激励方法是一个十分有效的学习兴趣激励系统，融入型兴趣激励与工具型兴趣激励相互渗透，相辅相成。

①融入型兴趣激励侧重于潜移默化，润物无声。这种兴趣激励往往借助于英语教学的文化熏陶、氛围感染、精神激励等发生作用。融入型兴趣要求教师在教学过程中，始终有意识地营造一种影响学生学习意愿的教学环境。即使是在设计测验、考试、评价等功利性教学环节，也仍要从其内容和形式诸方面服从于融入型兴趣激励的教学环境。

②工具型兴趣激励强调切实明确与可操作性。这种兴趣激励更多地体现在具体的教学环节上，以尽量适合学生实际的教学内容、进度、程度等，有步骤、循序渐进地引导和推动学生在英语学习上不断进步，既直接发挥工具型动机激励的作用，又间接增强融入型动机激励的效果。

在具体的英语教学中这两种兴趣激励手段并不能分开，也就是说，在同一教学过程中既要引起学生对知识的长期兴趣，调动学生的融入型学习兴趣，又要施以明确的标准、目的、要求、奖惩等，激发学生的工具型学习兴趣。二者互为表率，交叉融会，共同发挥着学习兴趣的激励作用。

教学活动能否有效地开展并取得显著成效的关键，就是提高并保持学生的学习兴趣和积极性，充分发挥他们的主观能动性，让他们进行自主创新的学习。因此，教师在英语教学过程中不仅要重视学生的语言知识和语言技能的发展，还要关注学生情感态度的发展。显而易见，学生的学习兴趣正是情感态度中的重要一环。教师在教学中应不断激发并强化学生的学习兴趣，并引导他们逐渐将兴趣转化为稳定的学习兴趣，以使他们树立自信心，锻炼克服困难的意志，充分认识到自己的优势与不足，养成乐于与他人合作的习惯，并形成和谐健康的品格。另外，要培养学生对英语学科的积极情感和正确态度，发展他们在英语学习中的兴趣、动机、自信、意志和合作精神等。

第二节　兴趣的养成

学生的英语学习兴趣表现为渴求英语学习的强烈愿望和求知欲，直接或间接地影响着学生的英语学习效果。因此，如何培养和激发学生的英语学习兴趣，是提高大学英语教学效果的关键因素。

一、学习兴趣的培养

大学英语学习动机的培养策略有如下几点。

（1）掌握大学英语教材，激发学生的学习兴趣。大学英语教材具有一定的抽象性，这是由于专家编写的用来供教师和学生进行教学活动时使用的材料具有抽象性决定的。这就要教师认真钻研和分析教材，挖掘出蕴藏在教材中的知识点，组织学生进行相关知识点的探讨活动，激发学生的求知欲和探索欲望，从而形成良好的学习氛围。同时，教师充分发挥教师的榜样作用，在教学过程中应以丰富、生动的教学内容、灵活多样的教学方法，来吸引学生的注意力，令学生产生精神上的满足感和成就感，从而达到激发学生学习兴趣的目的。

（2）鼓励学生自主探索研究，保护学生学习兴趣。学生的学习兴趣就像是火苗，虽然能够带来温暖和上进心，但是，也很容易在教学的过程中熄灭。教师在课堂教学中要力求体现学生的主体地位，敢于放手让学生参与学习活动和课堂开设活动，留给学生一片自主探究的空间。要保证学生思考、探讨问题的时间，让他们自己经历发现知识、思考问题、寻找规律、概括结论、质疑问难乃至整个知识结构的建构过程。在丰富多彩的自主探究活动中，学生的学习潜能和创造精神就会得到充分释放。

（3）给予学生合理正确的评价，保持学习兴趣。教师不仅要激发学生心灵深处那种强烈的探求欲望，而且要让学生在探究活动中获得成功的情感体验，并及时记录这种情感体验，以达到对学生的充分认知和了解。因为只有那些获得成功的学生才会保持足够的探究热情，产生更强大的内部动力以争取新的成功，去攀登学习上的高峰。苏霍姆林斯基说："在人的心灵深处，都有一种根深蒂固的需要，就是希望感到自己是一个发现者、研究者、探索者。"对于学生提出的各种探究性问题或设想，教师都应认真对待，积极引导；在探究过程中，运用多种评价策略，并以自己的语言、神态、动作等方式来激励学生，使学生保持探究热情，积极参与探究活动。教师的评价要以激励为主，同时，要真实、客观和向上。

（4）注重培养学生的成就兴趣，使学生的学习动力持久化。研究发现，很多学生在学习大学英语的过程中，不是不够努力，而是缺乏学习的持续性。因此，在教育的过程中，成就兴趣强的学生，对成功感到骄傲，对失败却不是很沮丧。而成就兴趣弱的人对成功没有多大的追求，却非常害怕失败，思想负担重。虽然追求成功和回避失败都能促进学生去学习，但在心理上的作用却不同。追求成功使人振奋，积极进取，学习效果也好；回避失败使人焦虑压抑，消极被动，怕学厌学。在一定程度上可以说，成就兴趣是学生学习毅力的源泉，可以使学生的学习动力永不枯竭。同时，成就兴趣也是刻苦和自觉学习的动力。因此，教师应该教育学生努力提高自己的成就兴趣。

（5）加强小组活动，提升学习兴趣。学会合作与交流是现代社会所必需的，教师在教学中要提供探索材料，让学生有计划地组织合作探究，以形成集体探究的氛围和培养学生的合作精神，促使集体智慧高度结晶。特别是借鉴西方在小组合作领域的成绩，深入该方面的教学和教育研究，培养学生的合作精神。另外，教师在教学过程中还应该提高学生学习的自觉性，增强学习的自主性。因为学生一旦形成了自觉性的学习习惯，就会迸发出极大的热情去探究知识，并在这个过程中表现出不畏困难、勇往直前的坚毅精神。

（6）培养学生正确的归因观。学生把成功和失败归因于何种因素，对以后的工作态度和生活的积极性有很大影响。美国心理学家韦纳（B. Weiner）提出，学生常常用能力、努力程度、任务的难度和运气四个因素解释学习成败的原因。学生的成功与否是激发学生良好的学习兴趣和动机的一个关键因素。因此，当学生完成某一项学习任务后，教师应指导学生进行成败归因，引导学生找出成败的真正原因，避免学生在成长的过程中由于没有能够找出正确的成败原因，而压抑自我，最终影响成才和成长。

此时，有三种方法可以使用和借鉴。

①观察学习法，即学生观察模仿归因榜样，学会正确归因；

②团队讨论法，即小组成员共同讨论学业成败的原因，由一名受过训练的教师或管理人员进行引导，指出归因误差，鼓励符合实际的归因；

③强化矫正法，即教师根据学生情况，结合学科教学内容，对有归因偏差的学生以暗示和引导，鼓励做出正确归因的学生，促使他们形成积极的归因。

当学生关注于自己的努力时，树立正确的对待成功和失败的态度：即他成功了将归因于自己付出的努力，失败了归因于自己努力不够。这种归因方式对于培养学生内在兴趣，形成认识失败，面对失败不会受环境影响的正确态度及形成良好的自我意识具有重要作用。而有些学生常常把自己的成功归因于自己的努力和能力，失败归因于任务的艰难和运气不佳，但对于他人的分析刚好相反。这种有偏爱情绪的归因，教师应因势利导，帮助学生进行切合实际的归因，并通过归因调整状态，确立新的目标。

（7）建立良好的课堂环境，提高学生的学习兴趣。教师作为课堂教学的主导，其任务是激发学生自己学习英语、研究英语，从而最终能够灵活运用英语。建立民主、平等、亲密的师生关系，创设和谐、宽松的课堂氛围，是学生主动探究的前提条件。鼓励学生自主探索，独立思考，发表独特见解，敢于与老师辩论，指出老师讲课中的失误及教材的不妥当之处。如此，课堂上就会呈现出一种积极向上、自然和谐的学习景象，不但有利于建立良好的课堂环境，更有利于提高学生的学习兴趣。

（8）培养学生的认识兴趣，促成学生的学习兴趣。所谓认识兴趣，即推动学生学习的一种内部动力。当学生对某事物具有兴趣时，这种兴趣就会驱使他积极地从事这方面的学习活动，投入更多的精力，从而获得比别人更多的知识。一般来说，认识兴趣强烈的学生在学习中常常会忘记疲劳，精神高度兴奋，思维活跃。这时，教师可以通过丰富教学内容来培养学生的认识兴趣，并令其转化为学习动机。美国心理学家布鲁纳曾说过："学习的最好刺激，乃是对所学教材本身的兴趣。"学生对所学教材的内在兴趣是最大、最持久的动机。丰富教学内容的方法有如下几个。

①讲课时灵活运用教材内容。教师讲课时在思想情感上要尽量引起学生的共鸣，带着一种高涨、激动的情绪进行学习和思考，提出的问题要切合实际，深浅适度，难易得当，从而培养学生强烈的学习情趣。

②及时补充新鲜知识。教师要特别注意选取那些当前发生的时间性较强的新知识、新信息应用到课堂教学中去，如此不仅能够满足学生的好奇心，而且能够吸引他们他们的注意力，从而在教学内容上培养他们的学习兴趣。

③丰富学生的感情材料。教师可以让学生多参加社会活动，在实践中教育自己，不断培养和强化自己的学习兴趣，并由此产生新的兴趣需要，不断丰富学生的情感。

（9）了解和满足学生的需要，促进学习兴趣的产生。不同的社会和教育对学生的要求不同，因而反映在学生头脑中的学习需要也不同。学生的学习兴趣产生于需要，需要是学生学习积极性的源泉。学习兴趣的培养，是使学生从没有学习需要或很少有学习需要，到产生学习需要的过程。在这个过程中，要使学生把社会的需要和教育的客观要求变为自己内在的学习需要，把已经形成的潜在的学习需要充分调动起来。教师要培养学生的学习兴趣，就应当重视研究学生的需要，尤其是学生的心理需要，分析学生需要存在的问题以及合理需要是否得到应有的满足，并通过采取一些强化和训练手段使学生掌握一系列认知和行为策略，使之内化成心理需要，形成自觉性、坚定性、自制力、有恒心等学习品质。

由此可知，大学教育在满足大学生的合理需要时，要考虑选择有效的强化物来强化其学习兴趣，例如，选择学生喜欢、想得到的物品或活动等。但教师若一味以学生的喜爱作为有效强化物的标准，则会不利于学生的发展。因此，教师要善于选择适当的强化物来满足学生的合理需要，矫正其不合理需要，促使其学习兴趣的产生。此外，教师可以在学生没有学习需要的情况下，引导学生把从事其他活动的兴趣转移到学习中来，也即利用原有动机的迁移，使学生产生学习需要。这时就需要教师创造条件，利用可以利用的一切手段，比如，计算机和多媒体等，引导学生把学习兴趣转移到学习中来。

综上所述，英语学习兴趣是英语学习行为的直接原因和内部驱动力，是影响英语学习的最重要因素。在大学英语教学过程中，教师应充分发挥其"中介作用"，让学生成为课堂的主体，引导学生学习，参与到学习中来，并且，采取有效的教学方法和策略，激发起学生英语学习的积极性，并能掌握学习策略、体验到学习的成功和乐趣，从而将他们引向合理的外在学习动机，不断增强内在学习兴趣。正确的学习兴趣既是掌握知识的必要条件，又是形成高尚道德品质的重要组成部分。因此，要充分调动学生的学习积极性和主观认识，正确培养学生的学习兴趣。

二、学习兴趣的激发

学习兴趣的激发是指把已形成的潜在的学习需要充分调动起来，也就是说要培养和调动学生学习的积极性。通过激发学习动机可以进一步培养和加强学生已有的学习兴趣。

（1）更新教育观念、转变教师角色。美国人本主义心理学家罗杰斯说："人的认知活动总是伴随着一定的情感因素，当情感因素受到压抑甚至抹杀时，人的自我创造潜能也就得不到发展和实现，而只有用真实的，对个人的尊重和理解学生内心世界的态度，才能激发起学生的学习热情,增强他们的自信心。"由此可知,激发学生的学习兴趣,教师首先要更新教育观念,转变自身角色,丰富自己的思维和文化内涵,采取多种教学方式来增进师生间的情感交流,采用生动形象且适合学生心理发展和个性特征的教育方式,建立良好的师生关系,激发学生高水平的求知欲,适时对学生进行学习目的和意义的教育。

(2) 创设问题情境,实施启发式教学。启发式教学最大的特点是能够充分调动起学生学习的积极性。与平时教师嚼烂知识"喂"给学生的做法相反,启发式教学引导学生积极思考,让学生自己找出问题的答案并总结出结论,而启发的关键就在于创设一种又一种问题情境。所谓问题情境,就是创设一种使学生产生疑问,并渴望得到答案,经过一定的努力能够得到解决的学习情境。这种情境是最容易激发学生求知欲并获得理想教学效果的方式之一,而能否成为问题情境,主要看学生的学习任务与已有知识经验的适合度如何。学习任务完全适合或完全不适合,均不能构成问题情境,只有在既适应又不适应的情况下,才能构成问题情境。教师如果想要创设问题情境,首先,必须熟悉教材,了解新旧知识之间的内在联系,从而为创设问题情境提供一个良好的前提条件。其次,要求教师充分了解学生已有的认知结构状态,使新的学习内容与学生已有水平构成一个适当的跨度,在这个过程中,教师必须起到很好的引导作用。最后,认知好奇心是学生内在的学习兴趣的核心,是一种追求外界信息、指向学习活动本身的内驱力,教师最主要的是激发学生的学习兴趣,让学生渴望学习,逐渐成为学习的主体。此外,要想激发学生的认知好奇心,还需要考虑信息量的水平和大小。

(3) 根据作业难度,恰当控制动机水平。美国心理学家耶克斯(Yerks)和多德森(Dodson)认为,中等程度的动机激起水平最有利于学习效果的提高。同时,他们还发现,最佳的兴趣激起水平与作业难度密切相关:任务较容易,最佳激起水平较高,在这个过程中,学生就如同参加一场学习的游戏,很容易挑战成功一关又一关,逐步培养学习的信心和力量;任务难度中等,最佳动机激起水平也适中;任务越困难,最佳激起水平越低。这便是有名的耶克斯—多德森定律(简称倒"U"曲线)。因此,教师在教学时要根据学习任务的不同难度,恰当控制学生学习动机的激起程度,从而激发学生最大的学习的兴趣。

(4) 培养学生自主学习的能力。强烈的学习动机只是学好英语的前提条件,英语学习本身是十分复杂的,越是这样的情况,越是需要学生端正自己的学习态度,培养自己自主学习的能力。教师应该让学生在有限的课堂学习中掌握基本的语言点,然后自己在课后的操练与应用中做到举一反三,在一些交际活动中能够展示自己的英语水平和能力。

(5) 充分利用反馈信息,妥善进行奖惩。从韦纳的归因理论中可以看出,教师在教学时给学生的反馈(尤其是对学生考试成绩的评定)信息会给学生的学习兴趣的形成产生很大的影响。在传统的教育过程中,这一现象比比皆是,取得的效果也是褒贬不一。教师在教学全过程中,应及时提供学习反馈,及时给学生提供学习结果,使学生及时看到自己的进步。学习结果包括让学生看到自己所学知识在实际运用中的成效,解决课题时的正确与错误,以及学习成绩的好坏。一方面学生可以根据反馈信息调整学习活动,改进学习策略;另一方面学生为了取得更好的成绩或避免再犯错误而增强了学习兴趣,从而保持了学习的主动性和积极性。对于学生的学业评定、学习态度和主动性等,教师应该及时进行评价,并且要对不同类型的学生进行中肯的、有激励性的评价,使全体学生均有进步,提升学生的能力水平。这就要求教师能够帮助学生建立具体的学习目标，以及在每一个阶段所要达到的学习效果，及时批改作业、写好评语，就学习结果与学生一起进行分析探讨，使学生受到鼓舞和激励。

此外，适度的表扬与奖励比批评与指责能更有效地激发学生的学习兴趣，因为前者能使学生获得成就感，增强自信心，而后者作用恰恰相反，严厉的批评往往无济于事，同时，造成学生对于学习的恐惧，降低了学生学习的兴趣。此外，为了巩固和发展学生正确的学习兴趣，还必须给学生以正确的评价和适当的表扬与批评。

在此过程中我们应注意努力做到这几点：

①评价一定要做到客观、公正和及时，能够让学生从老师的公正和客观的形象中，树立以后学习的榜样，同时，也能够让学生正确认识自己，端正自己的学习态度和动机，从而提升自己对于学习的兴趣。

②表扬与批评要考虑到学生个性差异的特点，从而讲究不同的方法，学生也和树叶一样，都不一样的，正是因为学生之间存在着诸多的差异，才要求教师要根据学生的心理素质和成长情况，采用不同的表扬与批评的方式和方法，从而让学生都能够进步和成长。

③使学生对评价有正确的认识和态度。尽量多鼓励、多表扬他们的进步，降低他们的焦虑，保护学生的自尊性，增强他们学习的自信心。在学生成长的过程中，也是他们人格开始觉醒并且比较敏感的时候，这个时期他们比较在意别人对于他们的眼光，也善于隐藏自己的缺点。教师在教育学生的过程中，应该采用平缓的教育方式，多用表扬的方式，少用惩罚的方式，保护学生的自尊心，培养学生的自信心和对于学习的上进心。

（6）帮助学生设立明确、适当的学习目标。学习目标是学生学习的结果，是奋斗的方向。没有目标，在学习上容易导致学习的盲目和被动，不知道该怎么去学习，从哪个方面汲取自己所需要的知识，而这是所有学习问题的潜在因素。因而，设立明确、适当的学习目标显得尤为重要。这样不仅使学习目标具体化，让学生知道如何去做，而且学习目标的难度也适合学生的能力，更能够激励学生的学习兴趣，调动学生的学习积极性。

（7）采取新颖、创新化的教学方法，激发学生学习兴趣。新颖的东西才能引起学生的注意和兴趣，所以教学内容和教学方法的不断更新和变化，可以使学生保持积极的学习态度。此外，采用灵活多样的教学方法也是非常重要的。教学方法是教师为完成教学任务、提高教学质量，充分调动学生学习积极性所采用的方式和手段。因此，教师应不断更新教学方法，发挥创新意识，运用发散性思维教学模式。教师可根据课堂内容的难易程度，把握学生的思想状况，以及针对学生的思维特点，运用实验法、讨论法等多种教学方法，使教学内容新颖丰富，让学生把学习变成一种愉悦的需求，激起学生的求知欲。

（8）正确指导结果归因，激发学生的学习兴趣。归因方式对学习兴趣的影响有三点。首先，就稳定性维度而言，学生将成败归因于稳定因素，如果学生对未来结果的期待与目前的结果是一致的，会增强他们的自豪感。其次，就内在性维度而言，如果学生将成功或失败归因于自身内在的因素，比如，自己的能力、努力、身心状态等，学生则会产生积极的自我价值感；如果学生将成功或失败归因于个体外在因素，比如，任务难度、运气、外界环境等，则学习结果不会对其自我意象产生什么影响。最后，就可控性维度而言，如果学生把成功或失败归因于可控因素，学生会对自己充满信心或产生一种犯罪感；反之，如

第五章 学习兴趣的启示

果学生把成功或失败归因于不可控因素,则会产生感激心情或仇视报复情绪。由此,在学生完成某一学习任务后,教师应指导学生进行成败归因。一方面,要引导学生找出成功或失败的真正原因;另一方面,教师也应根据每个学生过去成绩的优劣进行归因。

(9)对学生进行竞争教育,适当开展学习竞争,鼓励学生的进取精神。竞争是激发学生学习兴趣和提高学生学习成绩的一种有效手段。通过竞争活动,可以令学生的成就动机更加强烈,学习兴趣和学习毅力也会有所增加。但为了保证竞争对激发学习动机产生积极作用,应注意这几点。

①在多种竞争形式中以团体竞赛为主,团体竞赛不仅可以增强学生的协作精神,而且有利于团体精神的培养。

②竞争内容与指标需多样化,用以培养学生广泛的兴趣,使每个学生都有展现自己才能的机会。按学生的能力等级进行多指标竞争,让每个学生都有获胜的机会。

③竞赛活动要适量。竞赛本身在一定程度上会给学生带来情绪上的紧张感,产生一定的心理压力。因此,竞赛不应过于频繁,且题目应该难度适中。

(10)构建健康向上的校园文化。所谓校园文化,是指学校中的主体在学校生活中所形成的具有独特凝聚力的学校面貌、制度规范和学校精神气氛等。为了激发学生学习英语的兴趣,学校管理部门应在学校面貌和学校精神氛围上注入英语的气息,让学生处处都能感受到学好英语的重要性。欧洲现代第一所新式学校的创办人雷迪说:"学校不应该成为一块人工造成的地方,专靠书本做媒介,而不与生活相通连。"不难想象,有时学生对英语学习缺乏兴趣,在很大程度上是他们无法感受到学习英语的紧迫性。尽管中国加入WTO和经济的飞速发展已使英语的工具性和重要性日益突出,但这些对于尚未真正接触社会的大学生是无法感觉到的,而仅仅只是靠老师和家长的说教是十分苍白无力的。因此,学校的相关部门一定要在校园文化上下功夫,让学生每时每刻都能想起和接触英语,让他们在潜移默化中激起学习英语的欲望。例如,可以在教室里张贴英语手抄报,在走廊两边悬挂宣传画,在走廊里展示学生作品、英文报纸等。有的学校别出心裁,在一幢大楼的每一级楼梯上都写有一句英语谚语或警句,给人耳目一新的感觉。此外,学校也可以利用学校广播播放一些英语新闻与歌曲,让学生在休息与活动中感受到英语的学习氛围。虽然这些都只是一种环境文化,但它也是一种潜在课程,暗含着许多教育意义。另外,学校也可以在观念文化和制度文化上对英语予以一定的关心与重视,这对学生学习兴趣的形成和保持也是大有裨益的。

三、结语

通过本章,我们了解到,学习兴趣和教学密不可分,通过对学习特点、分类和影响学习兴趣因素的分析,在教学过程中应该坚持培养学生的学习兴趣和激发学生的学习兴趣的原则,不断根据社会和国际的需要,改变传统的单纯地"喂"养形式,逐步转变到教师引导、学生自主学习的轨道上来,从而在提升教育和教学水平的同时,使学生成为最终的受益者。

参考文献

[1] 张红玲,朱晔,孙贵芳. 网络外语教学理论与设计 [M]. 上海:上海外语教育出版

社,2010.
[2] 徐锦芬. 大学外语自主学习理论与实践 [M]. 北京:中国社会科学出版社,2007.
[3] 严明. 大学英语自主学习能力培养教程 [M]. 哈尔滨:黑龙江大学出版社,2007.
[4] 李更春. 学习动机理论及其对于教学的启示 [M]. 天津理工大学外国语学院,2006,(32).
[5] 陈剑敏. 学习动机与大学英语教学 [M]. 山东政法学院,2010,(19).

第六章　大学英语的五大能力

第一节　听力能力

有资料显示，在人的整个非睡眠时间中，听的活动时间大约占45%，对某些人而言，可能占据的比例要远比50%多。由此可知，听对人们的生活有着十分重要的影响。

一、大学英语听力教学的目标

英语听力教学的主要目标是培养学生在实际社会生活中进行交际的能力，使学生能够借助听力完成学习、生活、工作中的各项任务，同时帮助学生促进自己的学习和发展。不过，教学目标不是千篇一律、固定不变的，在不同的学习阶段，听力教学的目标也不同。我国《大学英语课程教学要求》将大学英语听力教学目标划分为三个层次。

（1）一般要求：能听懂英语授课；能听懂日常英语谈话和一般性题材的讲座；能听懂语速较慢（每分钟130~150词）的英语广播和电视节目，能掌握其中心大意，抓住要点；能运用基本的听力技巧。

（2）较高要求：能听懂英语谈话和讲座；能基本听懂题材熟悉、篇幅较长的英语广播和电视节目（语速为每分钟150~180词），能掌握其中心大意，抓住要点和相关细节；能基本听懂用英语讲授的专业课程。

（3）更高要求：能基本听懂英语国家的广播电视节目，掌握其中心大意，抓住要点；能听懂英语国家人士正常语速的谈话；能听懂用英语讲授的专业课程和英语讲座。

由以上目标可知，英语听力教学活动的开展并非为了检测对听力技巧的掌握程度，而是以促进英语听力理解和英语技能运用能力的提高为目标，将英语口语化和日常化。因

此，教师在英语听力教学中不仅要训练学生的英语听力能力，还要帮助学生掌握听力材料中的知识点和关键词，达到听力技能训练与信息获取的双重目的。

二、大学英语听力教学的内容

大学英语听力教学的内容一般应包括这四个方面。

（一）听力知识

听力知识内容包括语音知识、语用知识、文化知识、策略知识等。同一个句子会因发音、重读、语调等语音变化而产生不同的意思，即使同一个人讲同一句话，也会由于重音、语调、节奏的变化表示不同的意义、态度、感情。学生掌握英语的发音、重读、连读和语调等语音知识将会有利于提高英语听力能力。因此，语音知识不仅是语音教学的内容，还是听力教学的内容。

除了语音知识，语用知识、文化知识、策略知识也是听力教学中需要重视的听力知识。了解相关的语用知识，有助于真正理解对方说话的内涵，保证和提高交际的质量。在日常生活中，除了学习语用知识外，还应该了解区域的文化，多预览英文的文化书籍。语言是文化的载体，因此对英语国家的文化知识有所了解，某些话语应该出现在什么样的场合，某些词应该在某种场合表达怎么样的意思等，都是值得推敲的。只有这样，才能避免对听到的内容产生歧义，更准确地理解听到的内容。学生学会了不同的知识策略，就可以根据听力材料、听力任务选择恰当的听力方式，从而提高听力和理解能力。

（二）听力技能

听力技能包括基本听力技能和听力技巧两方面内容。

（1）基本听力技能，主要包括最基本的辨音能力以及大意理解能力、细节理解能力、选择注意力、交际信息辨别能力、记笔记技能等。其中，辨音能力指辨别音位、强弱、语调、音质等语音特点的能力；大意理解能力通常包括理解谈话、独白的主题和意图等能力；细节理解能力指获取听力内容中的具体信息的能力；选择注意力指根据听力的目的、重点选择听力中的信息焦点；交际信息辨别能力指辨别新信息、例证、话题终止、语轮转换等的指示语的能力，这是实施有效交际的关键之一；记笔记技能则是指能够根据听力要求选择适当的笔记记录方式，掌握良好的记笔记技能。

（2）听力技巧，包括听隐含之意、猜词义等。掌握正确的听力技巧，可以事半功倍地提高听力理解能力。听力教学包含训练听力技巧的各种听力活动。与基本听力技能相比，听力技巧属于更高层次的听力技能。

（三）听力理解

除了教授听力知识和听力技能之外，听力教学更多的应是通过各种活动训练学生的听力理解能力，使学生的理解由"字面"到"隐含"再到"应用"，理解步步加深。听力理解过程主要包括辨认、分析、重组、评价和应用五个部分，既包括字面意思的理解又包含隐含意思的理解。听力理解的过程是一个循序渐进的过程，任何级别的听力教学都必须经历由辨认到分析再到应用的一系列过程，然后才能逐步提高听力能力。

（1）辨认主要涉及语音辨认、信息辨认、符号辨认等几个方面。辨认有不同等级的要求,最初级的要求是语音辨认,高级要求则是说话者意图的辨认。教师可以通过正误辨认、匹配、勾画等具体方式训练和检验学生的辨别能力。虽然辨认属于听力理解的第一层次,却是后面几个层次发展和提高的基础。

(2) 分析属于听力理解的第二层次,要求学生具备对听到的信息进行分析并转化到图、表中的能力。分析要求学生可以在语流中辨别出短语或句型,对谈话内容有大致的理解。

(3) 重组要求学生用自己的语言将获得的信息重新组合,通过口头或书面方式表达出来。辨认和分析都属于信息获取,而重组属于信息输出。

(4) 评价、应用分别是听力理解的第四、五阶段。这两个阶段要求学生在前面三个阶段获得信息、理解信息、转述信息的基础上,能运用自己的语言评价、应用所获得的信息。在实际教学中,可以通过讨论、辩论、问题解决等活动对所获得信息进行评价和应用。

(四) 逻辑推理

逻辑推理是一项十分重要的听力教学内容。逻辑知识有助于听者快速有效地正确理解和判断所听到的内容。比如,学生利用逻辑推理,可以通过推理判断说话人的意图、情绪、态度和言外行为等非言语直接传达的信息,理解其深层含意,进而理解说话人的意图、谈话人之间的关系、说话者的情感态度等。

以下关于John的四句话是一段听力材料中的。

(1) John was in the bus on his way to school.
(2) He was worried about controlling the math class.
(3) The teacher should not have asked him to do it.
(4) It was not a proper part of the janitor's job.

当我们听到(1)句时,一般会认为John是个学生;而从(2)句判断,John应该是教师;但(3)句子又推翻了这一判断;直到看到(4)句,我们才知道John原来是学校的勤杂工。在这个过程中,我们正是运用逻辑推理能力和必备的语法知识来推断John的职业。

三、大学英语听力教学的原则

(一) 循序渐进原则

循序渐进原则要求教师在进行英语听力教学时应做到由慢到快、由易到难、由简到繁,而不能急于求进、一蹴而就,这主要是根据学生整体听力能力的水平和状态。

听力教学的循序渐进原则主要体现在听力材料的选择上。教师在选择听力材料时,需要考虑学生所在的学习阶段,挑选的听力材料应由易到难,逐步加强。比如,如果教学对象是初学者,教师就应选择吐字清晰,连读、弱读现象少,并且语速不能过快的材料。听力内容也应该贴近生活,以便学生理解,激发学生听的欲望和兴趣,让学生在听的过程中能够有所收获。随着教学的进程,教师可以在各个方面提高听力材料的难度,以满足学生的求知欲。

（二）多样化原则

在听力教学中，如果总是使用单一性的任务，容易使学生感到枯燥，失去学习的兴趣。教师应根据不同的教学目标、训练目的选择多样化的听力材料，并采用不同的训练模式，以此提高学生对英语听力的学习兴趣。比如，事前向学生提出一些问题，让学生听材料后做出答案；让学生听材料后复述主要内容。

（三）交际性原则

英语教学的最终目标是培养学生的英语交际能力，英语听力教学也不例外。听力训练的最终目的是培养学生听懂地道的英语的能力，以适应交际的需要。教师在平时上课时应该做到发音准确、语速正常，身体力行地引导学生使用英语进行交际。听录音是培养听力能力的有效方法，因而教师可以充分利用各种电教设备让学生多听不同年龄、性别、身份的人在不同场合的发音，以帮助学生提高听力理解能力。

（四）分散训练和集中训练结合原则

听力的分散训练主要是将听的活动分散于语音、语法、词汇、句型、课文教学中，让学生经常性地接受听力的专项训练，这种潜移默化的影响对学生听力的提高有很大的帮助。集中训练保证了听力训练的时间。几种训练使教师能够集中精力，根据不同学生的不同听力困难，加以具体帮助、指导，有效提高学生的听力能力。

由于听的活动要求注意力高度集中，因此时间一长就容易使学生疲劳，所以分散训练是一种有效的听力训练。但是分散训练进行时间短，缺乏系统的指导和安排，因此学生听力不易通过分散训练得到明显提高。因此，教师在听力教学中应该将分散训练和集中训练结合起来，在分散训练的基础上，每周专门抽出 1~2 课时对听力进行大量的、有指导的、系统的集中强化训练，对学生在听力中遇到的具体问题进行帮助、指导，提高听力教学效果。

（五）听说读写有机结合原则

英语教学是一个综合的有机整体，听说读写的能力是相互联系、相互制约的，而不是相互孤立的。因此，听力能力的教学要与说、读、写教学结合起来，做到听与读、说、写结合，只有这样才能有效提高听力能力，并带动其他技能的发展。

（1）听说结合。听和说作为交际的两个方面，是不可分割的整体。听是语言获得的必经过程，只有听到了、听懂了，才能说，最后给予反馈。听力练习的过程也是口语熟悉的过程，而口语训练的过程也是听力锻炼的过程，因而二者是相互促进的关系。在听力教学中，听说结合，看起来是有听有说，但是主要的目的和主要的活动是听，所以说的部分应以简略为主。在听力教学中，听说结合的教学方式主要包括：口头判断选择、口头回答问题、口头概述大意。

（2）听读结合。听和读都是语言输入的途径。听读结合二者可以同时进行，也可以先读后听、先听后读，还可以听读交替、交错、轮流进行。听读结合一方面降低了听的难度，使学生集中于一点，另一方面又将书面与口头相对照，有助于学生克服文字对听的干扰。让学生听读结合，不仅可以纠正学生的发音错误，还可以让学生模仿到纯正的语音、语调。长期坚持边听边读，随着听力输入量的增大，词汇复现率也会越高，对于常用词语就会越熟悉，在读与听时就可很快将这些词语从记忆库中调出、领会，从而提高对语言的反应速度，理解所读与听到的内容。

(3) 听写结合。听写结合的最佳形式是听写练习，听写结合要求学生在听音会意的同时，还将听到的东西写出来，也就是要求学生做到听与写同步进行，注意力不能全集中在听上。这种配合方式需要高度集中的注意力和对语言的敏感性，是测试听力的主要手段之一。

听写结合要求在有限的时间内将所听到的内容同步记录下来，是交际活动必备的一种技能，比如，听课要记笔记，接到别人的电话代为转告等都需要听写结合。教师在平时的教学中，尤其在听力教学中要有意识地将二者结合起来，帮助学生提高英语水平。

四、大学英语听力教学的模式

在英语听力教学中，很多教师习惯于放录音、重复、做练习、对答案、再听的单调教学方式，使学生逐渐对英语听力的学习失去兴趣，阻碍了英语听力能力的培养。为实施有效的听力教学，教师有必要了解、学习使用听力教学的基本模式。

(一) 任务型听力教学模式

任务型听力教学模式强调听力学习任务的真实性，通过完成真实的听力任务来提高听力理解能力，不仅能够有效培养学生的合作意识和探究精神，而且可以不断提高学生对听力学习策略的应用能力。听力任务一般包括这几种类型：列举型、排序、分类型、比较型，问题解决型，分享个人经验型，创造型。

任务型听力教学模式包括三个阶段，即任务前（Pre-task）、任务中（While-task）和任务后（Post-task）。其中，任务前阶段主要是根据听力材料布置听力任务；任务中阶段由学生集体和个体准备听力任务，并展示成品；任务后阶段是结合学生听力任务展示所反映的问题，针对词汇、语法以及听力策略进行专项训练。

任务型听力教学模式也可以称为PWP听力教学模式，包括这三个阶段：听前（Pre-listening）、听中（While-listening）、听后（Post-listening）。

(1) 听前阶段。教师可以通过预测、头脑风暴、提出问题、发现活动等方法，帮助学生确立听力目标、激活背景知识、展示话题等，并让学生对相应的语言形式、功能进行训练，帮助学生建立新图式或激活学生头脑中已有的图式，以更好地理解听力材料。

(2) 听中阶段。在这一阶段，学生需要高度集中注意力来处理相应的语言信息，因此这是听力的关键阶段，也是教师最难以控制的阶段。教师可以通过采用丰富多彩的教学活动，如边听边记录、根据听力信息对相关内容排序、根据听力信息进行表演或绘出图片、填空等，帮助学生学会使用听力技巧、听力策略，训练学生的信息理解和听力技能运用能力，以更好地理解和记忆材料内容。

(3) 听后阶段。这是巩固所学知识的阶段。这个阶段的练习活动应该是测试学生对听力材料的理解，而不是考查学生的记忆。在这个阶段，学生应该通过听后说、听后写、听后填表、听后进行创造性的语言输出等方法，通过完成多项选择题、回答问题、做笔记并填充所缺失的信息、听写等方式评估听力效果，达到巩固听力信息和技能的目的，同时为日后的英语学习奠定基础。

(二) 文本驱动听力教学模式

在文本驱动听力教学模式下，人们理解口头语言的过程被视为对语言进行线性加工的过程，并且这个加工过程是从部分到整体进行的，即切分和理解构成单词的语音信号、构成短语或句子的单词、构成连贯语篇的短语或句子。因此，在这种教学模式下，教师应首先安排相当程度的听力技能训练和词汇、语法教学，然后再进行真正的听力理解训练。在进行真正的听力理解训练之前，教师应该先安排以下教学活动：语音练习，如最小语言单位练习，重读训练；单词、短语语音解码；词汇、句法结构的训练等。

(三) 图式驱动听力教学模式

文本驱动听力教学模式强调语言知识在整个听力理解过程中所发挥的作用。不可否认，语言知识对听力理解有着十分重要的作用。不过实际上，即使没有语言知识障碍，学生有时仍然无法理解听力材料。图式驱动听力教学模式正是针对文本驱动听力教学模式的弱点提出的。图式驱动听力教学模式侧重激活听者已有的关于听力材料的图式知识，强调有关听力话题的背景信息、有关说话者的意图及态度等信息。因此，这种听力教学模式在听力理解教学之前先激活背景知识，组织学生预测所要听的材料内容，进而获得一个整体印象，而不是进行有关语音、词汇和句法的教学。

(四) 交互式听力教学模式

交互式听力教学模式是以文本驱动教学模式和图式驱动教学模式为基础发展起来的，它基于这两种模式各自的缺点，并综合两者的优势即有效利用语言知识、图式知识，是一种比以上两种模式更加有效的听力教学模式。听力过程是一个复杂的生理和心理过程，只有语言知识或者图式知识，都不能有效地理解听力，听者必须综合运用已有的语言知识、图式知识，并采用适当的听力策略，对文本信息进行加工处理，才能准确理解说话人的意图，完成听力理解。

五、大学英语听力应试技能

在口头交际活动中，听懂对方说的话是最基本的要求。因此，听力能力是口头交际的关键。缺乏必要的听力能力，口头交际、英语学习都将会变得十分艰难。因此，人们十分关注听力能力的提高。在听力教学过程中，教师应该教授一些听力应试技能，帮助学生把握听力材料，提高学生的听力能力。

(一) 听前预览，进行预测

在听力教学中，教师要教会学生进行听前预览，即在听力测试进行之前，根据听力材料中的图片以及自己的语言知识、背景知识、常识等预测听力中的有关内容，做好听力准备。进行听前预览，可以通过浏览选项，运用已经掌握的知识预测要听到的单词、句子、对话、短文；还可以事先掌握一些特别信息，尤其是对于关于人名、数字、时间、地点等问题，在不预览的情况下，一旦题中提到两个或两个以上的相似信息，就可能对听者产生极大的干扰作用，而通过预览掌握了这些信息，就可以减少干扰，提高听力理解的准确性。

（二）听关键词

听力考试并不要求听者完全听懂每一个单词，有时可能一段听力材料并没有听懂，仅仅听出了几个关键词，仍然能够答对题目，这就是巧听关键词的策略。

英语交际通常使用一种模式化的语言，在固定的场景中其词汇和表达也相对比较固定。学生如果在平时注意积累一些常见场景的高频词汇和习惯表达，就可以在听取短对话部分做到未听半知的状态下，抓住关键词。例如，关于面试的场景通常涉及与个人爱好、兴趣、教育背景、工作经历、职位、工资待遇、上班时间等相关的关键词；关于校园的场景需要关注与宿舍、教室、实验室、图书馆等相关的关键词；图书馆场景则需要紧抓与借书、还书、丢书、续借、查询、罚单等相关的关键词；而餐馆场景则需要抓住与订座、点菜、结账、小费等相关的关键词。

（三）边听边做笔记

在听力训练中，记笔记是一种有效的辅助方法，不但可以让学生集中注意力，还可以解决听力活动中听的时长和人的短时记忆、记忆容量之间的矛盾。有的时候学生虽然听懂了听力材料的内容，但是由于需要记忆的内容很多，而且有些信息听不懂，容易造成急躁情绪，学生很难记住所需要听的内容。因此，在听力中，学生要学会边听边做笔记。在听力教学过程中，教师可以对学生的笔记内容提出具体要求和指引，比如记关键的词语句子、主要观点、例证等，帮助学生养成正确、有效的记笔记方法，从而提高听力能力。

学生在边听边做笔记时要注意以下几点。

（1）听力材料包含的信息可能很多，学生在听材料时不可能将所有信息一一记录，只能有选择地进行记录。一般而言，学生只需记录时间、地点、数量等重要的信息，并且只记录关键词句。

（2）听的时间十分有限，而需要记录的信息可能非常多，即使只记录关键词句难度也不小，更别提要记下完整的单词、句子了。为了减少记录的负担，学生要学会有效使用缩写、符号等形式记笔记。笔记的缩写、符号并没有统一的规定，学生可以根据自己的特点使用缩写符号，创建自己的缩写体系。

（3）做笔记是为了在听力结束后，可以借助笔记理解听力材料的内容，区分有用信息和无用信息，因此记下的笔记应该是清晰明了的。如果所做笔记毫无系统、杂乱无章，自己也看不懂，就没有意义了。因此，学生应该清晰、有系统地做笔记。

（四）关注所提的问题

听材料是为了解答材料中所提的问题，如果连问题都没有听清楚，那么即使其他听力内容的每一个词都听得清楚，也难以准确解题。另外，在听力训练中，所提的问题也是至关重要的，因为有的时候仅仅从提问的方式就可以判断出正确的选项，得出正确答案。因此，在进行听力训练时，学生需要关注听力材料中所提问的问题，以便准确有效地理解材料，解答问题。

（五）适当放过部分信息

在听力训练中，听者最大的难点是无法控制说话者的语速。有时候，听者的思维跟不上说者的速度，还没弄清楚这一句话的意思，说话者已经说到另一句话了，而听者并不能把之前的那一句话重复听一遍。其实，听力理解的目的并不是要求听者听懂每一个单词、每一个句子，而是要求根据听到的材料了解听力材料的主要内容和大意。因此，听者在听不懂材料中的一些词汇或句子时，大可以放过，继续听下面的材料。如果错过了还在苦苦思索这些词汇、句子的意思，就可能错过其他更重要的信息。更何况，在很多情况下，说话者会以不同方式重复地说这些内容，或者根据另一个说话人的反应即可推测出这些内容。总之，听者在听不懂听力中的一些内容时，也不必紧张，而应该以良好的心态继续听下面的内容。

第二节 口语能力

口语是人类交流信息和表达思想的方式之一。在日常交际中，人与人之间的对话是应用最为广泛、最为普遍的方式。随着社会的高速发展，人们之间的交流日益快捷便利，运用口头语言的机会也越来越多，英语学习者提高自身的英语口语表达能力的愿望也越来越迫切了。在本节中，我们将会对大学英语口语教学的目标、内容、原则、模式，以及口语训练方法进行探讨。

一、大学英语口语教学的目标

英语口语能力的培养呈现阶段性的发展特点。针对处于不同口语能力阶段的学生，口语教学目标也会有所不同。在《大学英语课程教学要求》中，口语教学目标划分为以下三个层次。

（1）一般要求：能在学习过程中用英语交流，并能就某一主题进行讨论，能就日常话题用英语进行交谈，能经准备后就所熟悉的话题做简短发言，表达比较清楚，语音、语调基本正确；能在交谈中使用基本的会话策略。

（2）较高要求：能用英语就一般性话题进行比较流利的会话，能基本表达个人意见、情感、观点等，能基本陈述事实、理由和描述事件，表达清楚，语音、语调基本正确。

（3）更高要求：能较为流利、准确地就一般或专业性话题进行对话或讨论，能用简炼的语言概括篇幅较长、有一定语言难度的文本或讲话，能在国际会议和专业交流中宣读论文并参加讨论。

由以上目标层次可知，随着英语学习的深入，口语教学目标的难度和深度不断加大。教师在口语教学中，应该根据学生的具体情况、教学计划的安排等设定口语的教学目标。

不过，尽管对不同层次的学生，口语教学目标有所不同。但是，有一个目标是不会变的——既要求准确，又要求流畅和得体。就口语教学目标而言，得体是最为重要的，而得体本身就包括准确。

二、大学英语口语教学的内容

口语教学以培养学生的口头交际能力为目标，其教学内容主要包括语言形式、语言文化、会话策略与技巧三个方面。

（一）语言形式

语言形式包括语音语调、词汇、语法知识及运用能力。词汇、语法主要指口头交际任务完成所需要的词汇和语法知识及表达能力。语言形式教学要求语言形式准确、流利、多样。

（1）语音语调。口语教学的内容首先应是正确的语音和语调，语音语调包括各种语音知识与发声技能，比如，音节、重读、弱读、连读、送气、减弱、意群、停顿等。语音语调有一定的表意功能，人一开口说话，就涉及语音语调，如轻重缓急、高低起伏、音调音质等。单词、句子的语音语调发生变化，句子的意思也会发生变化，有时甚至意义相差甚远，而这可能会造成句子理解困难的后果，甚至使听者无法理解。例如：

A：This movie is meaningless.
B1：It ↘ is.（非常肯定）
B2：It ↗ is.（可以是漫不经心的附和，也可以是表示不耐烦）
B3：It \ ↗ is?（稍带责备口吻，意思是"你怎么会这样认为"）

从上述例子我们可以看出，语音语调影响句子表达的意义。

（2）词汇、语法。英语语言讲究语法规则，一个句子必须用合适的词汇和正确的语法才能表述准确。缺乏必要的词汇及语法知识，说话者就难以准确表达自己的意思，甚至会语无伦次；听者缺乏一定的词汇量和必要的语法知识，也很难正确理解说话者的意思，交际活动就难以继续下去。因此，教学内容应包含词汇和语法。

（二）语言文化

不同的语言承载着不同的文化。文化对语言的影响和制约主要表现在两个方面，一是对词语的意义结构的影响；二是对话语的组织结构的影响。要真正掌握一门语言，真正掌握正确进行跨文化交际的能力，做到交际得体，就必须掌握一定的文化知识，包括普遍适用的文化规则和不同文化之间的交际规则。

（三）会话策略与技巧

为了使用英语得体地进行语言交际活动，学生在学习英语口语时必须学习、掌握一些会话策略和会话技巧。

帝莫西（Timothy）认为，怎样开始说话是一个重要的问题，怎样结束谈话也是一个值得研究的问题。话题转换技巧对会话的成功起着至关重要的作用。对于本族语者而言，话题转换很容易而且很自然就可学会，但是对于二语学习者而言，却并非易事。无论是第一语言的口语学习，还是第二语言的口语学习，都必须学习关于交际的知识和互动的技能。

交际中非语言成分的能力要求学生掌握相应的策略。策略主要指交际策略和会话技巧，包括具体谈话中话轮的启动、保持、转变与终止策略，也包括引起注意、表示倾听和理解、插话、回避、转码、释义、澄清、求助策略。

口语与书面语有一定的区别，有其自身的语法和词汇。为了做到得体交际，英语口语教学必须有一些会话技巧的运用。常见的会话技巧包括问候、抱怨、道歉、宣布、请求、邀请、解释等。

三、大学英语口语教学的原则

英语口语教学主要是为了培养、训练学生对语言知识的转换能力，即让学生通过读和听获得信息，并在原有知识的基础上对它们进行加工、重组，并赋予新的内容，然后再输出语言，完成整个交际过程。为了达到这一目的，口语教学必须遵循相关的原则，以达到最佳教学效果。在大学英语口语教学中，教师必须遵循以下原则。

（一）系统化原则

听、说、读、写各项技能是英语学习过程中一个相互联系的统一体，各种技能之间相互交叉、相互影响、相互制约。因此，口语教学不能孤立进行，而应该与其他技能相结合，才能取得较好的教学效果。同时，英语口语表达作为其中一种技能，不能一蹴而就，而要通过逐步的、系统的训练进行培养。在整个英语口语教学中的不同阶段，应该有不同的内容、难点、重点、目标和方法。在整个口语训练过程中，教师需要由浅入深、由易到难、由机械模仿到自由运用，循序渐进地进行。比如，如果不考虑学生的英语水平就设定过高的目标，会使学生在开口时产生畏难情绪，从而打击学生的学习积极性，使学生失去学习兴趣；而如果目标过低，则会使学生对口语训练失去兴趣。

（二）互动性原则

语言使用能力是在互动中发展起来的，离开互动，学生的语言使用能力就难以得到提高。互动中潜藏着语言习得的机理。教师在英语口语教学中，不能将口语训练视为机械的训练，而应该认识到英语口语训练是一种互动的操作训练。互动性原则强调的是动，也就是对某一话题进行有意识的、动态性的练习。学生必须在互动的口语训练中练习自己的口语，才能有效提高自己的口语能力。

口语互动中涉及引出话题、话轮转换、请求澄清、请求重复、获得注意、获得帮助、结束谈话等会话技巧和策略。掌握这些口语策略与会话技巧将有助于交际活动的顺利进行，有助于预期交际目的的取得，如果教师在口语教学中总是单纯采用提问的形式，大部分学生都很少有机会开口说英语，这样的互动交流对提高学生的英语口语没有什么益处。为了使全体同学在课堂上都能够参与口语交流，教师应该多开展生生之间的互动训练活动，比如对话练习、小组讨论、角色扮演等。这种小组活动能让更多学生参与到英语口语互动中，为学生提供更多独立说话的机会和时间，有助于他们克服开口说话的焦虑感，不但可以有效提高英语口语能力，而且能够提高学生的学习兴趣、选择能力，培养学生的独立性、创造性等。

（三）情境化原则

语言的运用总是在一定的情境和场合下进行的，口语教学的目标之一就是使学生能够在不同的情境下说出得体的语言，而我国学生恰恰缺乏在真实情境下操练口语的机会。因此，在英语口语教学中，教师就要强调情境的重要性。情境是帮助学生理解的瓶颈，也是指导学生正确使用语言的关键。设置一定的情境进行口语练习，不仅可以检查学生恰当使用所学语言的情况，而且可以使学生学习在新的场景下创造性地运用语言，同时可以让学生在现实生活中碰到相关的交际场景时能够应付自如。

情境是丰富多彩的,针对每个情境所需要完成的任务也是多种多样的。教师在针对不同的教学内容确定情境时,最好设置和学生的生活经历、学生感兴趣的话题息息相关的情境,因为这些与学生息息相关的情境能使学生产生强烈的参与意识,增强学生参与口语交流的兴趣。例如,可以设定在家中吃饭的情境,让学生议论饭菜是否好吃,讨论某一道菜的做法,或者谈论天下大事。

但是,要设计贴近学生生活的、学生感兴趣的情境并非易事。为此,教师要做好以下工作:充分考虑学生交际的愿望和目的;设计有趣的主题或话题;把学生感兴趣的话题融入口语教学内容中。

(四) 先听后说原则

先听后说,是指以听为基础,以听促进说的培养和提高。在交际活动中,听和说是相辅相成的两个方面,听是说的前提条件,在听英语的基础上练习说英语,才能保证后者的训练顺利进行。

学生通过听英美人讲话的录音,不仅可以接触到地道的英语语音、语调,而且可以获得知识信息,接触到英语词汇等表达思想所需要的大量语言材料。当具备大量的语言材料时,才会有真正意义上的口语会话,这也是大量听的必然结果。此外,通过听还能启发学生说的强烈愿望,培养学生用英语思维的习惯。学生经常处于听英语的环境中,就会在不知不觉中进行模仿,开始开口说英语,逐步提高说的能力。

(五) 课堂内外兼顾原则

课堂内外兼顾,是指口语教学不仅要注重课堂,还要兼顾课外。课堂的时间是十分有限的,分配给英语口语教学的时间更是少之又少,只依靠课堂时间难以有效提高学生的英语口语能力,因此口语教学需要与课外活动相结合。

课外活动是课堂教学的继续和延伸,是课堂教学的补充。教师不仅要注重课堂教学,还应该注重课外活动,为学生提供、创造条件,指导学生在不同场合运用所学知识进行正确、恰当、流利的口语操练,比如,组织英语角、英语演讲比赛、英文唱歌比赛等,让学生通过这些课外活动,复习、巩固所学的知识,培养学生说口语的兴趣,培养和提高学生的英语口语能力。

(六) 平衡流利性性和准确性原则

英语学习的目标之一是使学生能够使用英语准确而流利地表达自己的思想。口语作为一种产出性技能,既要求流畅,又要求准确,更要求得体。因此,教师在口语教学中应该首先强调流畅性,同时注意精确性、得体性。教师应设计一些能够鼓励学生自由使用语言、模仿真实语言的练习,既要训练学生语言的准确性,也要培养学生语言的流利性。一个真正的口语熟练者,既要求讲得自然、有创造性,又要求说得流利、准确。不过,在现实的交际活动中,交际活动的双方最关心、注意力最集中的地方是信息的传递,尽管不完整的句子、带有语法或逻辑错误的句子时常出现,但这并不影响交际活动的顺利进行。在某些情境之下,说的一方可能只说一个词,听话的人可能就已经完全明白其意思了。

总之,教师在进行口语教学时,不必要求学生必须一词不差地将话说全,也不宜为了纠正学生的错误而不断地打断学生的讲话。因为这样容易导致学生因为害怕犯错误而不敢开口。即使对一些必须纠正的口语表达错误,也应当在学生讲完以后再进行纠正。

四、大学口语教学的模式

口语教学一直是我国英语教学中的难题。我国缺乏说英语的自然环境,课堂口语教学就变得尤为重要,因此教师应该采取有效的口语教学模式,以求在有限的教学时间里,达到较好的教学效果。

(一)任务型口语教学模式

口语能力的培养需要通过大量的互动才能实现,而任务型口语教学模式的特点之一就是包含大量的互动活动,学生在完成任务的过程中有大量的机会运用语言。

哈默(Harmer)认为,任务型口语教学模式是教师先让学生完成任务,在任务完成后,教师才与学生讨论语言的运用过程,并对学生在完成任务过程中出现的使用不当或错误给予恰当的建议、纠正。

任务型口语教学模式通常以完成某个任务为教学的起点,在完成任务的过程之中学习和掌握语言知识和语言技能,一般分为任务前、任务中和任务后三个阶段。

(1)任务前。即说前(Pre-speaking)阶段。说是以掌握一定的语言基础为前提的,因此说前阶段的主要目的是给学生做一些准备工作,包括语音、词汇、句型等语言基础知识上的准备,也包括文化知识的准备,还可以就话题做准备。这些准备可以使学生有足够的信息输入,掌握足够的口语表达材料,为下一步的练习奠定基础。

(2)任务中。即说中(While-speaking)阶段。在此阶段,学生分成小组,并在教师的指导和帮助下通过分组讨论等活动积极完成任务。在完成任务的过程中,学生围绕任务主动搜集资料,学习课外知识,并互相帮助学习口语交际策略,比如,表达错误之后进行自我纠正、无法理解对方的话语而进行询问等。通过这一阶段,不仅可以增加学生的英语口语材料的储备,而且掌握了自主学习的方法与步骤,并极大地激发了他们的学习兴趣、创造精神。

(3)任务后。即说后(Post-speaking)阶段。口头表达必定有一定的语用目的。在任务完成后,教师和学生需要对语用目的是否实现进行评价、总结,这是说后阶段的关注重点。教师在总结任务、评价学生的完成情况时,应该首先肯定、鼓励、表扬学生对任务的完成情况,同时也要适当指出学生在口语表达中所出现的错误,并归纳出某种句型的易错点,对特定任务的口语表达具体模式进行总结,使学生掌握必要的口语表达方式,从而使学生在将来遇到类似的交际场景、话题时,能够正确、得体地进行交流。

(二)3P口语教学模式

3P口语教学模式,即介绍(Presentation)—练习(Practice)—运用(Production)模式。3P口语教学模式,是由教师先介绍某个新知识点或技能,然后让学生针对这些知识点及技能进行练习,熟练掌握这些知识点或技能,最后运用所学的知识点或技能进行口语表达。3P模式包括以下三个阶段,每一阶段都有其目标,重点也不同。

(1)介绍阶段。本阶段主要通过举例、解释、示范、角色扮演、图片、影片等方法,介绍语法、结构、功能、交际技巧等内容,从而达到两个目的:一是确立形式、意义和功能;二是导入话题、激活背景知识,为训练做准备。

(2)练习阶段。在此阶段,教师通过对话、找伙伴、看图说话、图画排序等控制性或半控制性活动,为学生提供大量的口语练习机会,鼓励学生尽可能运用新知识进行反复操练,以不断提高语言运用的准确性。

(3)运用阶段。在这个阶段中,教师主要是组织和引导学生开展角色扮演、访谈、辩论、讨论、复述等交际性、创造性活动,使学生学会将所学知识与技能运用到新的语境之中,解决新的问题,锻炼、提高英语口语交际能力。

3P口语教学模式具有教学目标清楚系统、教师易于执行检查、学生易于看到自己的学习成果的优点,可以有效培养、提高学生的口语交际能力。但是任何方法都不是完美的,3P口语教学模式也存在一定的缺点。该模式下的练习或活动基本上都是复制式的,呈现阶段和练习阶段缺乏真实的交际需要,学生为练习而练习,缺乏创造性使用语言的机会,交际能力得不到应有的训练。

五、大学英语口语训练方法

口语能力的培养和提高需要通过大量的练习来获得。英语口语的训练方法有很多,下面我们介绍一些主要的口语训练方法,以促进英语口语教学的发展。

(一)基本句型操练

说是一种语言输出方式,需要有一定的语言输入为基础。英语中有很多句型是基本固定不变的,学生对这些基本句型进行操练可以积累必要的口语表达材料,为进行交际活动奠定基础。为了锻炼英语口语能力,基本句型的操练包括两个步骤:熟读、交际使用。这也就是文秋芳所说的口语表达能力发展的两大阶段:技能学习和技能运用。

有的同学认为背诵句型没有创造性,依靠背诵不能提高英语口语能力。然而实际上,熟读是交际使用的基础。英语中很多基本句式学生们都见过、学过,但是学过并不等于记住,更不等于能在交流中运用。熟读是把书本上的东西搬到脑子中的过程,更是使用这些句型的必经步骤。教师可以先选取基本句型,让学生听录音。在学生听熟之后,让学生跟着录音朗读或者跟着教师朗读。朗读可以是集体朗读、小组朗读或者个人朗读。为了消除学生的紧张、害羞情绪,可以先集体朗读,然后再进行个别朗读以测试学生的掌握程度。熟读基本句型对于准备使用句型进行交际很有好处。但是读熟了并不等于会使用。当学生熟记了一些基本句式后,教师要设计一定的说话情景和示范说话,让学生通过模拟对话等活动使用这些句式。比如,在熟读阶段学生已掌握 be going to 句型,这时教师就可以边准备放录音边示范说话和提问,让学生使用刚刚熟读的句型。

例如:

Are you going to listen?

T: I am going to listen again.

S1: Yes, I am going to listen.

T: He (She) is going to listen. Are you going to listen, too?

S2: Yes, I am going to listen, too.

T：He（She）is going to listen，too. What are you going to do?

S3：I am going to listen，too.

T：What are we going to do?

S1，S2，S3：We are going to listen。

通过这种示范说话和提问回答，学生反复使用 be going to 的基本句式而学会了使用该句进行实际交际。

（二）配对对话练习

教师通过示范说话和提问回答，可以引导学生使用基本句型进行交际，但是教师与学生以一对多的方式进行练习，并不能做到人人参与，尤其是对于我国普遍存在的大班教学而言，学生练习口语的机会比较少，不但不能有效提高口语能力，而且可能会因参与性低而导致学生对英语失去兴趣。为了增加学生的口语练习机会，提高学生对口语训练的参与积极性，教师可以在课堂上采取配对对话的训练方法。配对对话练习，即把学生分成两人一组，在句型操练、师生对话和学生与学生对话的基础上，配对的学生进行有控制、同时又是自由的对话。控制是指要求学生使用规范的基本套路，自由是指可以扩展、补充其他材料和内容。如学生在这样的对话中可能说出下面的句子：

S1：Our teacher is going to help（John），I think. He does not like to speak English. Does he?

S2：No，he doesn't. But he likes to read and write. Are we going to read?

S1：No，we are not going to read. Our teacher is going to ask us questions. We are going to answer him.

（三）话语结构练习

学生除了掌握基本句型，还需要掌握话语结构。话语结构就是说话的套路，说的句子之间的联系规律。掌握基本句型是为了掌握基本口语表达材料，而掌握话语结构，则可以使说话容易成套，使话语具有较强的逻辑性，因此可以说掌握话语结构就是学习如何连接口语表达材料，使之成为有意义的、有逻辑性的语段、文章等。所以，话语结构练习也是口语基本功训练。

口语交际的题材、内容、体裁、听话对象和交际目的不一样，话语结构也会有所不同。因此，说话人使用何种话语结构，不可脱离具体情况，必须根据具体情况来判断和决定。训练学生的口语能力，要分别按不同的话语结构来进行训练。由于题材、内容、对象、目的等多种多样，我们无法一一列举，因此，我们仅举两种话语结构来分析介绍。

（1）独白型。例如讲述、报告一件事情或讲故事、演讲等。根据讲述的层面、内容、次序和关系的不同，独白型的言语活动又有不同的结构。

在实际练习中，教师可以根据学生不同阶段的水平，组织学生有计划地进行逐项练习。比如，让学生回家准备一则笑话，然后轮流在全班讲。但值得注意的是，为了防止造成先写后背，最后再凭记忆"背话"而不是说话，教师不要过分强调事前准备，否则就不利于学生口语能力的提高。

（2）会话。用英语进行交际，口语中出现语法错误，对方往往可以谅解。但是如果交谈时所说的话不合英美人会话时的话语结构,则往往会被误解成不礼貌的举动,甚至会因此惹恼对方。因此,掌握英语会话结构是十分重要而必要的,采取会话练习可以有效提高学生的英语交际能力。会话型的话语结构决定了必须训练学生根据英美人士的会话习惯进行会话。例如,开始一段会话,用 Hello 表示说的意图;轮流说话或插上去打断别人的话题时,一般要先说"Excuse me, I am sorry to interrupt you."等;结束谈话时,也有一定的表达形式,可以用 Well, OK 等表示某一话题谈得差不多了。这些会话结构看似简单,但是只有通过实际练习,才可以熟练掌握,才能锻炼学生的实际使用能力。

(四)情景说话练习

脱离特定的、具体的语境,很难培养我国学生的英语交际能力,只有在不同的交际环境中训练学生,才能培养学生在真实交际环境中交际的能力,才能培养学生准确、得体地用英语进行交际活动的能力。

但是,在我国以汉语为母语的环境之中,学生缺乏真正的英语交际环境,英语课堂是学生练习英语口语、使用英语口语进行交际的主要场所和机会。因此,教师在英语课堂教学中要创造各种情景,为学生提供英语语言环境,鼓励学生开口说英语,用英语进行口头交际,从而培养、提高学生的英语交际能力。

当然,由于环境和条件的限制,情景设计要做到真实化和情境化并不容易,教师可以采取看图说话、角色扮演、编故事等方式创设环境。比如,教师可以引导学生充分利用丰富的想象,连环说故事,可以由教师先开个头说一句话,然后叫学生各说一句接下去;也可以将过去发生的、学生既熟悉又感兴趣的事情作为题材来训练。

另外,教师可以抓住一切机会,利用师生的共同话题,训练学生的英语口语交际能力,例如与学生们一起谈学校、谈老师、谈班级、谈学习、谈一日三餐、谈交通、谈考试、谈一切可谈且学生想谈的内容。

第三节 阅读能力

一、大学英语阅读教学的目标

《大学英语课程教学要求》对阅读教学目标做了明确的规定,具体如下。
初级要求:
(1)能读懂一般性题材的文章,阅读速度达到每分钟70个词。
(2)能在阅读篇幅较长、难度较低的材料时,速度达到每分钟100个词。
(3)能根据阅读材料的类型和阅读目的选择合适的阅读策略,如略读、寻读等。
(4)能借助词典阅读本专业的英语教材以及题材熟悉的英文报刊文章,并能掌握文章主题,理解主要事实和细节。
(5)能读懂日常生活、工作中常见的英语应用文。
中级要求:
(1)能读懂英语大众性报刊、杂志中一般性题材的文章,阅读速度达到每分钟70~

90个单词。

（2）能在阅读篇幅较长、难度适中的材料时，速度达到每分钟120个词。

（3）能读懂所学专业领域的综述性文献，正确理解中心大意，准确理解主要事实和细节。

高级要求：

（1）能读懂较难的文章，理解文章主旨，抓住文章细节。

（2）能阅读英语报刊和杂志上的文章。

（3）能顺利阅读所学专业的英语文献和资料。

在实际的英语阅读教学中，教师可参照具体的教学目标，适当调整或拓展教学内容。

二、大学英语阅读教学的内容

大学英语阅读教学和英语阅读教学的总体内容一致，都是培养学生的各种阅读技能，总的来说包括以下几个方面。

（1）辨识单词。

（2）猜测陌生词语的含义。

（3）理解句与句的关系。

（4）理解句子言语的交际意义。

（5）辨识衔接词，并能据此理解文章各部分之间的关系。

（6）辨认语篇指示词语。

（7）把握语篇的主要观点或主要信息。

（8）总结语篇的主要信息。

（9）从细节、推展中理解主题。

（10）将信息图表化。

（11）培养学生基本的推理技巧。

（12）培养学生的跳读技巧。

三、大学英语阅读教学的原则

（一）激发兴趣原则

兴趣是最好的老师，它能够激发一个人对事物的热情和学习的积极性。对英语阅读教学来说，只有学生自己对阅读产生兴趣，才会积极、主动、自主地去学习。可以说，兴趣因素在很大程度上决定了阅读教学的成败。尤其是对大学生而言，课上时间毕竟是有限的，只有出于兴趣，学生才会在课外主动地去阅读。因此，教师在阅读教学过程中一定要时刻注意激发学生的阅读兴趣，保持学生对阅读教学的新鲜感。例如，教师可以适当变化课堂教学内容、教学形式以及教学手段，避免枯燥单一的教学活动。

（二）因材施教原则

每个学生都有自身独特的个性，学生与学生之间不可避免地存在一些差异。尤其是大学生，他们已经学习了多年英语，因此在阅读习惯、阅读方法等方面大都形成了自己的特点。所以，在阅读教学过程中，教师一定要因材施教，对不同的学生采取不同的教学方法，确保每个学生的阅读热情都得以维持，阅读技能都得到发展。例如，有的学生英语基础比较好，阅读水平比较高，基本的阅读要求已经无法满足他们的阅读欲望，教师就可以给他们布置一些具有挑战性的阅读任务，适当向其推荐一些英语名著等。而有的学生会因自己英语成绩较差而失去阅读信心，甚至自暴自弃，因此教师就应当在教学过程中不时鼓励和表扬他们，重树他们的自信心，同时给他们布置一些难度较小的阅读任务，然后逐步增加难度，帮助他们不断进步。总之，教师应根据不同学生的特点采用不同的教学方法和手段，并有意识地向他们提出不同的要求，做到因材施教。

（三）选择合适的阅读材料原则

上述提到大学英语阅读教学要遵循兴趣原则和因材施教原则，这就要求教师在教学过程中要为学生选择和推荐合适的阅读材料，即在选择时充分考虑文章本身的难度、思想性、知识性和多样性。

（1）就阅读材料的难易而言，其难易程度要与学生的水平相适应。影响阅读难易程度的因素有很多，归纳起来主要包括文本因素和读者因素两大类。

①文本因素包括文本的语言本身、语篇结构、内容主题、文章中是否含有辅助理解的内容。其中，语言本身是指文章中的词汇是否生僻，句子结构是否复杂；语篇结构是指文本中信息的组织方式是否符合规范的结构，结构清晰的文本更易于理解；内容主题涉及学生是否熟悉该主题，是否在有关方面存在较大的文化差异；辅助理解的内容则是指文章中是否附有图表、地图、照片、插图等各种有利于阅读理解的视觉辅助内容。

②读者因素包括读者自身的语言知识、百科知识、语篇知识。

（2）思想性和知识性是指教师在选择阅读材料时要考虑文章内容是否有利于学生的健康成长，是否能传递给学生新的知识。

（3）教师在选择阅读材料时，还要考虑文章的多样性，即要选择多种内容、多种文体的文章让学生阅读。这样才能让学生有机会体验各种内容和文体的阅读过程，认识各种文体的特征，了解更多的专业知识和背景知识。

(四)语言学习与思维训练并重原则

目前,大学英语阅读教学中普遍存在过于侧重语言学习而忽视阅读思维训练的现象。实际上,大学生已经具备一定的英语水平,在课堂上教师如果仍一味讲解语法和句型,注重学生单一的记忆性思维训练,而忽视了以内容为主的思维性训练,例如分析、比较、批判等,既无法激发学生的阅读兴趣,也不符合大学生思维能力发展的要求。因此,教师在阅读教学过程中应遵循语言学习和思维训练并重的原则,减少记忆性思维训练的比例,留出更多时间训练学生对文章内容理解分析、比较、讨论、批判的能力,并灵活设计与内容相关的各种思索性问题,激活学生的主动思维。阅读本质上是作者与读者之间的双向反馈过程,学生只有通过主动思考,在对文章内容分析、批评的基础上,得出自己的结论,才能真正培养自身的思维能力,也才能体会到思考的乐趣。

(五)速度与准确性平衡原则

传统的大学英语阅读教学强调理解的准确性,却忽视了学生阅读的速度问题。近年来,有人提出"阅读速度应当优先于理解的准确性"这一观点。其实,无论是过分强调理解的准确性还是片面追求阅读速度,都是不正确的。首先,理解的准确性和阅读的速度两者之间不应该对立起来。阅读的根本目的在于理解,因此阅读的速度也是理解的速度。其次,阅读的速度和准确性的确定应当根据阅读教学的目标来具体确定。例如,阅读有三种形式,即精读、泛读和速读,其各自的教学目标不同,因此对于速度和准确性的要求也就有所不同。此外,阅读速度的提升是一个循序渐进的过程,要随着学生英语水平的不断提高、词汇量的不断扩大、语法知识的不断增加而同步发展,不能拔苗助长。

阅读理解的准确性是指阅读理解的精确度和深度,阅读速度则是衡量阅读流利性的主要标准,两者是同一事物的两个方面,是相互依存的。因此,教师在大学英语阅读教学中要正确处理好速度和准确性两者之间的关系,既不能只顾读得快却没有理解,也不能因为理解而阅读速度太慢、效率太低,而是要做到准确中有速度,速度中有准确。

(六)阅读技巧与获取信息并存原则

这一原则和上述提到的遵循语言学习与思维训练并重的原则有相通之处。一方面,大学英语阅读教学的重要目标之一就是帮助学生掌握各种阅读技巧,如预测文章内容、跳读、略读、寻读等;另一方面,如果过于追求阅读技巧,就很难保证阅读的流畅性,也无法真正理解文章的内容。此外,学生学习的很多阅读技巧并没有得到真正有效的使用,很多情况下是因为仍然机械地从文章的第一行一直看到最后一行。

学生阅读一方面是为了巩固语言知识,提高阅读能力;另一方面是在理解的基础上获取新知识和新信息。因此,学生应当将"技巧"和"信息"两个因素巧妙地结合起来,运用灵活的技巧帮助自己有效快捷地获取信息,而不是"为了技巧而技巧"。教师也要注意不能仅停留在对阅读技巧的讲解层次上,而是要设计多种有效多样的阅读任务来检查技巧的应用情况,确保阅读技巧得到有效、自觉的使用。

(七)重视文化背景知识原则

学生在阅读时,不仅需要具备一定的语言基础知识,还要具备该文本所涉及的态度、价值观和共有的经历、对行为方式的期待、达到共同目标的方式等外部世界知识。一般来说，学生在阅读那些与自身具有相同文化背景的著作时会相对容易一些。可见，文本的语境和读者的背景知识会影响阅读理解。如果学生能够掌握一定的背景知识，并通过各种技巧激活这些背景知识，就能够弥补中西方文化中存在的语境空白，理解以英语文化为背景的文本。因此，大学英语阅读教学要遵循重视文化背景知识的原则。对教师来说，在备课时要精心选择阅读材料，理解并吃透其中存在的文化语境空白，充当背景知识和文化内涵的传递者，让学生通过一定的渠道了解要处理语篇的文化语境知识，提高学生的阅读理解能力。

四、大学英语阅读教学的方法

大学英语阅读教学的方法有很多种，这里我们从学生阅读的角度来探讨三种教学方法，分别是学生阅读前的教学方法、阅读中的教学方法和阅读后的教学方法。

（一）阅读前的教学方法

学生在阅读前的活动主要包括引出主题、提出问题、交待任务等，其目的是在尽可能短的时间内了解文章的相关信息，激活知识背景，尽快进入文章角色。下面是阅读前的几种主要活动。

1. 激活背景

阅读是读者与作者之间的交互过程。要想真正理解作者的写作意图和言外之意，就要深刻了解作者所处的时代背景，了解作者的文化背景和实践经历。因此，阅读前的背景激活对学生正确理解文章，顺利进行阅读具有十分重要的意义。背景的激活可以通过以下几种方式实现，即提问法、头脑风暴法、概念图法、自由写作法。

（1）提问法

提问是最简便快捷的方式。教师可以设置一些与文章主题相关的问题，学生通过回答，可以激活对课文相关话题知识的了解，同时补充所需的相关图式。

（2）头脑风暴法

头脑风暴是一种常用的背景激活方式。例如，可以通过话题呈现方式，让学生单独回答或小组讨论，充分发挥学生的自主性和想象力，激活与话题相关的各种知识。头脑风暴不仅可以用于背景知识的激活，还可以用于词汇表达等方面的储备。

（3）概念图法

概念图实际上也是头脑风暴的一种方式，不过不是借助提问，而是以某一概念或话题等为核心构建一个可视的语义网络。例如，教师给出文章的核心词语，学生围绕该词语自由讨论，列出与此关键词相关的其他词语，建立一个以此关键词为中心的图谱。

（4）自由写作法

自由写作法也是一种有效激活背景的方式。例如，教师可以在学生阅读之前让其就阅读话题自由写作5~15分钟，写作的重点放在内容上，不必拘泥于拼写、语法等语言形式的准确。学生在写作时要尽量将脑海中的所想全都表达出来，且不要返回检查。学生写完后可以相互分享，丰富相关知识。需要注意的是，这种方法对学生的语言表达能力要求较高。

2. 清除障碍

对于学生而言，词汇可以说是造成其阅读困难的最重要的因素，因此教师在学生阅读前应采用各种形式如对话、故事、图片等对学生进行词汇灌输，清除学生的词汇障碍，从而帮助学生顺利阅读。教师还可以在课前指导学生预习，并布置一些适当的预习题，这样不仅可以使学生明确预习的目标，做到有的放矢，还可以培养学生学习的积极性，同时能为课堂教学的顺利进行做好心理和知识上的准备。

3. 预测情节

阅读情节的预测对于阅读的顺利完成十分有利。通常来说，题目体现着一篇文章的中心，因此教师可以依据文章的题目引导学生去预测课文的内容。此外，教师还可以向学生提供一些文章关键词，给学生充分的想象空间，引导学生大胆预测课文内容，然后通过阅读来验证自己的预测。对文章情节的预测不仅可以激发学生的好奇心，还可以帮助学生巩固已有的知识，培养良好的逻辑推理能力。

（二）阅读中的教学方法

阅读中的教学方法主要涉及以下两个方面。

1. 阅读策略的训练

阅读策略是指帮助学生理解文本的策略。下面我们结合阅读策略的分类，来介绍各种阅读策略的训练方式。

（1）生词处理策略。生词处理策略包括词义猜测和生词跳跃。学生既要在阅读中根据各种技巧猜测词义，也要在遇到生词时灵活跳过，而不是停下来长时间猜测词义。对于教师来说，可以为学生提供与课文中的生词所处同样的语境，让学生运用各种技巧，训练处理生词。

（2）文本阅读。文本阅读是指学生在阅读课文时争取弄懂课文的每个句子与段落。对此，教师要为学生提供需要分析句子结构理解的文章让学生阅读。

（3）选择注意力。选择注意力是指在阅读时要集中注意力。教师可以通过问题提示和阅读控制表来帮助学生在阅读中集中注意某些具体信息。

（4）图式利用。学生在阅读过程中通过文本联系自己已有的知识，可以加深对文章的理解，因此教师可以在文章的相应部分提示学生进行文本与图式之间的联结。

（5）文本利用。这是指学生根据已知信息对文章的深层含义做出判断和推理，弥补空缺信息；利用信息词如 so，but，for example 等判断作者的观点或论点。教师可以根据文章的特点来设计推理问题，在学生完成任务后介绍自己是如何利用上下文信息等进行推理的。

（6）整体阅读。即采用自上而下的阅读模式，将文章视为连贯的整体。教师可以为学生提供一些适合整体阅读的文章，并让学生在阅读后分享自己阅读的感受。

（7）策略调控。这是指根据不同的阅读目的，灵活采用各种阅读策略。教师在阅读教学中要为学生提供风格各异的文章，训练学生不同的阅读策略。教师也可以针对同一文章为学生设计不同的阅读任务，要求采用不同的阅读方式，并让学生介绍分享。

（8）信息分析。信息分析在阅读中是很重要的，学生要区分哪些是事实信息或客观信息，哪些是作者的观点信息。教师可以为学生提供不同类别的信息让其分类，训练其区分信息的能力。

2. 阅读技能的培养

阅读技能从本质上来说是一种无意识行为，学生只有可以无意识地使用某种技能获取信息、理解文本、完成任务，才能算是真正掌握了某种技能。

（1）词义猜测

词义猜测是一种重要的阅读技能，学生在阅读过程中必然会遇到大量的低频生词，而这些生词对理解原文很重要，因此掌握词义猜测策略是很有必要的。培养词义猜测技能可以通过以下几个途径实现。

①通过提问了解学生对单词或短语的理解；

②对有关单词或短语进行替换练习；

③对单词的构成进行分析；

④对单词释义进行分析。

词义猜测技巧对学生的要求比较高，例如，学生需要具有一定的语言水平，具备足够的学科背景知识等，此外还必须掌握足够的词汇量。因此，词义猜测技能需要学生不断地操练，进行大量的实践。

（2）略读

略读是指快速阅读文章以了解其内容大意的阅读方法。略读是一种选择性的阅读，即只注重文章的大意，对细节和例子则无需多加关注。具体来说，略读时可以有意识地略过一些词语、句子甚至段落。有时只需选读每段的首、尾句，有时则只要指出段落的主题句，抓住阐述主题的主要事实或细节即可，无需逐字逐句阅读。下面是一些常用的略读技巧。

①特别关注文章的题目、小标题、黑体字、斜体字以及划线部分。文章题目往往是内容的宗旨，它能很好地帮助我们预测文章的主旨大意。因此，在阅读时要特别关注文章的题目。而黑体字、斜体字和划线部分则是提醒学生这一部分是很重要的信息。因此，在阅读的过程中也应对这些内容加以关注。

②着重阅读段落中的首句和末句。段落的首句往往是主题句，而末句常常是结论句。因此，在阅读的过程中应对段落的首句和末句进行重点阅读。

③留心关键词和关联词。关键词可以反映在特定的场景下谈论的是什么话题，而且关键词大多同文章的主题有关，利用关键词可以推测文章的主题。因此，在阅读的过程中应注意这些关键词。另外，在阅读中还要关注一些关联词。关联词包括很多种，有表原因、递进、顺序、转折等等。通过关联词，我们可以预测下一段与上一段的关系，由此判断作者的思路和观点。

（3）跳读

跳读是为了准确定位详细而又明确的信息，在采用这种阅读方法时，通常需要采取以下几个步骤。

①要理解所提出的问题，然后确定解决问题所需要的信息及这种信息的出现形式；

②根据问题提供的线索，再回到文中去，明确到哪里去寻找所需的相关信息；

③快速搜索，找到所需的相关信息，并对其进行加工处理。阅读问题中要求选出时

间、地点、人物、做事的方式、事情的起因、结局,可以边读边划下来做记录,以便于查找;

④对于一些无关紧要的信息,可以省略不读;

⑤返回到问题中,比较分析问题中的四个选项,确定哪个是最确切的信息。

(4) 扫读

扫读不要求学生仔细阅读整篇文章,只需从上至下迅速搜索所需内容即可。这种寻找文章中的特定信息或特定词组的方法,能有效提高阅读的速度和效率。在扫读的过程中,学生可以忽略那些与题目无关的信息,积极寻找那些与题目要求相关的信息。

(5) 推理判断

有时候所需信息并不能从文章字面意思上看出,此时就需要学生进行推理判断。推理判断要求学生以理解全文为基础,从文章提供的各个信息出发,对文章逐层进行分析,最后准确推断出文章的中心思想。

(6) 信息转换

阅读教学中常采用信息转换的方式来辅助教学,以便使学生加深对文章的印象。在阅读教学中常使用的转换方法有表格、图画、加小标题、流程图、条形统计图、地图、树形图等。这样的转化方式可以将文中的形式信息转化为可见信息,把文章中的信息保留在记忆中,从而加深印象。

(三) 阅读后的教学方法

阅读后阶段是学生对所学知识的巩固和运用阶段,目的是巩固和拓展学生在阅读过程中所学的语言知识,并培养其说和写的能力。因此,阅读后的教学也是一个十分重要的环节。在这一阶段,教师应设计一些与课文内容有关的活动,给学生提供能充分发挥其创造力和想象力的机会,让他们自如地表达读后的感受。阅读后的教学方法有以下几种。

1. 复述

复述的前提是学生对阅读材料有了一个大致的了解,并清除了生词障碍。教师可以让学生根据图片和关键词来复述阅读材料的大致内容。

2. 转述

转述针对的是对话性质的语篇。教师可以引导学生使用第三人称将对话性的语篇转述为描述性的语篇。

3. 填空

设计这一活动时,教师可将课文的大致内容写出,然后留一些空白让学生填写,但学生填写的词汇和短语尽量要有所不同。

4. 写作

写作在这里指的是对阅读材料的仿写和续写。教师可以让学生根据一篇阅读材料写文章的摘要。如果阅读材料是一篇叙事性文章,可以让学生展开想象,对文章中的故事进行续写。

第四节　写作能力

一、大学英语写作教学的目标
关于大学英语写作教学的目标，教育部颁布的《大学英语课程教学要求》中有明确的说明，主要分为以下三个要求。

1. 一般要求
（1）能掌握基本的写作技能。
（2）能写常见的应用文。
（3）能描述个人经历、观感、情感和发生的事件等。
（4）能在 30 分钟内完成不少于 120 个词语的一般性话题的短文，且中心明确，结构完整。

2. 较高要求
（1）能就一般性主题表达自己的观点。
（2）能描述各种图表。
（3）能写所学专业的概要。
（4）能写所学专业的英语小论文。
（5）能在 30 分钟内完成不少于 160 个词语的短文，且内容充实，条理清晰，语句简洁流畅。

3. 更高要求
（1）能以书面形式比较自如地表达个人的观点。
（2）能用英语撰写所学专业的简短的报告和论文。
（3）能在 30 分钟内完成不少于 200 个词语的各类作文，且逻辑性强，观点明确。

二、大学英语写作教学的内容

（一）结构

1. 谋篇布局
谋篇布局对于写作来说是非常重要的。因为结构是写作的基础，学生有必要了解不同体裁、题材文章的谋篇布局，根据写作目的选择适当的扩展模式。但谋篇布局并不是一成不变的，而应根据题材和体裁的不同而不同。在不同的文章中，主题句、扩展句及结论句的作用是不尽相同的。例如，在说明性文章中，主题句的作用是介绍主题，扩展句的作用是以时间、重要性等顺序扩展细节，说明主题，而结论句的作用则是概述细节，重述主题。而在议论性文章中，主题句的作用主要是陈述读者认为正确的观点，扩展句是以说明的顺序扩展细节阐述原因，而结论句主要用于总结和重述论点。

2. 完整统一
文章的完整统一是指所有的细节都服务于主题，围绕主题陈述和展开，所有的信息都要与主题相关，与内容切题。所有偏离主题的句子都要删除，同时保持文章段落的完整性。

3. 和谐连贯

是否连贯和谐是判断一篇文章好坏的标准之一，因此在写作的过程中必须注重文章的连贯性和逻辑性，保证句子与句子之间紧密相连，内容之间衔接流畅，段落与段落之间环环相扣，使整篇文章流畅自然、和谐统一。

保证文章流畅、段落紧密、句子严谨的一种有效方法就是使用恰当的起连接作用的词或词组，这些词和词组的使用可以使行文流畅，并引导读者随着作者的思路去思考问题。此外，过渡语的使用也可以起到增强文章连贯性的作用，但在写作的过程中要注意，过渡语既不能不用，也不能滥用。下面是一些常见的过渡语。

表示并列：and, also, or, likewise, etc.

表示相反：on the contrary, conversely, etc.

表示让步：although, in spite of, despite, etc.

表示比较：similarly, equally, important, in the same way, etc.

表示转折：but, yet, however, nevertheless, while, etc

表示因果：as, since, so, thus, because, for, accordingly, as a result, consequently, for this reason, etc.

表示进一步关系：besides, moreover, furthermore, what is more, in addition, etc.

表示举例或解释：for example, for instance, such as, in other words, that is, in fact, etc.

表示时间或步骤：before, after, next afterwards, finally, first, now, last, second, third, firstly, secondly, thirdly, later, later on, still, then, at that time, meanwhile, when, etc.

表示空间和方向：here, there, next to, beside, near, nearby, along, as far as, to the left (right), in front of, at the back, in the middle, under, above, etc.

表示结果或总结：therefore, as a result, and so, finally, to sum up, in conclusion, in short, in a word, etc.

（二）句式

英语中句式的种类繁多，常见的句式有强调、倒装、省略等，并且每一种句式的变形又是多种多样的。在写作教学中，教师可采用"示范"和"讨论"的方式，让学生进行练习，增强学生对句式的认知，引导学生掌握正确的表达方式。

（三）选词

词语的选择也是英语写作教学的重要内容。选词与个人爱好和兴趣有关，它体现着一个人的写作风格，是作者与读者之间交流的方式之一。词的选择要考虑语域的因素，如褒义词与贬义词的选择，正式词与非正式词的选择，具体词与概括词的选择，形象词的选择以及拟声词的选择等。此外，词的选择要考虑对象和角色等因素。

（四）拼写与符号

拼写与符号主要涉及学生的基础知识，包括单词的拼写和标点符号的正确与否。这些虽是一些细节问题，但对写作有着重要的影响，因此构成了英语写作教学的重要内容之一。因此，在设计写作教学方式和内容时应将拼写和符号这些因素考虑进去，以增强写作教学的策略性和有效性。

三、大学英语写作教学的原则

（一）循序渐进原则

虽然大学生在入学前已经学了多年英语，但其写作水平却不容乐观。当然，英语写作能力的提高不可能一蹴而就，而是一个由简到繁、由易到难、循序渐进的过程。卜玉坤教授曾经提出了"大学英语写作分阶段教学的具体方案"，大致分为以下 10 个阶段。

（1）写简单句。
（2）写复合句。
（3）段落的组成及要点。
（4）段落的发展方法。
（5）文章的文体类别。
（6）文章的结构。
（7）写作步骤。
（8）写作的书面技术细节与修辞手段。
（9）范文分析和题型仿写。
（10）独立撰写实践。

大学英语教师在教学过程中，应当根据学生的实际情况，包括所处的学习阶段以及实际水平进行指导，安排写作活动。

（二）任务原则

传统的大学英语写作教学往往存在教学语言脱离语境、脱离功能的现象，这样造成的消极结果有两个：一是学生虽然可以建构准确的语言形式，但却无法用这些形式得体且完整地表达意义；二是所学语言脱离实际生活，无法调动学生的积极性。而任务化教学可以通过让学生完成一系列的任务达到教学目标，让学生在执行写作任务的过程中充分感受语言形式和功能的关系以及语言与语境的关系。因此，大学英语教学应当坚持任务原则。

（三）综合原则

大学英语写作教学要遵循综合原则。语言的四项基本技能听、说、读、写是相辅相成、相互促进的。写作绝不是单纯的写，也不能单纯的写，而要与其他技能相结合，这样才能使得写作课堂生动有效。例如，通过阅读，学生可以获取信息，并发现自己写作中的问题；通过课堂上的讨论，学生可以相互交流写作的意见，逐步完善自己的写作。可以说，无论是写作前的准备，还是写作后的校对，听、说、读都贯穿了整个写作活动的始终。

（四）采用多种表达方式原则

在英语中，同一个意义有着多种不同的表达方式。丰富的表达手段不仅可以有效弥补学生在语言知识上的不足，还可以提高学生灵活运用语言的能力。因此，在大学写作教学的过程中，教师要鼓励学生采用不同的表达方式。例如简单句"I got up late this morning. I hadn't caught the early bus. I was late for class."就可以采用以下多种方式来表达：

（1）I was late for class because I got up late this morning and I hadn't caught the early bus.

（2）I was late for class. It was because I got up late and hadn't caught the early bus.

（3）As I got up late this morning and I hadn't caught the early bus, I was late for class.

（4）I got up late this morning and I hadn't caught the early bus, so I was late for class.

（5）Getting up late this morning and having not caught the early bus, I was late for class.

（6）The reason why I was late for class this morning was that I got up late and I hadn't caught the early bus.

（7）If I had not got up late this morning and had caught the early bus, I would not have been late for class.

（五）正确对待错误原则

学生在写作过程中出现错误是很正常的，也是不可避免的。教师对待学生错误的态度会直接影响学生写作的兴趣与动机，正确的态度可以激发学生的写作兴趣，反之则会打击学生的积极性。因此，教师应该宽容对待学生写作中存在的错误，鼓励学生在写作中大胆使用新的词汇，这样可避免他们为了追求语言的准确性而回避使用新的语言形式。当然，对那些学生经常或集中出现的错误应当进行详细讲授，以免学生再犯错。

四、大学英语写作教学的方法

（一）选题构思方法

文章的写作离不开构思，构思是写作的前提。选题构思方法主要有以下几种。

1. 思绪成串式

所谓思绪成串式是指将主题写在纸中间的一个圆圈里，一想到与主题相关的关键词就写下来，并画个圈。然后将这些观点进行总结归纳，最后确定写作思路。

2. 自由写作式

自由写作式是指学生在看到题目的同时，大脑就开始围绕主题展开思考，并将头脑中形成的与主题相关的信息及时记录下来。将脑中所想的记录完毕之后，再回头阅读所写的内容，从中挑选出有用的信息，其余的可以放弃，这样写作的思路便打开了。例如一篇题为 How should we spend our spare time 的文章，可用如下方式打开思路：

How should we spend our spare time? Go to a park, fishing, playing basketball, sports, doing homework, reading books, newspapers, magazines, visit friends, go to movies and play computer games? No, it's not good. It is wasting time. We'd better finish the work first. Do some homework…

3. 五官启发式

五官启发式主要是通过所看、所听、所闻、所尝等几个方面去搜寻与主题有关的材料，当然这些方面也没有必要面面俱到。五官启发式常用于描写文当中。例如要写一篇题为 My Best Friend 的文章，就可用以下方式开始。

视觉：He has a round smiling face. He walks slowly for he enjoys talking while walking. He likes to swing his pen in his hand when he has nothing to do with his hands in class. He often makes faces when he's happy. He does his homework quickly and often helps others and me with math problems. He likes to play ping pong with me.

听觉：He whistles a tune when he is alone. He can talk on and on about computer games. Whenever he understands something, he is always saying, "Oh, I know, I know."

触觉：When we play ping pong, I can feel his toughness and strength. And he is quite good at it.

（二）开篇方法

完成对选题的构思，下面就要开始文章的写作了。一般来说，一篇文章的开头要出彩且引人注意，这样才能吸引读者继续读下去。下面我们就介绍几种常用的开篇方法。

1. 开门见山式

开门见山是指在文章的一开始就提出观点，突出文章主题。这是一种很常用的开篇方法。例如：

As food is to the body, so is learning to the mind. Our bodies grow and muscles develop with the intake of adequate nutritious food. Likewise, we should keep learning day by day to maintain our keen mental power and expand our intellectual capacity. Constant learning supplies us with inexhaustible fuel for driving us to sharpen our power of reasoning, analysis, and judgment…

2. 描写导入式

描写导入是指通过描写背景导入正题。例如：

Nowadays college students are seen waiting on tables, cleaning in stores advertising in streets, tutoring in families and doing whatever work they can find. It has become fashionable for college students to do some part-time jobs in their spare time.

上述例子以第一句描写作为引言，然后导入正题。

3. 下定义式

下定义的方法是指在开篇给出必要的解释说明，以帮助读者理解。例如：

Financial crisis, also known as financial tsunami, refers to the dramatic deterioration of the financial indicators of a certain country or several countries and regions in the world. It can be classified as currency crisis, debt crisis, banking crisis, sub-loan crisis, etc. The feature of the crisis is that people are pessimistic about the economic future because of monetary depreciation occurring throughout the region…

上述例子第一句便给出了 financial crisis（财政危机）的定义，然后介绍了它的分类和特点。

4. 提问式

提问式的方法就是通过提问的形式开篇，目的是激发读者的好奇心，吸引读者的注意力。例如：

"Is money all powerful?" If someone asks me such a question, my answer is always the same: No. Money is by no means all powerful...

上述例子通过一个问题开篇，引出主题句，然后简单直接地给出了回答，便于下面详细论述。

（三）段落展开方法

一篇文章有了出彩的开头，下面就要进入正文的具体展开。这主要涉及以下几种段落展开的方法。

1. 按时间展开法

按时间展开就是按照事件发生的先后顺序来记叙一件事，先发生的事件先写，后发生的事件后写。例如：

After lunch, while the other girls were sunbathing, Pat and I returned to the water. Soon cramps spread from my stomach to my legs. Immobilized by pain and fear, I yelled for help. My friend thought l was joking: so she ignored me. However, Sister Theresa came to my rescue when she noticed my plight. She pulled me out of the water and administered resuscitation. When regaining consciousness, I realized how close I had come to death. My experience with near death reminds me every day how close we all are to death in our daily lives.

2. 按空间展开法

这种方法通常是指根据一定的空间方位来进行描写，通常用于一个景物的描写。例如：

One of the most interesting places to visit in Singapore is the bird park. It's located in the industrial area of Singapore, called Jurong. The bird park is about twelve kilometers from the center of the city, and it's easy to get by bus or taxi.

It's one of the largest bird parks in the world. The birds are kept in large cages, and there are hundreds of beautiful birds from many different parts of the world, including penguins, parrots, eagles, and ostriches. There's a large lake in the park, with a restaurant beside it. There's also a very large cage. You can walk into it to get a closer look at the birds.

3. 按分类展开法

这种方法常用于说明文的写作中，通常是将要说明的事物按其特点进行分类，并逐一说明。例如：

In Africa most music is folk music. It plays an important part in people's lives, especially for work, and at festivals and weddings, when people dance all night long.

Indian music is not written down. There is a basic pattern of notes which the musician follows. But a lot of modern music is also written. India produces more films than any other country in the world. It produces musicals too, that is, films with music, and millions of records are sold every year.

In the Caribbean the slaves who were brought from Africa developed their own kind of music. West Indians make musical instruments out of large oil cans. They hit different parts of the drum with hammers to produce different notes. This type of music has become very famous in Britain and is very good music to dance to.

Jazz was born in the USA around 1890. It came from work songs sung by black people and had its roots in Africa. Jazz started developing in the 1920s in the southern states. Soon it was played by white musicians, too, and reached other parts of the USA.

4. 按过程展开法

按过程展开是指文章按照事情发展的顺序进行说明，常用于记叙文的写作中。例如：

Many people like to read the latest news in the newspaper. But how is a newspaper produced so quickly?

Every morning the chief editor holds a meeting with the journalists. After that, journalists are sent to interview different people. Usually they have a face – to – face interview with them. Sometimes they do telephone interviews. At the same time, photographers are sent to take photos which will he developed later. Sometimes they use old photos from their library in order to save time and money. After the reporters hand in their stories, the chief editor will choose the most important news for the front page. Other editors read the stories and make some necessary changes. They also write headlines for each story. Finally, when the newspapers are printer; 'hey are delivered to different places as soon as possible.

5. 按因果关系展开法

按因果关系展开方法常用于说文明的写作中，有时是先描写结果，然后分述原因，有时是既分析原因也分析结果。例如：

I prefer to live in the city for the following reasons. First, I can enjoy colorful life in city. There are always many performances and exhibitions through which I can learn a lot. Second, I can enjoy good services in the city. It is convenient for me to go everywhere, by bike or by bus. Department stores and shops, small or large, can offer me whatever l want. Third, I can have more job chances in the city if I am not satisfied with the present job. It is easier for me to transfer to another.

（四）衔接方法

一篇好的文章不仅要保持内容上的完整，还要保持结构上的连贯性，也就是文章结构条例清晰，层次分明，各个部分有机结合、紧密连接，句子或段落之间不能前后脱节，语无伦次。为此，需要运用一些衔接手段，确保文章结构流畅，衔接自然。常见的衔接手段有使用平行结构、保持名词和代词的人称和数量一致；动词时态一致、使用过渡词语、使用代词、重复关键词语等。

（五）结尾方法

1. 总结式

总结式是在文章结尾处对全文进行概括总结，以揭示主题，加深读者的印象。这是一种最常用的文章结尾方法。例如：

A cartoon combines art and humor. When it is skillfully done, a simple line drawing and a few words can make people laugh. Their troubles seem less important, and they enjoy life more fully.

2. 建议式

建议结尾式主要是针对文中讨论的现象或问题，提出建议或解决方法。例如：

In 1900 there were about 100,000 tigers in Asia. In 1970 when the shooting of tigers was stopped there were just 5,000 left. In India, however, the population of tigers has increased, from 2,000 in 1972 to about 5,000 in 1989. Perhaps the same progress can be made in China.

3. 展望式

这种方法主要是在文章结尾表达对将来的期待，可以很好地提升文章的感染力。

If everyone has developed good manners, people will form a more harmonious relation. If everyone behaves considerately towards others, people will live in a better world. With the general mood of society improved, there will be a progress of civilization.

4. 警示式

这种方法主要是根据文章论点，在结尾处揭示问题的严重性，以引发读者的思考。例如：

If we don't ease our school children' study burden now, just imagine what our children would become in a few years with their eyes short-sighted and their backs hunched, they are nothing but book worms. Therefore, easing our children's study burden is not a necessity, but a must.

第五节　翻译能力

一、大学英语翻译教学的目标

根据《高等学校英语专业教学大纲》的要求，英语翻译教学目标主要涉及以下两个方面。

（1）对六级（相当于第六学期结束）翻译课程的单项要求：初步了解翻译基础理论和英汉两种语言的异同，并掌握常用的翻译技巧，能将中等难度的英语篇章或段落译成汉语，译文忠实原文，语言通顺，速度为每小时250~300个英文单词；能将中等难度的汉语篇章或段落译成英语，速度和译文要求与英译汉相同。能担任外宾日常生活的口译。

（2）对八级（相当于第八学期结束）翻译课程的单项要求：能运用翻译理论与技巧，将英美报刊上的文章以及文学原著译成汉语，或将我国报刊上的文章和一般文学作品译成英语，速度为每小时250~300个英文单词。译文要求忠实原意，语言流畅。能担任一般外事活动的口译。

二、大学英语翻译教学的内容

（1）翻译基础理论。学习翻译基础理论能够帮助学生从宏观上把握和决定组织译文的思路。组织译文的思路正确了，即使有一些小的错误，学生改动起来也比较方便。如果思路不正确，整个译文就要推翻，重新组织。

（2）翻译技巧。翻译技巧就是为了保持译文的通顺，在内容大致不变的前提下；对原文的表现方式和表现角度进行改写的方法。常用的翻译技巧有调整语序、转换词性、正译与反译、增补与省略、主动与被动、句子语用功能的再现等。

（3）英汉语言对比。英汉语言对比不仅要在语言层面的语义、词法、句法、文体篇章上进行比较，掌握其异同，还要对文化层面、思维层面进行对比，以便在传译过程中完整、准确、恰当地传达出原文的信息。

（4）翻译实践。翻译实践实际上就是讲授如何更好地翻译，特别是如何在翻译理论的指导下进行翻译。因此，如何科学、合理地构筑翻译学的理论体系，并尽快将其运用到翻译教学中，也是翻译学研究的重要课题之一。

三、大学英语翻译教学的原则

（一）循序渐进原则

翻译活动应当遵循由浅入深、循序渐进的规律，所选的语篇练习也应该是先易后难。从篇章的内容来看，应该是从学生最熟悉的开始；从题材来看，应该从学生最了解的入手；从原文语言本身来看，应该是从浅显一点的渐渐到难一些的。这样由浅入深，学生学习起来自然会有信心，并且会逐渐培养起对翻译的兴趣与热爱。

（二）题材丰富原则

当今社会需要的是实用型、综合型的翻译人才。因此，为了适应社会各方面对翻译人才的需求，翻译练习的材料应该多样化和系统化。例如，翻译的文体应该涵盖应用文体、新闻文体、广告文体、法律文体、文学文体等。每一种文体练习一段时间，直到学生能基本做到触类旁通，然后进行另一种文体的训练。教师还要对每一种中英文文体的功能和特点进行介绍，以便学生了解，并在练习中加以体现。此外，文体翻译练习并不是单一进行的，可以将翻译中常见的问题与各文体的练习结合起来。例如，某类翻译问题在某种文体练习中出现得比较多，在其他文体中则出现得较少，教师就要及时解决这些问题，将问题的解决与文体语篇的练习结合起来。

（三）培养翻译能力与翻译批评能力相结合原则

教师在培养学生翻译能力的同时，还要注意提高学生的翻译批评能力。批评能力是指要对别人的译作进行客观的评价，既要点评优点，也要批评缺点，还可以对错误的地方进行修正。这样做有利于学习他人的长处，并反思自己的错误，避免以后再犯。因为当学生既然能够对别人的译作进行翻译批评，也就能对自己译作的优劣心知肚明了。

（四）翻译速度与翻译质量相结合原则

翻译教学的目的在于培养学生的翻译能力，不仅包括技巧的掌握，译文质量的保证，还包括较快的翻译速度。因为在实际的翻译活动中，常常会有催稿很急的情况发生，如果翻译速度太慢，可能会完不成翻译任务。因此，在翻译教学过程中，教师要经常提醒学生这一点，有意识地培养学生提高翻译速度。

例如，教师在教学过程中可以经常做课堂限时练习，如英译汉练习的量可以先从每小时200个左右的英文单词开始，以后逐渐增加到每小时250～300个英文单词甚至更多。

此外，对于课后练习也可以让学生尽量在规定的时间内完成练习任务。

（五）注重实践原则

实践性是翻译教学的一个重要特征。尤其是对大学生来说，其毕业后在工作中可能面临各种各样的翻译任务。因此，在学校学习期间，学校和教师就应努力为学生创设各种实践锻炼的机会。例如，可以让学生到翻译公司参与实际的翻译，体验一下实际的翻译过程。这一方面可为学生的学习增添动力，促进他们学习积极性的提高；另一方面还可以为学生进入社会、适应社会做准备，有利于他们毕业后更快地融入社会。总之，教师要认识到，翻译教学不仅仅是技能培养课，而是一个实践性很强的课程体系。

四、大学英语翻译教学的方法

（一）图式方法

图式也就是一些知识的片断，它以相对独立的形式保存在人的大脑记忆中，对言语的理解其实就是激活大脑中相应的知识片断的过程。人从出生开始就在与外部世界接触的过程中逐步认识周围的事物、情景和人，同时在头脑中形成不同的模式。围绕不同的事物和情景，这些认知模式就逐渐形成了有序的知识系统。作为人的头脑中关于外部世界的知识的组织形式，图式是人们赖以认识和理解周围事物的基础。因此，将图式引入翻译教学当中具有十分重要的意义，因为它可以成功地激发学生头脑中与文本相关的图式，使学生对原文有一个正确的理解。

在具体翻译的过程当中，教师可以为学生提供一些语言材料，这些材料需要激活图式才能正确理解，然后要求学生根据这些材料进行翻译。同时，教师要帮助学生记忆语言的形式和功能，调动相关的图式，以帮助他们修正和充实对事物的认知图式。

（二）推理方法

推理是指从已知的或假设的事实中引出结论，是一个相对独立的思维活动。翻译时运用推理策略，能有效增加信息，把握事物间的联系，促进语言的理解。因此，在翻译教学过程中，教师要有意识地介绍给学生一些常用的推理技巧，如利用逻辑词进行推理，根据作者的暗示进行推理，根据上下文进行推理等，以培养学生的推理能力。

（三）语境方法

所谓语境也就是言语环境，包括言语的宏观环境和微观环境。其中，宏观语境包括话题、场合、对象等，它使意义固定化、确切化。微观语境是词的含义搭配和语义组合，它使意义定位在特定的义项上。在翻译过程中，宏观语境和微观语境都要考虑到，只有两者相结合才能准确界定话语的含义。同时，译者不仅要依据自己的语言知识获取句子的意义，还要根据原文语境中的各类信息进行推理、思辨，获取原文作者想要表达的深层意图，进而确定相应的译文，准确表达原文的意思。

翻译中的理解和表达都是在具体的语境中进行的，词语的选择、语义的理解、篇章结构的确定都离不开语境，可以说语境是正确翻译的基础。因此，在具体的教学过程中，教师要引导学生在理解原文的基础上紧扣语境，反复推敲，以达到准确传达原文意义的目的。

(四) 技巧方法

在大学英语翻译教学过程中，教师要注意向学生传授一些翻译技巧，促进学生的自主学习。下面我们就介绍几种翻译过程中常用的技巧。

1. 直译法

所谓直译，就是在不引起错误联想和误解的情况下，在符合译文语言规范的基础上直接进行翻译的一种方法。换句话说，译文仍采用原文的表现手段，句子结构和语序不做调整或不做大的调整。

例如：

Failure is the mother of success.

失败是成功之母。

Hitler was armed to the teeth when he launched the Second World War, but in a few years, he was completely defeated.

希特勒在发动第二次世界大战时是武装到牙齿的，可是不过几年，就被彻底击败了。

Don't lock the stable door after the horse has been stolen.

不要等到马被盗后，才去锁马厩的门。

2. 意译法

意译就是根据原文词语的含义使用意义等同的目的语来表达的一种翻译方法。换句话说，译文会采用新的等效的表现手段，句子结构也可能做较大的调整。这是因为每一个民族的语言都有着不同于其他民族语言的词汇、句法和表达方式，如果采用直译的方法进行翻译，很难使原句的意思表达得贴切明白，因此只能采用意译的方法。意译法不要求拘泥于原文的形式，但强调在保持原文内容的基础上力求名副其实，恰到好处。

例如：Don't cross the bridge till you get to it.

不必自寻烦恼。

Do you see any green in my eye?

你以为我是好欺骗的吗？

I gave my youth to the sea and I came home and gave my wife my old age.

我把青春献给海洋，等我回家见到妻子的时候，已经是白发苍苍了。

Our pianist had fallen ill, and then, at the eleventh hour, when we thought we'd have to cancel the performance, Tom offered to replace him.

在最后关头我们的钢琴演奏者病倒了，当我们以为不得不取消表演时，汤姆表示愿意代替他演出。

3. 释义法

当译入语中无法找到与原文相对应的词语，而采用其他译法又无效时，就可以采用释义的方法进行翻译。所谓释义，就是舍弃原文中的具体形象，直接解释出原文的意思，对原文进行恰当的阐述。采用这种方法进行翻译时要注意释义准确，行文简洁。例如：

Clearly a tug of war over key policies continues between the pragmatic and ideological camps.

不言而喻，注重务实的和强调意识形态的两大营垒还会在重大政策上争吵不休。

上述句子中 tug of war 本意为"拔河",此处指"双方势均力敌,争吵不休",如果直译为"拔河"显然不妥,因此采用释义法。

It's not easy to become a member of that club —they want people who have plenty of money to spend, not just every Tom, Dick, and Harry.

要参加那个俱乐部并非易事——他们只吸收手头阔绰的人,而不是普通百姓。

Tom, Dick 和 Harry 都是英美常见的人名,这里泛指任何人,相当于汉语中的"张三、李四"。因此,这里不适宜直译,只能用释义法。

4. 反译法

所谓反译,就是指将原文的肯定形式译成否定形式或者把否定形式译成肯定形式。英汉语中都有从正面或反面来表达一种概念的现象。而由于语言习惯的差异,英语和汉语的正说与反说在形式上也常有不同。因此,在翻译过程中,有时需要采用反译法。例如:

We must never stop taking an optimistic view of life.

我们要永远对生活抱乐观态度。

1 was denied the chance of going to university.

我没有得到上大学的机会。

Sunlight is no less necessary than fresh air to a healthy condition of body.

阳光和新鲜空气一样对身体的健康是必要的。

Why do you dislike him so much?

你为什么那么讨厌他?

5. 分译法

分译法是指为了使译文更加符合译入语的表达习惯,而将原文中较长的句子成分或不易安排的句子成分另做处理,一般译为短语或独立结构。分译一般分为单词的分译、短语的分译和句子的分译。

例如:

They relentlessly tear at the flowers they see.

他们见花就摘,毫不爱惜。

Her wealth enables her to do everything.

她有钱,什么事都能干。

Their power increased with their number. 他们人数增加了,力量也随之增强。

What can easily be seen in his poems are his imagery and originality, power and range.

他的诗作形象生动,独具一格,而且气势磅礴,题材广泛。这是显而易见的。

The real challenge is how to create systems with many components that can work together and change, merging the physical world with the digital world.

我们所面临的真正挑战是如何建立这样一些系统,它们虽由很多成分组成,但可互相兼容,交换使用,从而把物质世界与数字世界融为一体。

6. 英汉同义法

在英汉两种语言中,有一些谚语无论在意义、形象还是风格上都比较相似,此时可采用英汉同义法进行翻译。这种翻译方法要求译者不仅能准确地理解原文的意思,还要有较深厚的文学功底，掌握一定数量的中、英文谚语，并能熟练地运用这些谚语。例如：

burn one's boats 破釜沉舟

go through fire and water 赴汤蹈火

great minds think alike 英雄所见略同

strike while the iron is hot 趁热打铁

add fuel to the flames/pour oil on the flames 火上浇油

五、结语

通过本章，我们了解到需要掌握英语的五种能力：听力能力、口语能力、阅读能力、写作能力和翻译能力，每一种能力都有其原则，都需要掌握其方式和方法，只有这样，才能用最短的时间掌握一门外语。

参考文献

［1］袁昌寰．中学英语学习策略［M］．北京：北京大学出版社，2004．

［2］郑秋芳．大学英语阅读教学的原则与任务设计［J］．中国电力教育，2012，（8）．

［3］张林．浅析大学英语阅读教学的原则与方法［J］．英语教学，2009，（12）．

［4］鲁子问，康淑敏．英语教学方法与策略［M］．上海：华东师范大学出版社，2008．

［5］何少庆．英语教学策略理论与实践运用［M］．杭州：浙江大学出版社，2010．

［6］林新事．英语课程与教学研究［M］．杭州：浙江大学出版社，2008．

第七章　英语教学的发展

第一节　"因材施教"

近年来，我国大学英语教学在不断地进行改革，并取得了巨大的进步。但不可否认，在我国大学英语教学的改革进程中，仍存在一些问题，其中，大学英语教学改革发展的方向应趋向何处就是一个值得思考的问题。

我国教育部颁布的《大学英语课程教学要求》中明确指出，"我国幅员辽阔，各地区、各高校之间情况差异较大，大学英语的教学应贯彻分类指导、因材施教的原则，以适应个性化教学的实际需要。"实施个性化教学符合我国大学英语教学改革发展的趋势，它不仅可以显著提高大学英语教学的质量，还可以全面提高大学生的素质。本节就对个性化教学及其实施情况进行具体介绍。

一、个性化教学概述

（一）"个性"的内涵

"个性"的概念具有多种学科性，不同的学科对于"个性"的认识也不尽相同。下面就"个性"做一个简单的了解。

就哲学来讲，"个性"是指从一般意义上强调某一事物有别于其他事物的差异性以及个性与共性共同存在的辩证关系。

就心理学来讲，"个性"常常作为一种心理系统来进行分析。

就教育学来讲，"个性"是指建立在生理基础之上，并受社会和文化影响的内心世界。这里的"个性"涉及个体感受的各个方面，例如，一个人的信念、理想、价值取向、思维方式等。它包含个体所具有的一切独特性，反映个体的全部精神面貌以及个体之间稳定特征之上的差异性。在教育学中，"个性"被视作多层次、多维度的心理结构，具体包括心理结构系统，如性格、气质、情感、智力、意志；动力系统，如信念、爱好、兴趣；调节系统，如自我认知、自我调控、自我评价等。

（二）个性化教育及教学的内涵

"个性化教育就是旨在提升学生的优良个性的教育。它有两个基本前提，一是发现并尊重学生的现有个性；二是提供有利于学生个性提升的物质条件。"民主性、社会化、针对性、全面性、主体性是个性化教育的主要特征。

个性的民主性。虽然接受教育的主体千差万别，但是，个性之间是平等的，也是民主的。只有民主才能够让个性更加鲜明，也只有民主才能够更大程度的包容个性。

个性的社会性。个性是社会的单一个体，是社会的组成部分，教育的目的是为了更好地让个性融入社会，服务社会。

个性的针对性。教育教学过程中，因为接受教育的主体是各种各样的，不统一，因此，教育的方式、方法，教学手段都是不一样的。

个性的全面性。为了完成教育学生的任务，社会、学校和家庭，包括学生个人无论是在经济投入上、硬件投入上、还是思想文化建设上，都需要全面投入，从而满足培养人才的需要。

个性的主体性。在教育教学的过程中，个性是课堂的主体，是内容活动的最终指向，"因材施教"的主体就是千差万别的个性。

我国学者认为个性化教学是指"教师以个性化的教学为手段来满足学生个性化的学习需求，从而促进个体人格健康发展的教学活动"。

（三）英语个性化教学的内涵

英语个性化教学就是"教师在教学过程中、在课堂上、在一切教育的时空中，尊重每一个学生的个人价值，最大限度地发展其潜能，以使学生在遵守普遍性原则的前提下，能够真正有效地按自己的行为和思想用英语进行交际"。英语个性化教育十分注重教学活动中教师和学生的平等地位，强调通过师生之间、生生之间的课堂互动和彼此交流，使学生的心理逻辑以及知识逻辑达到内在的和谐与统一，从而使英语学习成为一个呈不断螺旋上升发展的过程。在英语个性化教学中，教师要采用形式多样的教学方法和手段，引导学生进行自主学习，使学生在不断体验和探索中提高英语综合能力。

二、大学英语个性化教学的提出

大学英语个性化教学的提出主要源于以下几个因素。

（一）经济与社会发展的需要

随着我国经济的迅速发展、社会的不断进步以及与国外政治、文化、经济交流的日益频繁，我国对英语人才的需求越来越大，同时对英语人才的要求也越来越高，越来越严格。也就是说，现在人们不仅重视所需英语人才的知识水平，而且重视他们的实际应用能力以及创新能力。可见，经济与社会的发展为大学英语个性化教学的提出起到了重要的推动作用，同时，也为大学生的就业和成才带来了很大的压力与动力。为此，为了适应社会的发展要求，大学英语学习者不仅要注重英语阅读与写作能力的培养，同时要重视听力与口语能力的提高，使自己的英语综合能力得到发展。

（二）教学质量提高的需要

"大学英语教学的改革与发展，从八十年代中期开始，在过去的十几年当中一直实行的是大学英语的规范化教学。就是在统一的《大学英语教学大纲》的指导下和测试体系下，全国所有的高校都实行近似统一规范的大学英语教学。"不可否认，这种统一的教学大纲和测试体系曾对大学英语教学产生过巨大的促进作用。但同时，随着社会的发展，尤其是我国经济、文化、科技等方面的发展，这种规范化的教学也在一定程度上阻碍了大学英语教学质量的提高，局限了教师教学的思维和学生学习的思维，也束缚了大学英语教学的发展。所以，为了顺应我国社会的发展形势，提高大学英语教学质量，在大学英语教学中有必要实施个性化教学。

（三）信息技术的支持

随着我国经济实力的增厚以及对教育的高度重视，各个高校的校园网络建设以及计算机的配备有了很大的发展，这就为学生通过校园网和计算机学习英语提供了必要的物质条件。通过校园网和计算机，学生不仅可以学到听、说、读、写、译等各方面的内容和知识，而且，计算机和互联网络也实现了教学资源和教育资源的共享，不仅能够扩大学生对于未知领域的探索，还可以扩大自己的视野，了解更多课堂上涉及不到的关于英语的内容，更可以培养自主学习的能力。所以，计算机、校园网等信息技术的的发展为大学英语个性化教学的实施提供了有力的技术支持。

三、影响大学英语个性化教学的因素

（一）学生因素

1. 学习模式的转变

学习模式的转变在这里是指从中学学习模式到大学学习模式的转变，这种学习模式的转变是影响学生在大学阶段英语学习的重要因素之一。长期以来，我国大学英语教学一直存在一个严重的问题，即大学英语教学模式与中学英语教学模式相脱节，在中学所采用的模式，与大学所采用的模式不是一脉相承的。在我国，中学英语教学普遍以教师为中心进行教学，教师是课堂的主体，占据着主导地位，学生的任务就是被动地听讲、记笔记、做练习。每周、每半月、月度的考试，反反复复的练习培养了应试教育的人才。所以，在这种教学模式下，大部分中学生基本养成了完全依赖教师的习惯。但是在大学阶段，教师不再是课堂上的主角，教师的任务只是组织和指导学生开展学习活动，学生对于学习的天性自然而然的流露和表现出来，学生成为大学课堂的主要角色，而教师已经淡出了主角的作用，不过，在课堂的开展过程中仍然起着极其重要的作用。两种截然不同的教学模式必然会影响学生的英语学习，也势必会影响大学英语个性化教学的开展。

2. 学习动机与学习兴趣

学习动机是激发学生自主学习的直接动力和内部动力，它对学生的学习活动有着重要的影响，它不仅影响学生学习行为的发生，还影响学生学习的进程以及结果。学习兴趣是学生学习态度的一个重要方面，是学生对所学内容的一种喜好的情感，同时，也是对课堂内容的直接反应。学生对所学知识是否感兴趣，对教学活动是否感兴趣，这些都直接影响着学生的学习情绪和效果。因此，在教学过程中，注重培养学生学习兴趣的同时，也应该注意对学习动机的把控。

3. 学习策略与方法

学习策略与方法是个性化学习的重要组成成分，只有高效运用学习策略和方法才能称得上是个性化学习，才能够在学习过程中事半功倍，取得优异的成绩。学生的学习效果直接受学生学习策略和方法的影响，学生的学习策略和方法直接影响着大学英语个性化教学的实施,而且影响着学生自主学习能力的培养。

(二) 教师因素

1. 教学观念

教学观念是人们对教学和学习活动内在规律认识的集中体现,同时也是人们对教学活动的看法和持有的基本态度和观念,是人们从事教学活动的信念,是人们从事教学活动的指导思想和行动指南。教学观念对教学行为起着重要的指导作用,也就是说,有怎样的教学观念就会产生怎样的教学行为,教学的观念同时影响接受教育的行为。出于各种原因,现在很多大学英语教师还保持着传统的应试教学观念。其中,由于对英语四、六级考试认识的不到位,很多教师将教学的重点放在了应付考试和追求通过率上,而忽视了英语教学的真正目的:提高学生应用英语的能力。这本身是应试教育在大学教育的进一步发展,对于促进教师培养正确的教学观念产生不良的影响。

2. 自身素质

英语教育由于历史的原因,在我国起步较晚,而且起点较低,师资十分匮乏。其中,教师作为教学的关键因素,其自身素质对学生的学习效果、教学质量的提高、个性化教学的开展有着重要的影响。因此,改革开放以来,我国的英语教育在取得迅速发展的同时,尤其强调教师的个人素养。所以,大学英语教师应注意提高自身的整体素质,即不仅要具备传统意义上的专业能力,还要对专业能力进行扩展,不断实现自我提升。

3. 培训机制

大学英语教学的培养机制也是影响大学英语个性化教学的重要因素之一。目前,很多大学中英语教师存在这类现象:工作经历有限、进修机会较少、科研能力较差,这极大地影响了大学英语教学教学水平的提高,自然也就制约了个性化教学的开展,更不利于培养学生的学习兴趣,不利于提升大学生个人的综合素质和竞争力。

(三) 评价体系

教学中的评价体系对教师的教学和学生的学习都有着重要的反馈作用,对教学的质量、个性化教学的实施也有着直接的影响,它是大学英语教学的重要组成部分。但目前大学英语教学的评价体系却存在着诸多的问题,如过分重视终结性评价,而忽视形成性评价;评估手段过于单一;忽略对学生思维能力和创造能力的评价。现行评价体系中的问题严重制约了大学英语教学的进一步发展。

四、大学英语个性化教学的实施

(一) 改变教学观念

1. 树立个性化教学观念

要想实行个性化教学,首先要改变传统的教学观念,树立个性化教学观念,端正教学态度。教师作为个性化教学的实施者,身上担负着重要的人才培养和培育的责任,因为教师的教学观念直接影响着教学的开展,教师的教学观念也往往决定着教学水平的高低。所以,为了保证大学英语个性化教学的顺利实施,教师必须转变教学观念。具体来讲,教师要实现两个转变:就教学目标而言,要从原来的以阅读、写作为主向以听、说为主转变,全面提高学生的语言综合能力；就教学主体而言，要从以教师为主向以学生为主转变。在具体的教学过程中，教师不仅要向学生传授英语知识，同时要培养学生自主获取知识的能力；不仅要让学生掌握学习语言的规律与方法，同时还要引导学生积极思考，培养学生的自主学习能力；不仅要确定学生的主体地位，还要兼顾学生的情感、个性、智力的需求，更要明确自己的主导地位。

2. 摒弃应试教育思想

转变教学观念还包括摒弃以往的应试教育思想，树立以培养学生英语实用能力以及全面发展学生个性为目标的教学观念。长期以来，应试教育一直都是我国教育中的严重弊病，而且存在于我国教学的各个阶段（婴幼儿教育，小学教育，中学教育和大学教育）之中。其中，在大学英语教学中，虽然教育的方式有了改变，不过，应试教育思想依然十分明显，这严重阻碍了大学英语个性化教学的实施。所以，为了大学英语个性化教学更好的实行，必须改变应试教育思想，树立新的评价机制，确保学生的全面发展和成长成功。

（二）教学形式多样化

1. 实施分级教学

在本书的第二章中我们已经提到分级教学，并做了详细的介绍，在这里我们针对个性化教学再做简要介绍。实际上，分级教学也是个性化教学的重要组成部分。分级教学是一种本着"以人为本""以学生为中心"的教学理念，以"因材施教"为原则，全面实施的分级教学。组织入学新生进行分级测试，可以使水平相当的学生进入相同班级，还可以选拔学习优秀的学生。实施分级之后，对不同级别的学生进行因材施教，实施动态管理，这样不仅教师教得轻松，学生也乐于学习；优秀生可以吸收更多的知识，拓宽知识面，差生也可以进一步巩固基础，逐步进步，缩小与优秀生的差距，进而增强自信，增加学习动力。

2. 大班与小班授课相结合

大学英语语言能力主要由两部分组成，即英语基础知识和英语应用能力。如语法、词汇、阅读性的课程等；多以教师的讲解为主，这类课程中即使人数多也不会对教学效果造成太大的影响，所以可适当使用大班的形式授课。而听、说课程多为师生和生生之间的互动，所以这类课程适合采用小班的形式授课。这种大、小班授课相结合的形式不仅可以满足不同性质课程的需求，能有效提高教学效果，而且能大大节省教师的时间，使教师有充分的时间不断充实自己，使自己的教学水平得到提高。

（三）教学手段现代化

传统的教学手段已不能满足大学英语个性化教学的要求，所以大学英语教学中必须引入现代化的教学手段，以利于大学英语个性化教学的实行。

1. 运用多媒体与网络进行教学

现代化的教学手段首先是指在教学中运用多媒体和网络等新的教育技术。多媒体和网络在教学中的应用有着其他教学手段不能比拟的优势，如多媒体和网络可以为学生创造优美的学习环境；可以刺激学生多方面的感官，强化学生的记忆；可以激发学生自主学习，培养学生的自我调节能力；可以丰富教学内容，节省教学时间。为了使教学手段呈现现代化,更好地完成个性化教学任务,各大高校应做到以下几点。

(1) 要为大学英语教学提供教学硬件设施的支持,如增设多媒体教室等,不断加大对于教学硬件设施的经济投入和科技投入力度,让大学生随着社会和技术的发展,享受科技发展的成果,提升自己的学习成绩。

(2) 对大学英语教师进行关于现代化教学设备使用的培训,主要包括多媒体课件的制作以及网络课堂的开设等,从而提升教师在教学过程中操作计算机和进行网络授课的能力,不断丰富教学手段和方式。

(3) 为学生使用多媒体和网络进行英语学习提供条件,使学生有充分的时间进行自主学习,培养学生自主学习的兴趣,提升自我的能力。

2. 注重教学方法多样化

在大学英语教学过程中,教师除了要适当运用多媒体和网络进行教学外,还要注意使用多样化的教学方法,以保证个性化教学的有效实施。具体来讲,教师可采用以下教学方法进行教学。

(1) 不能忽视学生英语基础知识的传授,同时要注重学生综合应用能力的培养,更要做到基础知识传授与综合应用能力培养相辅相成。学生应用能力提高了,有助于其对基础知识的理解和吸收;学生基础知识得到提高,也有助于其应用能力的提高。实际上,英语基础知识并非我们普遍认为的语音、词汇、语法知识,文化知识、学生的经验、学生的形态知识等都属于基础知识,基础知识是一个综合、统一的系统。

(2) 培养学生的自主学习能力、使学生成为独立的学习者是大学英语教学的主要目标之一,而要想实现这一目标,教师除了要教授学生知识外,还要教会学生使用各种学习策略。教师可以通过以下方式来培养学生使用学习策略的习惯。

①明确教师的需求,了解学生正在使用的学习策略以及这些学习策略的有效性。

②选择恰当的学习策略,并对学生加以培训。

③将策略培训与正常的教学活动结合起来。

④准备专门的材料和活动,鼓励学生使用学习策略。

⑤促使学生有意识地将学习策略运用到学习活动中,并逐步使学生养成使用策略的习惯。

(四) 改革评价机制

现行的大学英语教学评价体系存在明显的弊端,严重阻碍了大学英语个性化教学的实施与开展,所以改革大学英语教学评价机制势在必行。大学英语教学评价机制的改革具体可以从以下几个方面着手。

1. 运用多样化的测试手段

(1) 适当采用开卷测试方式。目前很多大学英语都采用闭卷形式进行测试,这种测试客观性试题较多,并不利于学生创造性思维以及使用有效策略解决问题能力的检测。所以,大学英语测试中应适当采用开卷测试方式,同时在开卷试题中加大写作、翻译等主观性试题的比重,以有效测评学生灵活运用知识的能力。

(2) 指导学生进行自我检测。自我检测和评价可以使学生对自己的学习进行有效调控,还可以使学生对自己的学习策略与方法不断进行修正,进而最终获得适合自己的个性化学习策略与方法，为今后的自主学习打下良好的基础。

2. 终结性评价与形成性评价相结合

教学评价是大学英语教学中的一个十分重要的环节，它既是教师获得教学反馈信息、调整教学模式、确保教学质量的有效依据，也是学生了解自己学习状况、调整学习策略、提高学习效率的重要手段。因此，大学英语教学要结合终结性评价与形成性评价，建立客观、全面、科学、准确的评价机制。

具体来讲，大学英语教学评价可针对以下三个方面对学生进行评价。

（1）评价学生的语言综合运用能力。语言综合能力是指听、说、读、写、译等技能，以及这些技能所包含的微技能。教师应从这几个方面对学生进行评价。

（2）评价学生学习策略、方法、步骤的掌握情况。应重点评价学生的观察能力、提问能力、收集与处理信息的能力、猜想能力、合作与交流的能力等。

（3）评价学生的学习态度、情感的养成情况。评价学生的情感和态度并不像评价学生的知识与技能那样直接，而是需要通过一些可观察的指标间接地进行推断。所以，教师在教学过程中应仔细观察并记录学生学习中的点滴表现，以此来了解学生在情感态度方面的状态以及进步情况。

第二节　阶段教育的衔接

不可否认，中学英语与大学英语有着密不可分的关系。而且，无论是《大学英语教学大纲》还是《大学英语课程教学要求》都是以《高中英语教学大纲》和《普通高中英语课程标准》为基础和依据制定的，而且随着高中纲要的改变而改变。实际上，就纲要本身而言，大学英语和高中英语的衔接是比较合理的，但是具体如何衔接，纲要却没有给出明确的答案，这需要在以后的应用实践中逐渐地摸索和磨合。在实际的教学过程当中，大学英语教学与中学英语教学有着明显的断层问题，即应试教育与自主学习模式的严重不同，这十分影响大学英语教学质量的提高，也严重阻碍了大学英语教学的持续发展。因此，为了更好地衔接中学英语和大学英语教学，使大学英语教学得以顺利实施，大学英语教师需要在实际教学过程中仔细揣摩和探索。

一、中学英语教学与大学英语教学的差异

在我国，中学英语教学与大学英语教学存在着显著的差异。主要表现在以下方面。

就教学内容而言，中学英语教学注重英语基础知识的讲授，包括语音、词汇、语法等基础要点的讲解以及听、说、读、写等基本技能的培养。而大学则以语篇为核心，侧重语言交际能力，着重培养学生的综合运用能力，也就是以语用为最终目的，在语篇的教学中不断渗透语言知识要点和语言要素的教学，从而实现语言学习的终极目标。

就教学理念而言，为了寻求不断进步和发展，中学英语教学也不断引进一些新的教学理念和方法，但由于高考本身的束缚，绝大多数学生还是将全部精力放在语言知识的学习上，而对语言的整体特性视而不见。这样培养出来的学生大多语言知识都比较丰富，然而

综合运用语言的能力却很差，很多学生学会了英语这一门语言，但是却不会说，不会写，更别说更高等级的翻译了。相反，在大学英语教学中，教师不再纠缠于细节的讲解，而是针对整个语篇和语用进行比较研究，将更多的精力放在对整个语篇的分析中，对语篇的中心思想、隐含信息、情感态度等进行探讨，而忽略语言细节和要点的讲解。

就教学方法和手段而言，中学英语教学多采用粉笔加黑板的传统方式，而且课堂上以教师为中心，学生只处于被动接受的地位，并且学生的学习对教师的依赖性很大，学生自主学习的能力逐渐被忽视和摒弃，学习的兴趣也逐渐降低，最终失去了对这门课程的兴趣。然而，大学英语教学已摒弃了传统的英语教学方式，多采用多媒体、网络以及其他形式的教学方式，而且教师与学生的主体地位也发生了改变，学生成为课堂的主体，教师的一些教学活动都要围绕学生开展。

这种教学内容、教学理念、教学方法和手段的突然转变，使得学生在生理上和心理上都无法快速适应。这种衔接断层的问题甚至还会使学生产生不明学习目的、缺乏学习动力、学习兴趣不浓、学习效果不佳等问题。而且，中学英语教学与大学英语教学之间的差异远不止这些，所以大学英语教学要想取得好的效果，首先要处理好与中学英语教学之间的衔接关系。

二、中学英语与大学英语教学的衔接

在这里我们重点从以下几个方面来说明中学英语教学与大学英语教学如何衔接。

（一）教学理念的衔接

1. 课程设计一体化

终身教育理论对我国课程改革的启示要求我们以整体观、发展观和国际观来构建学校课程体系。具体而言，即按照不同阶段的目标和要求，可以在不同的学习阶段有不同的学习任务：在初中阶段开设语法、听力、口语、阅读、写作课；在高中阶段开设听力、口语、精读、泛读、写作课；而在大学阶段实施分级教学或开设多种二外教学供学生选择。如此安排课程结构，可有效解决中学英语与大学英语教学的衔接问题，逐步加大深入学习英语这门语言的力度。

2. 培养学生自主学习能力

中学英语教学偏重语言基础知识和语言基本技能的教学，而忽视学法指导，所以，大部分中学生都没能掌握有效的学习策略和方法，缺乏自主学习能力。而进入大学当中，学生也常常不知道学什么、怎样学，即便投入了大量时间和精力学习英语，但由于前期的基础性工作没有做好，导致在大学的学习过程中学习效果不佳。所以，为了弥补学生的这种缺陷，必须积极发挥教师的关键作用，教师在教学中应帮助学生了解掌握学习策略的意义，引导学生如何在学习过程中掌握各种学习策略。此外，在教学过程中，教师还应重视学生的学习过程，关注学生的学习情感和需求，了解学生的个性和学习动机，因为这些直接影响着学习策略的形成与使用。

（二）教学内容的衔接

1. 词汇量要承上启下

对于词汇量的要求，大学英语较中学英语有大幅度的提高，但两者之间却有着重合点，即大学要求掌握的积极词汇恰好就是高中要求全面掌握的词汇。据此，大学英语教师要尽力帮助学生将高中时能够识别的非积极词汇转化为能够掌握并灵活使用的积极词汇。其中，完成这种转化的重要途径之一就是提高原先非积极词汇在教学中的重现率，使学生不断地接触，并牢固掌握。此外，大学英语教师还要对学生已经掌握的词汇有所了解，并积极进行备课，这样才能使自己的教学有效、有针对性地开展。

2. 加强语法教学

我们知道，高中学生普遍较重视语法的学习，而对阅读却积极性不高，而大学英语较注重阅读教学，对语法则没那么重视。这并非是偏差，而是一种转换。但如何实现这种转变，并激发学生的兴趣，使学生积极参与课堂教学是一个值得教师认真思考的问题。我们认为，大学英语教师可以以学生在高中时已经学过的语法知识为切入点，在帮助学生巩固旧的语法知识的同时增添一些新的语法知识，使学生逐步提高。并且，在巩固学生语法知识的同时，逐步把学生学习的重心向阅读上引导。

3. 重视听说能力的培养

我们都深知高中学生忽略听力和口语能力，这并不是由学生决定的，而是迫于高考的压力才会如此，是应试教育的结果。进入大学阶段，学生不再有升学压力，可以有机会将英语学习的重点转向听说能力的培养方面，而这也正是学生学习英语的初衷和兴趣。为了实现学生的这一初衷，教师可以引导学生积极利用和扩大课外学习，如鼓励学生参与英语角、英语电台，组织学生演英语短剧等，这样不仅可以提高学生的听力、口语能力，还可以激发学生学习英语的兴趣。

（三）教学模式的衔接

在中学阶段，教师往往占据着课堂的主体地位，学生多是被动地接受，而在大学中，教师开始退到学生的背后，学生开始扮演课堂的主角。这样的转变是必然的，也是大学英语教学所要求的。但这种转变很难使学生接受和适应，所以在大学英语课堂中，主动发言的学生并不多，而且课堂气氛沉闷的现象依然存在。为了衔接好这种不同的教学模式，使学生接受新的教学模式，大学英语教师应努力做到以下几点。

（1）使课堂教学与课外实践紧密结合，课堂教学重在启发、引导学生积极交流，并为学生留有足够的时间和空间让他们进行语言实践；课外活动要精心设计，要为学生创造良好的语言环境，使他们更加积极自主地学习和实践创造。

（2）开发和引进各种有利于调动学生积极性、培养学生英语能力的教材。

（3）充分利用录音、广播、电视、电影、多媒体、网络等现代教育技术，更新教学手段。

（四）教学评价的衔接

教学评价是教学的重要环节，而且对于教师的教学和学生的学习而言都有着重要的意义。关于评价的方式，现在多主张形成性评价与终结性评价相结合。虽然中学也要求对学生的学习实施形成性与终结性相结合的评价，但受到高考因素的影响，基本上无法实现，考试几乎成了评价学生学习效果的唯一方式。但在大学阶段，这种以形成性评价和终结性评价相结合的评价体系已经形成，而且评价结果更具有信度和效度。"档案袋"是大学英语教师常采用的评价方式之一，通过记录学生的课堂表现、课外活动参与情况、每次测试成绩等，更能真实客观地反映学生的学习情况。

第三节　文化教学

随着跨文化交际的发展，纯语言教学已经不能满足社会发展的需要。如今的语言学习要求学习者不仅掌握语言形式，还要了解和掌握目的语文化知识，并具备实际使用目的语语言的能力。

一、大学英语文化教学的必要性

在大学英语教学中导入文化教学的内容是十分重要的，也是很有必要的。大学英语文化教学的必要性主要体现在以下五个方面。

（一）文化教学是英语教学改革和发展的需要

很长一段时间以来，我国的英语教学只注重语言知识和语法形式，对文化知识对交际的影响没有给予足够的重视，国内很多学生在学习和学会英语后，很多都不懂目的语背景和文化，更不了解深层次的文化内涵。而随着教学的不断发展，新课程教学改革在全国各地展开，新的《英语课程标准》已经明确把培养文化意识作为英语教学目标之一。

随着新课程教学改革的深入开展，英语教学从各个方面都发生了巨大变化，包括教学目标、教学理念、教学方法和评价方法。人们开始逐渐意识到学习外语不仅是掌握语言的过程，同时也是接触和认识另一种文化的过程。

虽然在之前的英语教学中没有将文化教学列入教学目标，但是文化因素始终隐含在英语学习的过程中，无论是语言的表达方式也好，还是语言情境也好，甚至是语言中的文化符号也好，不管是优秀的语言学习者，还是初学者，其英语交际能力都会因文化因素而受到限制。人的语言不同、背景不同，其思维方式、价值观念和人格就会具有不同的风格和特点。所以说，外语学习不仅会拓展学习者的思维方式，还会影响学习者的价值观念和人格结构。

在学习英语的过程中加入文化教学有助于我们从不同的角度来观察和认识世界，更有助于借助文化知识，加强彼此之间的沟通和联系，并以此为媒介，建立一定的关系网。因此，在英语教学过程中，教师要有意识地向学生传授所学语言国家的文化知识，有意识地培养学生对两种文化差异的敏感性，使学生逐步具备文化比较能力，以便能够得体地进行语言交际，进而提高他们的文化素养。

此外，文化教学不仅有利于加强学生的英语语言基本功的训练，还对培养学生的学习积极性十分有利。因为原来的英语教学注重的是单一的词汇、语法教学，当这种情况转变为语言教学和文化教学并重后，教学内容和形式也由单一转为多样，由枯燥转为生动有趣。这样，既能提高学生的学习兴趣和学习的主动性，也能激发教师的工作热情和备课的积极性，两者相互结合，无论是对教师或者学生，都会产生良好的结果和反应。

（二）文化教学是语言教学的一部分

文化教学是英语教学中的一项重要内容。传统的英语教学的中心任务只涉及语言的四大要素，包括语音、词汇、语法和修辞四个方面。但是，这些内容并不是语言学习的全部。因为语言是文化的反映，是文化的一部分，是传播文化的一种媒介。掌握语音、词汇、语法和修辞四个方面这是掌握语言的快捷途径，但却不是最正确的途径。如果我们只懂语言而不了解语言背后的文化，就不能真正、完整地理解和运用语言。语言既是文化的产物，也是文化的一种表现形式，语言的使用要遵循一定的文化规则。换句话说，文化不仅决定思维，也决定语言的表达方式。

综上所述，语言与文化之间的关系很紧密，它们相互影响，相互作用。要想更好地理解语言，必须了解它的文化，语言的产生和发展是建立在一定的文化之上的。反过来，要想理解目的语文化又必须了解它使用的语言，语言与文化是息息相关的。语言渗透于文化的各个层面，是文化不可分割的一部分，因此语言的学习不可能离开文化，外语教学从某个角度来讲就是文化教学。

（三）文化教学是实现运用语言进行交际的关键

虽然说语言能力是交际能力的基础，但是具备了语言能力并不意味着掌握了交际能力。越来越多的人已经认识到，学习一种语言，单纯地学会其语音、词汇与语法知识是远远不够的，还要学习与所学语言有关的国家和民族的历史文化传统和社会风俗习惯。只有这样，才能真正掌握这种语言的精髓，才能保证理解和运用这种语言进行交际的准确性，也才能通过了解其他国家的文化和民族，进而加强对于本民族和文化的热爱和保护。

（四）文化教学是实施素质教育、提高教师素质的需要

了解目的语的文化背景，提高学生的文化知识水平，这无疑是对教师的素质提出的更高要求。

在传统的教育模式中，在应试教育体制下，英语教师在之前很长一段时间内主要抓的是语言基础知识的教授，对文化教学的内容缺乏一定的关注，或者是压根不予关注，这在很大程度上影响了学生的思维模式和学习的模式，从而严重制约了学生的学习思维，局限了学生对于世界和其他民族，包括民族文化的认知，这是极其可悲的。因此，为了更好地实现文化教学，首先应该从英语教师的自身素质抓起。英语教师应该阅读有关文化专题的专著和背景性的书籍，吸收目的语的文化知识，汲取能量，并转化为教育的动力，吸引学生的注意力。只有教师的文化知识水平提高了，才能有效地对学生进行文化教育。否则，教师自身的知识存储量不够，就没有办法给学生传授更多的文化知识。

（五）文化教学是人才培养的需要

随着社会的进步和教学改革的不断推进，培养学生的综合素质成为 21 世纪外语教学的必然趋势。从某种意义上来说，学习一种新的语言，就是掌握一种新的交际技能，了解一种新的民族文化。通过对中西方文化的对比和分析，学生能够客观、全面地认识英语文

化，同时用新的眼光和角度来审视和认识本国文化，进而在国际交往中做到知己知彼，更好地维护好和代表好本民族的利益。只有这样，学生才能具备较强的国际理解力和竞争力，才能在经济建设中起到桥梁沟通作用，积极有效地推进国际间的交流与合作。

文化教学不应该只是单纯地介绍外国文化，还应注意中西文化之间的平衡。在这个平衡中西方文化的过程中，我们既要介绍西方文化中的优秀人类文化，也不能忽视中国文化的精髓，而且应该通过对国外文化的学习，对自己的文化产生更深刻的认识，同时，也要对国外的文化有一个正确的认识。只有这样，学习者在将来才能在适应国外的文化环境的基础上，把我们优秀的文化传统在国外发扬光大，为世界文化的繁荣贡献自己的力量。

二、大学英语文化教学的内容

文化教学的内容大致包括三个方面，即言语文化、非言语交际和交际文化。这既适用于研究不同语言的文化，也适用于同一文化不同层面的研究。在教学过程中，要有针对性地将两种不同文化进行对比研究，这样做可以让学生的认识更加深刻，理解更加透彻。

（一）言语文化

言语文化通常从三个方面来研究，即与语音相关的文化内容、与词汇相关的文化内容以及与语法相关的文化内容。

1. 与语音相关的文化内容

在这个世界上，民族不同或者国家不同，语言自然不会相同。即使是同一种语言在不同的地区或国家都会有区别，在此基础上，我们可以据此判断出说话人的文化特征。比如，虽然英国人和美国人的语言基本上是一致的，但是美国人讲话时多带明显的鼻音，或习惯于慢吞吞地拖出声音，而英国人讲话则没有这一特点。英国英语与美国英语在读音上也有很多细微差别，以元音为例，美国英语中没有英国英语中的双元音/iə/、/uə/、/eə/，相对应的是在前面的元音后加/r/音，例如 beard，hare，pour 在美国分别读成/bəːrd/、/hɛr/、/pɔːr/。这种发 r 音的语音特征就成为美国英语的语言特点，暗示出说话人的美国文化特征。

语音不仅能反映出说话人的区域特征，还能反映出说话人的社会地位特征。如英国的皇家贵族、上层人士，无论何时何地都把讲标准发音（received pronunciation）当成自己社会身份的象征，而普通大众则大都喜欢讲地方方言。如果一个有身份有地位的政府官员讲方言，会显得有失身份。反之，如果一个普通百姓讲标准英语，则会被人笑话。

2. 与词汇相关的文化内容

在语言构成的各要素中，词汇与文化的关系最为密切。存在于不同文化环境中的词汇都承载着丰富的文化内涵。研究这些词汇所蕴含的文化内涵对语言学习具有重要意义。

以颜色词汇为例，在汉语中，红色代表着喜庆，结婚时要穿红衣服，过年要贴红色的对联；但在英语中，red 是一种危险的颜色，短语 to be in the red 就意为"财务赤字"。而且西方人在结婚时穿的婚纱一般都是白色的，代表着纯洁，而中国人则在办丧事时才会使用白色。这种文化碰撞在日常的英语教学中教师要注意渗透给学生，让学生能够从文化内涵的深度来进行理解。

3. 与语法相关的文化内容

语法能够揭示一种语言连字成词、组词成句、句合成篇的基本规律。文化背景的不同就会导致语言的表达方式各异。

一般来讲，英语句子常用各种形式手段连接词语、分句或从句，注重显性接应，注重句子形式和完整，注重以形显义。因此，英语句子结构紧凑严密。汉语造句很少甚至不用形式连接手段，注重隐性连贯，注重逻辑事理顺序，注重功能、意义，注重以神统形，结构简练明快。例如：

On campuses all across the United States, Americans who lectured and studied in China in the 1930s and 1940s today are invigorating our own intellectual life-none of them with greater distinction than Professor John K Fairbank, who honors us by joining my traveling party.

这个例句的英文虽然看起来很长，内含两个定语从句，但它实际上仍然是个简单句，主语是 Americans，谓语是 are invigorating。全句的特点是名词多、介词多、代词多（包括关系代词），围绕着主干结构进行层层搭架。不仅如此，不同的表达方式还能反映出不同民族的思维方式。比如，对范围的描述，中西方存在着截然相反的两种情况：中国人习惯由大到小，西方人习惯由小到大。这不仅体现在时间表达上，也体现在地点位置的描述上。例如：

1988 年 5 月 24 日

24 May, 1988

中国北京市朝阳区立汤路 2 号

No. 2 Litang Road, Chaoyang District, Beijing, China

（二）非言语交际

非言语交际（non-verbal communication）既包括手势、表情等，还包括不同文化对时间、空间、色彩的不同看法以及在听觉、嗅觉、视觉、触觉等感官方面的不同感知特点。非言语交际是文化学习的一项重要内容。

1. 体态语

体态语泛指能传递交际信息的一切表情和动作。体态语的熟练掌握能帮助我们成功地进行跨文化交际。由于不同文化中动作的习惯不同，学习者要加以注意并用心领会。在学习的过程中，我们要有针对性地将中西体态语不同的地方加以强调，让学生能更深刻地理解。

（1）动作一样，意义不同。以"跺脚"为例，在英语中"跺脚"的含义是"不耐烦"，在汉语中则表示"气愤、恼怒、灰心、悔恨"。

（2）意义相同，动作不同。例如，同样要表示"叫别人过来"的时候，中国人习惯把手伸向被叫人，手心向下，几个手指同时弯曲几次；而美国人则会把手伸向被叫人，手心向上，握拳，食指弯曲几次。

2. 副语言

所谓副语言，就是指伴随话语发生或对话语有影响的有声现象。说话时的音高、语调、音质等都属于副语言，喊、叫、哭、笑、叹气、咳嗽、沉默等也可以看作是这一范畴。副语言在交际过程中往往具有一定的含义。比如，将某个字音拉得很长表示强调或暗示，说话口气尖酸表示冷嘲热讽，整句话带鼻音可能表示生气了，压低嗓音表示谈话内容较为机密，说话结巴则暗示说谎或紧张等。

由此可知，所有这些"副语言"都是伴随话语而发生的，对话语有一定影响，或者有某种意义。从这个角度来说，学习掌握这些语言之外的副语言现象能更好地理解说话者的意图。

3. 环境语

环境语是指文化本身所造成的生理和心理环境，包括时间、空间、颜色、声音、信号和建筑等。这些环境因素都能为交际提供信息，所以环境语也能展示文化特性。下面以"时间"为例进行说明。

欧美文化是典型的单元时间文化，他们认为时间是一条线，是单向的，因此在单一时间内只能做单一的一件事。这就决定了欧美人做事习惯严格按明确的时间表进行，并强调阶段性的结果。他们认为时间是有形的，认为"时间就是金钱"，十分注重做事的效率。这与中国的传统时间观念有很大不同。中国的传统文化是典型的多元时间文化，他们认为时间是由点构成的，认为可以在一段时间内同时做多件事情。做事没有明确的时间表，往往比较随意，不看重阶段性结果，只要在最终期限内完成所有任务就可以。他们认为时间是无形的，强调"以人为本"，不是十分讲究做事效率。

认识到中西方对时间的不同态度，教师就要指导学生在今后与英美人士交往的时候要注意这一点，以免产生误会。

（三）交际文化

交际文化主要包括称谓、问候与告别、道谢与答谢、恭维与赞美、委婉语等几个方面。下面简要介绍其中的几个。

1. 称谓

英语中不分职务、职业和年龄的称谓语有 Sir, Madam, Lady, Mr., Mrs., Miss, Ms.。

Sir（先生、阁下）和 Madam（夫人、女士、太太、小姐）是一组对应的敬称语，它们泛称社会上的男女人士，一般不与姓氏连用，它们表达的人际关系不亲密。

Lady 是另一个用于女士的称谓语。

Mr. 和 Mrs. 是英语中一组敬称用语，可与姓氏或姓名连用。Mr. 是对于无职称者或不了解其职称者的称呼，语气正式，关系不密切；Mrs. 是对已婚妇女的称谓，和其丈夫的姓氏或婚礼后的姓名连用。

Miss 一词是对未婚女子的称谓语，语气正式，关系一般，与婚前的姓氏连用。

Ms. 一词是一个女性敬称词，由 Mrs. 和 Miss 两词合成而来，这主要是为了适应西方女性不喜欢公开婚姻状况的情况。对于婚姻状况不明的女性我们可以直接用 Ms.。

2. 问候与告别

英美人的问候不像中国人的问候那么具体，他们不会问对方"吃了吗？""到哪里去？"等问题。他们一般只是简单地说"Hello""Hi""How are you doing?"。对于这种问候，问的人不会太在意对方回答的内容，答的人也不用绞尽脑汁想怎么回答。

英语国家的人结束交谈或访问告辞时所提出的理由总是自己因故而不得不告别，终止交谈或访问不是出于本人的意愿，而是因为其他的安排而不得已而为之，因此总要提出不得不离开的理由，并表示歉意，如"I'm afraid I have to go."。英语国家的人道别时主要是对双方接触的评价，以表达愉快相会的心情。例如：

It's really nice to see you again. Thank you very much, I had a wonderful time with you.

I'm very happy to talk with you.

3. 交谈禁忌

由于中西方巨大的文化差异，因此有一些方面需要特别注意。在跨文化交际的过程中，可能中国人不是很在意的问题在西方人看来却是挑衅或者无礼的表现。经过总结归纳，应该避免的话题包括以下几种。

（1）私人话题。欧美人在进行一般性的谈话之际，除了非常亲近的亲人和密友外，是不喜欢触及个人问题的，比如年龄、职业、收入、婚姻状况、家庭成员的情况。

（2）身体健康的话题。学英语之初就学会了"How are you?"。这句话只是一个问候语，而不是真的对健康问题的询问。所以多数情况下，人们只是用套话来回答，如"Fine, thank you."。但有时这句话也会被用来询问健康问题，这可以通过语调、音调以及说话的方式来判断是问候语还是询问。如果是真正的询问，人们会根据交谈双方的关系和交谈时机来选择是否按实际情况作答。

（3）政治和宗教话题。为了避免在交谈中发生不愉快，在同英美国家的人谈及此类话题时一定要谨慎。在不了解对方的政党倾向时不能乱评论，以免引起意见冲突。英美人也不喜欢别人询问他们的宗教信仰。这些都属于个人隐私，可以拒绝透露给他人，尤其是关系不是很亲近的人。一些与宗教信仰有关的禁忌，比如星期五、数字13等也尽量不要提及。

三、大学英语文化教学的策略

（一）文化旁白

文化旁白是教师在课堂上最常用的方法，也是将语言教学和文化教学融为一体的方法。一般来说，教材所选的课文都有特定的文化背景，可以是作者背景，也可以是内容背景或者时代背景。如果学生不了解或缺乏相关的背景知识，就会影响他们对文章的正确理解，自然也就不能对阅读理解的问题做出准确的推理和判断。

例如，在《大学英语·精读》第三册第三单元 Why I Teach 一文中有这样一句话："Being a teacher is being present at the creation, when the clay begins to breathe."初读这句话，学生会不理解，这时教师就要运用文化旁白的方式来给学生介绍一下文化背景。这句话与《圣经》中上帝"造人"的传说相关。上帝用土造人以后将生命之气吹到这些泥人的鼻孔里，他们才开始有了灵气。文章就是借用了这个传说比喻教师工作的重要性和创造性。

文化旁白除了教师的解说以外，还可以借助图片或实物等实现。例如，对于具有特定文化蕴含的词汇，用语言讲解有时候未必能让学生明白。利用图片，加上旁白，或放映一段影片，既能吸引学生的注意力，又有助于丰富学生的感性认识，促进理解。例如，当涉及美国历史上的"西进运动"时，会有很多描写西部边疆恶劣自然环境的词汇，如

frontier, Death Valley, canyon, grizzly bear 等，这些词汇对中国学生是比较陌生的。这时教师就可以借助相关图片，辅以简单的文字介绍，学生就会很快明白这些词汇的含义，同时也有助于理解拓荒精神的含义。

（二）外国文学作品的鉴赏

这种方式是指在教师的指导下对文学作品进行多角度的剖析，了解人物的情感和不同文化背景人物间的交流和文化冲突。

《大学英语》（外语教学与研究出版社）第四册第三课 Solve That Problem With Humor 第 10 段中的一句话：

Suddenly, the graying pencil-line mustache on Michenner's face stretched a little in Cheshirean complicity. "How very nice of you all to turn out to see me!…shall we go in?"

这里的 Cheshirean complicity 是作者杜撰出来的一个短语，但教师还是要向学生交代一下 Cheshirean 一词的产生背景。柴郡猫（Cheshire cat）是《爱丽丝漫游奇境记》中的一个形象。具体到这句话中是说总督（Michenner）酷似柴郡猫样地咧嘴一笑，把纠察人员及旁观的工人当作是来欢迎他的人，机智地使自己摆脱了困境。

因此，在对外国文学作品鉴赏时，当学生对词汇或深层意思不能完全理解时，教师要及时地为学生讲清出处，帮助学生更好地消化、记忆。

（三）角色扮演

角色扮演教学法可以利用微型戏剧的表演模式。微型戏剧一般只包括 3~5 幕，每一幕都有 1 个或 2 个反映文化冲突的典型事例。让学生通过观察体验剧幕情景，亲历文化休克、困惑和尴尬的情景，寻找造成交际障碍和文化冲突的原因。

在设计角色扮演的脚本时要注意，脚本应该清楚简洁，既要有趣味性，又要有戏剧的张力，而且结局最好是开放式的，语言尽量采用日常生活工作或社交场景中使用的语言。

角色扮演活动中真正的表演时间一般只有 5~7 分钟，而准备的时间通常很长，有时可以达到一小时。角色扮演的主题可以是与来自其他文化背景的人第一次见面、进行国际谈判、在某一个你不熟悉的文化场景中拒绝别人等。

1. 角色扮演的实施过程

（1）介绍。一是介绍角色扮演的目的是让学生练习使用某一策略，鼓励他们尝试新的活动，并从中学会新的知识和汲取新的营养；二是向学生介绍角色扮演发生的情景：时间、地点、人物、事情的发生和经过。

（2）教师给参与的学生提供背景知识，让他们有足够的时间做准备工作。参与的学生既可以是老师指定，也可以是学生自荐。

（3）分配任务。教师让参与的学生开始准备，教师可以适当指导；让观看的学生协助布置表演场地。

（4）表演过程中教师要做笔记，记录下表演者说的要点，以便之后开展讨论。

（5）表演结束后，请观看的学生们思考，在相似的情景中，有没有其他的解决问题的方法。

（6）请学生们回答一系列的问题，让学生们找出角色扮演中出现的问题，并试着给出其他策略。

2. 角色扮演的优势

角色扮演的戏剧活动在文化教学中有很多优势，概括起来有以下几个方面。

（1）使参与的学生在人际交往的场景中清楚地了解相关技能，以及有效的和无效的行为所产生的影响。

（2）教师可以适当地控制表演小组的有效和无效行为。

（3）让学生有机会在真实的场景中尝试使用和巩固新技能。

（4）让所有有意愿的学生有机会感受另一个角色，充分调动学生的学习兴趣。

（四）文化感受

文化感受法是指在给学生补充外语文化内容的同时，对两种不同文化进行对比，从而培养学生对母语文化和外语文化差异性和相关性的认识。下面举例说明。

《大学英语》（外语教学与研究出版社）第三册第四课开始的一段中主人公有这样一句自我介绍：

I have a wife, three daughters, a mortgaged home and a 1972 "Beetles" for which I paid cash.

如果按照中国的国情，有车是一些生活较富裕的家庭才会购买的"奢侈品"了，所以学生会很难理解主人公的境况。因此，教师有必要先向学生介绍一下西方的生活情况了。对于英美国家的人来说，汽车可以说是生活必需品，所以一个家庭有一部车是很平常的事情。主人公特意说了是1972年的Beetles汽车，但是，如果学生仅仅知道Beetles是德国大众产的"甲壳虫"恐怕是不够的。教师要介绍在美国由于此款车体型小、结实、省油，因此是中低收入家庭喜爱的一种车型。介绍完这些必要的文化背景知识，学生对文章中的主人公的生活状况就会更加了解了：他人过中年，又有妻小，房子已被抵押，因此生活比较拮据。

（五）文化讲座

文化讲座是指以班级为单位，以教师为中心，以演讲的方式直接向学生传授有关目的语和目的语使用社团的文化知识策略。文化讲座的适用情况包括以下几种。

（1）文化新领域的可叙述或描述的知识，教师可以通过文化讲座的方式介绍给学生，学生通过讲座掌握总体概况或基本概念的知识。

（2）可通过主题来分类归纳的相关文化事实，教师可以以系列文化讲座的形式来完成。

（3）学生需要掌握的基础知识，或教师即将给学生布置有关文化学习的研究任务，或需要解决某个问题之前，教师可通过讲座来进行传授。

（4）某些学生自学和阅读十分困难的具体文化资料，教师可以通过文化讲座来解决学生因不理解造成的误解。

（5）教师自己搜集或掌握的特有教材，可以通过文化讲座的形式实现教学相长，学生也从中获益。

教师在文化讲座中可以充分控制课题顺序、时间安排，所以能预知教学完成时学生有可能获得的成果。文化讲座是以专题顺序组织的，充分利用教师资源，因此对班额的大小没有严格限制。文化讲座的内容都是汇集教师最新的研究成果和研究方法，以及教师本人的学习心得与体会，能给学生提供许多宝贵的信息资源，让学生在听文化讲座的过程中训练与提高听、写和观察能力。

第四节　情感教学

随着教学改革的不断深入，语言教学中的情感教学变得越来越重要。在教学过程中通过情感交流能够激发学生的求知欲，也会提高英语课堂的教学质量。而且，情感教学的开展能够使学生形成独立健全的个性和人格特征，更好地适应多元化发展的社会。

一、情感教学概述

（一）情感和情感教学

情感是人脑的一种机能，是对客观事物抱有不同好恶而产生的内心变化和外部表现。情感在教学中属于重要的非智力因素。

情感有积极情感和消极情感之分，积极情感包括兴趣、自尊心、自信、强烈兴趣、愉快、惊喜等；而消极情感有焦虑、害怕、羞涩、愤怒、沮丧、怀疑、厌恶等。

体现在学习中，可以说情感是影响学习行为和学习效果的重要因素，它具有以下五种功能。

（1）激智功能。积极的情感往往能有效促进学习者智力技能的发挥，消极的情感往往会阻碍智力技能的发挥和发展，比如，老年人如果经常不开心，很容易健忘和老年痴呆。

（2）动力功能。人的智力因素形成了学习的操作系统，非智力因素构成了学习的动力系统。如果动力系统发挥的作用越大，那么操作系统的效率就会更高，学习效果就会更好；反之，学习效果就会越来越差。

（3）调节功能。情感可以调节学生的自信心和焦虑心情，也能改变学习的节奏，延缓疲劳。

（4）感染功能。教师在课堂上流露出的情感会直接影响学生的学习情绪，如教师说话的声调、节奏和表情等都会让学生产生共鸣。

（5）移情功能。教师的人格品质和行为举止通过情感影响教学效果，学生也会把对老师的情感迁移到所学的学科中来。

总而言之，积极的情感在人们从事学习和探究真理的活动中可起到积极的促进作用，这主要是因为积极情感能创造有利于学生学习的心理状态。实践证明，高效的英语学习必须具备积极的情感。如果学生具有乐观向上的态度，他们在参加语言实践活动时会表现得十分积极，这就使他们获得了比其他人还多的学习机会，从而促进了其对知识的掌握；如果学生具有强烈的学习动机、浓厚的学习兴趣以及大胆的实践精神，那么他们的学习效率将会有很大的提高；如果学生具有充分的信心和坚强的意志，那么他们就会有勇气面对和克服学习中的各种困难。而消极的情感则往往会对学生的学习和探究活动起到抑制阻碍的作用。如过于害羞、胆怯以及过于内向的学生都不利于参与学习活动，也不利于展示自己。

在饱含积极情感的课堂氛围中开展的教学活动就是情感教学。实施情感教学需要教师真正把学生当成教学的主体，采用多种方式加强与学生的沟通和交流，在课堂上建立起一种和谐融洽、轻松愉快的教学氛围，以及互相信任、喜教乐学的师生关系，激发学生的学习兴趣，让学生积极主动地参与到课堂教学活动中来，最终提高教学效果。

（二）情感态度与英语学习的关系

作为课程目标之一的情感态度对英语学习具有十分重要的意义。具体可以从这几个方面来阐述，包括兴趣、动机、自信、意志、合作精神、祖国意识和国际视野。

1. 兴趣

学习兴趣是学生积极认识事物和积极参与学习活动的倾向，是积极学习中最现实和最活跃的成分。兴趣对人的行为有很大的推动作用。我们知道，当我们对某件事情有很浓的兴趣时，它可以让我们拥有最饱满的热情，可以促使我们满腔热情地从事这项活动，将所有的注意力都转移到这个方面上面，从而使工作效率明显提高。心理学研究表明，兴趣对成功的影响占25%，智力占15%；相反，缺乏兴趣对失败的影响占35%，智力却为零。由此看出，兴趣对一个人的成功和失败的作用比智力因素更重要。

在英语学习中，兴趣的作用十分明显，它能够激发学生求知欲，推动其积极学习与研究，获取语言知识、取得言语技能。只有学生从内心里对英语学习感兴趣，在学习活动中的注意力才会集中，思维也会更加开阔、活跃，记忆效果也会随之提高。

由此可见，培养学生英语学习的兴趣是教师要一直坚持、不能放弃的艰巨任务，激发学生的兴趣是教育赋予教师的职责。

2. 动机

动机（motivation）是内部动因（drive）和外部诱因（incentive）结合而成的心理状态，是由自身发动并加以维持的主观原因。一般来讲，内部动因常由自身的迫切需要而引起，外部诱因则常由与需要相应的客观存在而引起。因此，愿望、意向、兴趣能产生动因，目标能产生诱因，两者结合起来便形成了动机。

动机又分为两种：由内部动因进而形成外部诱因的内部动机（intrinsic motivation）和由外部诱因进而形成内部动因的外部动机（extrinsic motivation）。外语学习者对外语学习本身的兴趣和热爱都属于内部动机。有的外语学习者发自内心地喜欢英语，觉得外语语言魅力无穷，因而学习非常努力，这就是内部动机在起作用。这种类型的学习者常常学习更有持久性，不易受外界因素的干扰。相反，持有外部动机的学习者是为了一些外部因素而学习的，如为了通过考试、为了获得文凭、为了受到奖励及出国等。这种类型的学习者，学习一般不能持久，一旦达到目的，便会放弃外语学习。

一般来说，外语学习者内外动机都有，外语教学研究中，也更加重视综合动机的作用。学生具备了外语学习的综合动机，就能在学习中产生最大的积极性。比如，一个学生原来就对外语有兴趣，希望成为通晓外语的人才，同时又认识到掌握外语可以有所作为，能够作为有力工具继续深造，那么他就是具有综合动机的人。

3. 自信

自信是一种积极的情感，是对自身的一种肯定，是对自己成功的确信。通常情况下，自信心强的人对自己的未来有一种积极的心态，认为自己一定能获得成功，不怕面对任何困难和挑战，从而在对待事情的认知上，就比别人更高一等。而自信心不强的人总觉得自己能力不够，达不到应有的标准。

根据心理学有关理论，只有在自信的前提下其他情感因素才会充分发挥作用。换句话说，要想成功，做任何事情都必须要有自信。拥有自信对每个学生都很重要，对学习基础好的学生是这样，对学习有困难的学生更是如此。教学实践证明，只要始终对英语学习有兴趣，并且坚信自己能学好英语的学生，成功只是早晚的事情。

4. 意志

意志是一种心理过程，它主要体现在对于行为的支配上。包括自觉地确定目标，并为目标的实现而支配、调节自己的行动，并在此过程中克服种种困难。

在学习英语的过程中，我们会遇到各种各样的困难，从语音、语法和词汇，到目的语的文化背景，从口语能力、阅读能力的要求，到对于写作和翻译能力的掌握。在困难面前，我们要勇敢地面对，因为学习者的意志在解决困难的过程中尤为重要。

5. 合作精神

现代的教育不是简单的灌输语言知识的过程，还要使学生的各方面能力都有所提升。培养学生的合作精神和合作能力是教育的任务之一。"Team"是团队的概念，不过，更多的情况下都是讲究合作才可以实现共赢，这样的理念已经深深影响到所有人。

随着新的教学方法和教学手段的使用，学生在教学过程中的作用变得越来越主动，而很多的教学活动是需要进行小组互动的，这就涉及学生之间的合作。良好的合作是一件双赢的事情，既能锻炼学生的情商，又能为学生提供更多的学习机会和学习资源。

6. 祖国意识和国际视野

祖国意识指了解祖国、热爱祖国、为祖国的建设和发展多做贡献的精神等情感因素。国际视野指胸怀全人类共同发展的精神。

这些看似与英语学习关联不大的情感因素，实际上与英语学习有直接的关系。深厚的祖国意识和宽广的国际视野对培养学生的跨文化交际能力具有重要的作用。在我国的历史上，特别是建国后，很多旅居国外的莘莘学子和研究者，冲破千难万险回到祖国，投身到国家的建设中来，为了国家的各个方面的建设，立下了汗马功劳，成为我们学习的榜样。因此，在英语教学过程中，不能忽视此方面的思想灌输。

（三）情感态度对英语教学的意义

真正将情感态度作为英语课程目标之一有着重要的现实意义。主要体现在这两个方面。

1. 有助于提高语言学习效果

我们知道，消极的情感严重影响学生学习潜力的发挥。如果学生受消极情感影响太大，教师再好、教材再棒、教法再精彩都无济于事。相反，如果学生有着积极情感（如自尊、自信、移情、兴趣、愉快、惊喜等），他们便能创造有利于学习的心理状态，激发学生求知欲，推动其积极学习与研究，获取语言知识、取得言语技能。布朗（Brown）结合他人和自己的研究成果，得出结论，即情感因素在第二语言学习中具有决定性的作用，凡是不成功的外语学习者都与各种各样的情感障碍有着千丝万缕的联系。

2. 有助于促进学生的发展

从促进学生的发展这一意义上来讲，情感已经不仅仅是语言教学的问题，甚至不是教育本身的问题，也不仅仅是学生的问题，而上升至人的发展问题。过去的英语教学过于强调大脑的理性和认知功能，忽视了非理性方面的发展，比如情感的发展，以至于造成"情感空白"。英语教学也同其他学科一样，应将培养和促进学生的全面发展作为最终目标。教师在教学中要不断激发并强化学生的学习兴趣，并引导他们逐渐将兴趣转化为稳定的学习动机，从而帮助他们树立学习英语的自信心，培养克服困难的意志，理性地看待自己学习的优势与不足，乐于与他人合作，养成健康向上的团队协作品格。

（四）大学英语情感教学现状

情感教学在英语教学中的重要性已经广为人知，但是在实际的英语课堂中，它的实施情况又如何呢？下面就从教师和学生两个方面来具体介绍一下。

1. 教师方面

近年来，由于扩招导致学生人数突增，加上课堂教学借助于先进的多媒体教学技术等客观因素，导致现在的高校大多采用大班授课，英语课的课时安排相对较少，任务加重。为了完成教学任务，教师往往过分强调语言学习的认知因素，如语言点的讲授以及课程进度的完成情况，而情感因素对语言学习的影响就得不到应有的重视。

同时，由于教师自身情况，高校教师平时上课，其他时间都是用于功利性的工作，比如和自身利益相关的论文撰写、发表期刊、专利和科研经费争取等，硬性指标。因此，教师对于授课的重视程度不够。

此外，英语课堂缺乏良好的、互动的课堂教学气氛，不能调动起学生的学习兴趣，学生自信心与情感体验等也无法得到加强。如果课堂的师生没有情感交流，教学就会陷入沉闷、无生气的状态。长此以往，学生对英语学习就会失去兴趣，出现上课心不在焉、无心听讲，甚至逃课等现象，这样就会产生恶性循环，最后学生因达不到要求而产生焦虑、害怕、紧张、怀疑、厌恶等情感问题，从而影响大学英语教学质量。

2. 学生方面

做任何事都要有正确的态度才能有所成就，而现在很多大学生对英语学习缺乏正确的学习目的和态度。学生中的很多人对学习英语的认识还停留在应付考试，通过四、六级考试，或者顺利毕业上。

一直以来，"以教师为中心"的教学模式始终处于主导地位，学生也习惯了这种方式，上课就是被动地听老师讲、记笔记，这样一来，课堂气氛就不可能活跃，学生对课堂活动的参与度也不高。这一方面是因为很多学生心理素质差，在面对教师和全体学生时说英语感到紧张和焦虑，很难主动参与课堂活动；另一方面是因为很多学生的基础知识掌握不牢固，语音语调不标准，词汇量小，语感也较差，所以不敢开口。

此外，即使学生在校期间已经具备了英语应用技能，但当他们真正步入社会时，沟通能力、综合素养都将会对他们的行为产生影响，那些沟通能力不强、综合素养偏差的学生往往缺乏发展的后劲，难以应对多变的环境。

二、大学英语情感教学的原则

情感态度与学生的智力活动有着紧密的联系。虽然情感本身并不是学生直接学习的内容，但却间接地影响着学生的学习活动。因此，在具体教学实践中，教师应掌握以下几个情感教学的实施原则。

（一）寓教于乐原则

寓教于乐原则是情感教学原则体系中的核心原则。它的基本含义是，在教学中教师要充分利用一切教学手段，激发学生的兴趣，使学生带着快乐的情绪学习。换句话说，就是使教学过程在学生乐于学习和接受的状态下进行。这一原则同"乐学"的基本精神十分相符。

有研究发现，当一个人处于快乐的情绪，并且对所做的事情有兴趣时，其智能能够得到最大程度地发挥。这是因为快乐和兴趣是一个人进行智能活动的最佳的情绪背景。教师在贯彻这一原则时，虽然目的在于引发学生的快乐和兴趣情绪，但不能仅仅停留在情绪调节的层次上，而应该以情绪调节为出发点，引导学生向更高层次的方向发展，也就是从"乐中学"向"学中乐"转变，使学生达到最佳的学习状态，也使教学达到最好的境界。

（二）以情施教原则

既然是"情感教学"，自然要"以情施教"。以情施教原则是情景教学中最具代表性的原则。这一原则的基本内涵是，教师在教授知识、技能，发表思想、观点的同时，应伴以积极的情感，以情促知，达到"情知交融"的教学效果。在贯彻这一原则时，教师应善于控制自己的情绪，让自己始终以快乐、激情的情绪面对学生，并通过自己的情操积极影响学生，陶冶学生的情操。

此外，教师还应感性地处理教学内容，以情促知，知情并茂。

（三）移情原则

移情原则是指让学生在学习的过程中得到情感陶冶。心理学研究表明，一个人对人或物的情感可以移情到与之相关的对象身上。古语"亲其师，信其道"就是这个原则的最好例证。在教学中，移情一是指教师个人情感对学生情感的影响，教师的文化水平、教学水平以及道德素质、人格魅力、精神状态等都会对学生起到很大的感染作用；二是学生被文章中人物的情感所影响，为此，教师应引导学生认真体会文章作者写作时的情感，并注意情感的移情，寓情感、思想、美育于英语教学中，让学生学习知识的同时，也受到情感的陶冶。

三、大学英语情感教学策略

（一）建立良好的师生关系

和谐融洽的师生关系能有效促进"以情促知"的教学活动，改变学生以往对教师的恐惧心理，增强其学习的信心与兴趣。教师首先必须与学生建立良好的师生关系。教师只有与学生建立了良好的关系，才有可能进一步了解学生的情感，学生也才有可能愿意与教师交流沟通。此外，教师还应该促进班级建立和谐、融洽、民主、团结、互尊互重的情感氛围。想要建立良好的师生关系，教师可从这三个方面努力。

（1）真诚对待、关心爱护每一位学生。要建立良好的师生情感关系，教师必须具有真诚的品质，发自内心地关心和爱护每一位学生，公平地对待每一位学生，特别是对一些学习困难或缺少自信的学生，教师要多鼓励、多关怀，少批评指责，要相信他们的潜力，切实帮助他们。

（2）完善自身的个性，充分展现个人魅力。教师要得到学生的认可与接受，首先就应具备内在的人格魅力。因此，教师要努力完善自己的个性，使自己拥有热情、负责、真诚、宽容、幽默等优秀品质。在日常工作和生活中，教师要不断提高自身修养，扩展知识视野，提高敬业精神，提升教育艺术，努力成为一个富有个性魅力的教师。

（3）展现教学过程的魅力，提高教学活动的吸引力。教师在教学过程中，要不断联系学生实际，努力让学习贴近生活，这样才能激发学生的学习兴趣，增加他们的情感体验。此外，教师还要努力改进教学活动，使教学过程充满活力和趣味性，这是优化师生情感关系的重要策略。

（二）引导学生积极主动参与课堂活动

受传统"以教师为中心"的教学模式的影响，学生养成了课堂上只是听讲、记笔记的习惯，不习惯参与课堂教学活动，积极性也不高。而大学英语改革要求学生全方位参与课堂教学，参与知识的学习与建构。因此，学生必须打破以往被动的学习方式，积极主动参与到课堂教学中，充分发挥自己的主观能动性，从而提高自主学习能力，更好地适应社会需求。

同时，教师也要起到引导作用。例如，对于发音不准确的学生，教师可安排学生利用课余时间或每学期的第一周专门进行有计划的语音训练，帮助学生纠正发音，帮助学生重新树立起说英语的自信。通过双方的努力，学生参与教学的积极性就会提高，也会有意愿主动在课堂上发言。

（三）帮助学生克服情感态度方面的困难

在语言学习过程中，焦虑情绪是阻碍学生顺利学习的最大障碍。焦虑情绪往往会引起害怕与紧张等消极情绪，这对学生的语言学习十分不利。紧张与害怕的心理继而会分散学生的注意力，随之学生的思考与记忆能力也会逐渐减弱，最终导致储存及输出语言的效率降低，如此恶性循环，将会带来更大的焦虑。因此，教师要帮助学生及时克服这方面的困难，使语言学习上的成功体验与情感的发展相互促进。学生的情感态度往往与他们学习上的成功和失败有密切关系。学习上的成功能够促进情感态度的积极发展，而积极的情感态度又有利于促进学习上取得更大的成功。为更好地帮助学生克服情感方面的困难，教师具体应做到这几点。

（1）保护每位学生的自尊心，不能因为英语没学好就轻视学生，要善于发现学生身上的优点，并让其发扬光大。比如，有的学生学习可能不是很好，但是性格开朗，乐于助人。老师就要适当地表扬他，让学生对教师产生信任和感激，这有利于以后的教学活动。

（2）对学生不要过分苛责，适当降低对学生的学习要求，让学生在体验初步的成功中逐步恢复学习英语的兴趣。学生在学习过程中出现语言错误，一定不要大声训斥，而要学会与他们一起分析错误的原因，并试着修正。

（3）帮助学习困难生找出困难的原因，分析困难的性质及程度，并制订改进计划。认真对待学生的点滴进步，及时进行鼓励，让每个学生都有前进的动力。

（4）利用学生之间的合作，让不同水平的学生组建学习小组，确保学习有困难的学生也能有更多的参与机会。

（四）利用多媒体丰富课堂内容

我们知道，多媒体在英语教学中的作用越来越大，它可以呈现丰富的内容、多样的形式、生动的画面，在教学中展现出非凡的能力。它通过鲜明的图像、有趣的声音刺激学生的视觉和听觉，吸引学生的注意力，使一堂原本枯燥、单调的教学增添了趣味性及感染力，极大地激发了学生的学习兴趣，进而提高了教学的质量和效率。

多媒体网络具有丰富的、开放的学习资源，学生只要掌握一定的网络操作技能，就可以根据自己的需求和兴趣，通过网上检索功能自主选择学习内容、学习方式和学习路径，进行自主学习或与他人进行讨论、交流，开展合作学习。同时，多媒体网络学习资源的交互功能还能及时为学生的学习提供反馈信息，为学生的个性化学习、自主学习创造有利的条件，使学生之间相互帮助、分享学习资源成为可能。

多媒体网络环境下的英语教学能够很好地发挥学生学习的积极性和主动性，真正实现以学生为主体，促使学生情感目标的达成。

（五）充分使用情感性的评价

一直以来，传统的英语教学就侧重于总结性评价。评价的内容也多是侧重对单纯的语言知识结构的考查，重结果、重成绩、重区别与重淘汰。等到这种评价的结果一出来就会出现"悲喜两重天"的情况。成绩好的学生自然是高兴的，回到家也是围绕在一片赞美之声中。而一旦学生成绩不理想，他们便会感到焦虑、自卑和自责，学习的自信心也会因此受到严重打击。而新课程改革倡导对学生学习过程进行形成性评价。具体来说就是通过对学生学习过程所表现出的兴趣、态度、参与活动的程度等进行评价，教师依此可获得可靠的教学反馈信息，对每一位学生的学习起到诊断、激励和强化作用。这种情感性的评价，能让老师、家长看到学生一点一滴的进步和成功，在保护学生自尊心的基础上提高了学生的自信心和对学习的积极性。

在实施课堂教学评价的时候，让学生始终能体会到情感上的鼓励，从而使学生对英语教学减少恐惧心理。比如，学生回答问题后，如果回答很准确，教师要立即给予积极、肯定的评价，如"Very good/Excellent, thank you."等；如不完全正确，也应加以区别对待，对其中正确的部分表示肯定和鼓励，如"That's almost correct. Better than last time."等；如果回答错误，也不要全盘否定，更不能责骂、挖苦、讽刺学生，而要尽可能地挖掘他们的闪光点，如可以说"Your answer is not the right answer to this question, but it's also very important. Thanks."等。

这里尤其要强调的是对待一些英语基础较弱的同学，教师更要多鼓励，多关注，比如，可以为这些学生"量身订做"一些难度比较低的问题，再辅以肯定的眼神或者动作，让学生充分得到一种学习的成就感。

当然，评价的标准还有很多种，比如教师也可以利用小组互评或者是个人自评，让学生充分看到其他学生的长处或者进步。能够得到同龄人的肯定，会使学生获得另一种成就感，有利于积极情感的形成。

（六）开发非智力因素

学生的学习是复杂而漫长的过程，要想提高学生的学习效果，不但需要调动学生智力因素的积极参与，也需要开发学生非智力因素的积极参与。

现代教育心理学认为：一个人成功与否，20%取决于智商，而80%取决于非智力因素。由此可以证明非智力因素在英语学习中所起的重要作用。因此，在教学过程中，教师在开发学生智力因素的同时，还要有意识地开发学生的非智力因素，并使两者有机地结合起来，培养学生将可理解性的语言输入转化为语言应用的能力。美国心理学博士柯尔曼（Daniel Coleman）把情感智商概括为五方面的能力：认识自我情绪的能力，控制自我情绪的能力，自我激励情绪的能力，了解他人情绪的能力以及处理人际关系的能力。教师在教学的过程中，要有针对性地开发和培养学生这五个方面的能力。

第五节　结语

通过本章，我们知道要在教育教学过程中鼓励学生的个性发展，对于学生的学习要采用"因材施教"的原则，根本原因是学生的个性和心理状况是不同的。大学教育不是孤立的，而是和初中教育、高中教育紧密相关的，因此，在教学过程中，要注意阶段教育的衔接。同时，教师还应该注意在教学过程中的文化教学和情感教学。

参考文献

[1] 王鸿江. 现代教育学 [M]. 上海：上海教育出版社，2001.

[2] 张大均. 教学心理学 [M]. 北京：人民教育出版社，1999.

[3] 顾明远. 素质教育的理论探讨 [M]. 北京：中国和平出版社，1996.

[4] 文萍. 心理学理论与教育 [M]. 桂林：广西师范大学出版社，1999.

[5] 任士海. 影响大学英语个性化教学的因素与对策研究——以延边大学英语教学为例 [J]. 延边大学硕士学位论文，2006.

[6] 朱震洋. 高中英语与大学英语教学衔接研究 [J]. 硕士专业学位论文，2008.

[7] 高洪德. 高中英语新课程理念与教学实践 [M]. 北京：商务印书馆，2005.

[8] 严明. 跨文化交际理论研究 [M]. 哈尔滨：黑龙江大学出版社，2009.

[9] 鲁子问. 英语教学论 [M]. 上海：华东师范大学出版社，2009.

第八章 语言教学研究

第一节 语言教学的起源及其理论

一、引言

很多研究者如 Cummins，Brinton 和 Snow，Swamn，Crandall 和 Kaufman，Coyle 以及 Stohler 等都研究了如何通过以内容为基础的语言教学方法来扩大学生的学科知识，增强学生的外语语言能力。Coyle，Hood 和 Marsh 联合撰写的著作《Content and Language Integrated Learning》从理论支撑到课堂实践详细地阐述了该教学模式的独到之处。目前，已有专门的网站（International CLIL Research Jounal www.icrj.eu）探讨以内容为基础的教学模式，由此可见，该教学方法已为大家所认可。

Coyle，Hood 和 Marsh 在他们著作的前言中写到，以内容为基础的语言教学不仅仅是语言教学的一个进步，它更是各学科教学法的一种融合，是当今教育的一种革新，该方法让人们再度思考如何教授所要教的一切。

就像语言教学中的多元智能、语言意识、学习者自主学习等教学模式一样，该模式是全球范围所有教学机构探索知识学习方法的产物。可以说，以内容为基础的语言教学模式是对全球化以及在全球化过程中语言起着重要作用的一种反映，该方法强调学习过程中不同因素的集合，克服了传统语言教学中语言学习和内容学习分离现象。从大的社会背景来讲，当今是知识经济时代，跨学科性普遍存在，该方法顺应这一潮流，其根本动机在于让学习者更广泛地接触语言的各个方面，更好地提高语言和交际能力。

从其本质来讲，以内容为基础的外语教学将意义建构、认知介入、问题求解、高层次的思维以及语言运用和语言学习融为一体。传统语言教学中，聚焦于形与聚焦于义始终处于对立状态，常常是顾此失彼，但在该教学方法中得到融合。Coyle，Hood 和 Marsh 提出 4Cs 架构，认为该方法将学科知识（content）、语言学习和使用的交际能力（communication）、体现学习和思考过程的认知能力（cognition）以及全球文化意识（culture）融为一体。

作为交际教学法的一个副产品，以内容为基础的语言教学法有时又被称作是内容和语言的整合学习，该名称表明学习一门外语或第二语言的最佳环境在于目的语与有意义的内容在课堂中的融合，语言本身既是要学习的目标，同时又是学习某一特定科目的媒介。

到目前为止，语言教学还没有一个为大家普遍接受的定义，但是很多采纳这一教学方法的项目确实都拥有定义 CBI 的共同要素。Leaver 和 Stryker 提议一个以内容为基础的教学方法，就是通过把课程的中心从语言学习本身转移到科目内容的学习来提高语言水平。Short 认为在 CBI 中，语言教师帮助学生通过内容来学习而不是通过传统的语法规则或词汇列表。Dupuy 认为 CBI 是指用目的语教某一科目内容，在这过程中学生既掌握了语言又掌握了科目知识，这是解决很多学生在进修高级外语课程时经历的语言能力横沟的又一种方法。Marsh 认为 CBI 课堂双重聚焦，课堂中第二语言或外语被用作为教与学非语言科目知识的媒介，整个课程的安排不是根据学生必须掌握的语言项目而是根据科目的内容，一个 CBI 的课堂不是真正意义上的语言课堂。在以内容为基础的语言教学中，教学的重点是用学生们要学的语言教一定的内容或信息，学生既是语言学生，同时也是任何所教科目的学生，科目内容是主体，语言学习是附带的。Lyster 和 Ballinger 把语言和内容教学的结合看作是一种教学方法，在该方法中非语言的课程内容，例如地理或其他科学课程通过一种语言媒介来教，而这语言恰好是学生们要学的另一种语言。

可以看出语言教学是一种教学方法，该方法偏离传统的教学方法如听说法等，在语言教学的课堂中内容的学习和语言学习是两个核心的概念。在有些课堂，语言学习是主要目标，在有些课堂内容学习是终极目标，这些都影响他们所选择的模式。

二、语言教学的起源

CBI 并非是一个全新的概念，课堂中语言和内容的结合可以追溯到 20 世纪 20 年代爱尔兰语言学院。然而，作为第二语言或外语的有效教学方法，以内容为基础的语言教学可以被看作为是新来者。在很多项目中，从职业学校到浸入式教学模式再到专门用途英语课堂，这种方法被选择为核心的教学方法。它不但能使学生掌握内容知识还帮助学生掌握了语言，促使它成为一个流行的有效的外语及第二语言教学方法。自 20 世纪 60 年代到 80 年代，CBI 产生于两大源头，即加拿大的浸入式语言教学项目和母语教育中的语言全科型。

1. 加拿大的浸入式语言教学项目

在加拿大，自 20 世纪 60 年代起，浸入式课堂中就运用语言教学教母语为英语的孩子学法语，其主要目的在于为学生们提供丰富的可理解性输入创造一种自然的语言习得环境。浸入式课堂有两种，一种是完全浸入式，而另一种是非完全浸入式。完全浸入式的学生是幼儿园的小孩子，他们从一开始就接受法语的学习，而他们正式接受英语的课堂学习要到三年级，参加非完全浸入式的都是小学生。当这些项目刚刚开始的时候引起了校务委员会、家长以及各级管理人员的极大的关注，因为他们担心会影响孩子母语的学习，大多数成员要求对这些项目进行评估然后再实施。产生争议的另一个问题就是科目内容的比例。

在教学中确实产生了一些问题，例如，这些学生的输入和阅读能力，阅读能力确实很强，但输出能力很弱，如书面表达中的语法的运用、口语表达以及词汇的产出等。然而，总体来讲，浸入式教学取得了很大的成功，它不但使学生学会了目的语的特征而且教会了科目的内容。然而，在两个实验组还是产生了差别，在完全浸入式班上孩子的母语和法语学得几乎是一样的好，但非完全能浸入式的班上学生就没有达到这样的水平。

这些项目得到教师、家长和研究者的高度认可，被称作为是第二语言或外语教学的一盏指路明灯。现在很多国家都启动了浸入式项目，在程度上进行调整以适应各种学习者，成功的例子包括日本、中国和西班牙。

2. 语言全科型

在 1975 年，最初是由英国政府作为语言项目提出以解决操母语者的语言问题的。研究者发现学生在科目学习的课堂上，不能像人们所想的那样有效地使用自己的语言。他们的书面表达仅限于机械的信息交换，但缺少情感的表达，他们需要进一步提高他们的语言能力，例如，理解文本作者的深层目的，能够写出学术论文。因此，研究者建议应该向学生提供机会，训练学生在各个科目的阅读和写作能力，而不只是在相关的语言课堂上训练这些技能。换句话说，所有课堂都应该把发展学生的语言技能作为他们的教学任务之一。支持语言全科型的基本观点是认为在语言学习和内容学习之间有内在联系。

可以想象，第二语言学习者或外语学习者很有可能由于缺乏背景知识或语言能力有限而在使用新的语言时遇到更多的困难。当语言全科型运用于第二或外语教学时，学生可以在一定的语境中学习。这样的课堂会鼓励教师和学生以及学生们自己进行交流。因此，学生有更多的机会想、思考、学习和产出。尽管内容是学习语言的媒介，但在浙西课堂中语言的学习是主要任务，这与传统的课堂有很大的不同。

自英国实行语言全科型项目以来，聚焦于学科领域的阅读以及全课程的写作已经在美国普及起来，特别是阅读、写作和语言艺术的专业。在其他很多国家例如意大利、芬兰、西班牙、中国等，该方法都得到了认可。随着学术领域的巨大发展、人口流动的空前增加，尤其是从一个国家流动到另一个国家，人们需要一门新的语言而不是自己的母语，语言教学作为一种教学方法的地位就得到了加强。

三、语言教学的理论支撑

1. 语言教学是交际教学法的延伸

以内容为基础的语言教学范式并非是革命性的完全崭新的一种理念，相反，它是交际教学法发展过程中派生出的一种教学范式。根据交际教学法的基本原理，增强学习者的交际能力，使学习者最有效地使用新的语言，是语言教学的主要目标。与此同时，使用语言进行交际被看作是学习语言的最佳方法。在这一理念指导下，有意义的交际既是语言教学要达到的目标，也是实现这一目标的手段。从广义上来讲，交际教学法的倡导者竭力推行并实施各种教学项目和教学方法，通过让学习者参与交际事件推动学习者功能语言能力的发展。这就意味着并不存在唯一的标准化的交际教学法，使得教学技巧以及教学程序固定化，从而确保语言教学的立刻成功。事实上，交际语言教学法衍生出大量的分支，它们拥有相同的基本原理，但它们各自又散发出独特的哲学思想，以多姿多彩的方式呈现教学实践。这些分支包括自然法、合作学习、以内容为基础的教学法和任务型教学法。

自 20 世纪 90 年代以来，以内容为基础的教学方法迅速流行起来，并广为人们所接受。该方法认为课堂中当目标语与有意义的内容融合在一起时，学习第二语言或外语的环境是最佳的。因此，在该方法中语言既是课堂学习的目标，也是特定主题内容学习的手段。在以内容为基础的课堂中，教师是通过内容主题而不是语法规则、词汇讲解或语言的功能或情境组织教学。就像交际教学法一样，以内容为基础的教学法也不能固化为一成不变的一种方法。相反，它常被理解为是灵活多变，操作性强，因不同的教学情境和教学需求可以呈现各种不同的典型模式和运用理念。很多研究者，例如，Stryker 和 Leaver 从多个视角来看待这一范式，认为该范式是真正意义上的整体外语教学法，它既是哲学基础，又是方法论体系，同时是单个课程的大纲设置，或者是整个教学项目的理论支撑。这些研究者一致认为语言教学的提议应该满足四个基本特征：

（1）学科内容为核心——课程的核心是学科内容而不是语言的形式、功能或情境；

（2）使用真实文本——所有核心材料应该基本上（尽管不是完全地）选自供讲母语者所用；

（3）获取新的信息——学生应该基于已有的文化知识使用第二语言或外语掌握新的信息并评价新的信息；

（4）适应学习者的具体需求——话题、内容、材料、学习活动应该适应学习者的认知和情感需求，应该与班级的语言水平相适应。

至于什么样的内容适合语言教学，通常认为是初等、中级或高等教育中与学生自己的专业课程相关的某一方面内容。因此，第二语言或外语可以被用作为学习文学、历史、数学、科学、社会研究或任何教育情境，任何教育层次上的其他学科。然而，这并不是唯一的选择。正如有些研究者所说的，内容未必是学术性的。它可以是学习者感兴趣的或对学习者来说是重要的任何话题、主题或非语言的问题。事实上，对学习者来说，只要适合他们的语言水平，在认知层面上对学生来说有难度并能让他们介入的都可以。

在普通教育中，将语言与内容融合起来并不新奇，早在 20 世纪 60 年代加拿大推行的浸入式教学方法就是将语言与学科内容结合在一起。然而，在第二语言习得领域内，语言教学相对来说是一个新来者。20 世纪 80 年代后期才兴起时主要流行于普通语言教育，在整个 90 年代以及新世纪的最初几年语言教学迅速流行起来，扩展到很多领域，参与到各种各样的教育项目中，被加拿大以及美国的很多机构广泛采纳。语言教学不但得到一线教师的青睐，也得到了广大研究者的关注。根据 Grabe 和 Stoller 的观点，支持语言教学的研究来自各个方面，从第二语言习得到控制训练研究，再到教育学以及认知心理学。因此，被报道提供语言教学的理论支撑并非总是严格地局限于语言教与学领域，因为有些论点是典型地被用来支撑更为广泛的学习理论和教学实践。这些理论点可以直接运用于几乎所有层次的语言学习与教学，特别是以学术为中心的背景下。

2. 语言教学是输入假设和输出假设的延续

就第二语言习得研究而言，有些研究者如 Krashen、Savignon、Snow、Wesche，都认为只有当第二语言习得的情景与母语习得的情景相似时，第二语言才能学得最成功。也就是说，当教学的重点是在意义上而不是在形式上，当语言输入处于学生的现有水平或高出一点点，当学生在一种相对轻松的环境下有足够的机会有意义地运用哪种语言的时候。

在第二语言习得研究领域，支持语言教学的研究主要来自于 Krashen 和 Swamn 的后续研究。Crashen 认为，应该向学习者提供可理解性输入，不能通过大量的语法练习迫使学生记忆单词操练语言形式，只有这样第二语言才能习得。依据这一前提，凡是向学习者提供可理解性输入的教学模式应该更有利于学生成功地习得第二语言，因为，学生在用新的语言理解内容时很有可能就掌握了这门语言，而且不断取得进步。语言教学的原理与这些假设一脉相承，因为教学的重点是在学科的主题上而不是在形式上。用 Krashen 的话说，教学点的重点是在"说什么"而不是"怎么说"。因此，总体来说，正如其他一些研究者所提出的，如 Genesee、Larsen-Freeman & Long，在课堂教学中，只有当目的语成为交际的工具而不是分析的目标时，学生的语言习得水平才能达到最高点。

除了理解性输入以外，像 Swamn 这样的研究者也提出要想让学习者提高他们的交际能力，他们必须有机会运用语言进行表达，既要口头表达，也要书面表达。语言教学的理念与此完全一致，在语言教学的课堂中，学生不断地被迫有系统地说出或写出可理解的连贯的内容。这种输出假设，补充了 Krashen 的输入假设，最近被扩展了，提出在课堂中要有意注意相关的语言形式支持内容学习活动。

3. 语言教学是课堂教学研究的发展

除了第二语言习得研究之外，课堂训练研究也支持语言教学中常用的教学模式，例如，合作学习、学习策略教学以及泛读教学研究都可以融合到 CBI 中，取得了显著的效果。

合作学习最易于融合到 CBI 中，因为它与这个范式的目标是一致的。合作学习要求学习小组（4~6 人）一起学习掌握信息，完成不同的任务，这样促使同伴支持同伴指导。在合作学习的不同具体方式中，由 Slavin 提出的理论似乎特别相关。Slavin 认为只有当学生组成学习小组，有着共同的目标，提供潜在的奖励，责任到人，小组内每个人都有机会获得成功，这时学生的学习进步是最明显的。合作学习促使学生更好地合作，激发学生学习的动机，有利于学生具有积极的学习成功的动因，对学校以及学习本身具有积极的态度，提高学生的自尊心。合作学习领域的研究结果表明，通过把语言和科目学习结合起来，学生有机会更多地参与和使用目的语，而且没有压力；此外，合作学习可以给学生自信心，为学生提供一个起点完成认知难度更大的任务。在语言教学的课堂中，鼓励学生相互交流，分享观点，检验假设，建构知识。

当学习策略教学被融合到语言教学中时，其效果也是最佳的。用 Grabe 和 Stoller 的话说，语言教学是语言教学课程内为数不多的真正能提高学生学习策略的方法之一。以内容为基础的课堂中的内容要素提供了广泛而又连贯的材料，使策略教学可以融合到每天的教学活动中并不断地进行操练。这样，语言教学模式不但推动了策略学习的重要性，而且为培养有策略的语言或学科内容学习者提供了课程资源。

根据这些研究者的结论，该领域的研究证实了当学习策略作为内容和语言教学的特征融合到常规的课程中时，策略学习的效果是最佳的。

由于泛读教学是语言教学中不可缺少的一部分，泛读研究中的一些发现也证明了语言教学范式的益处。该领域的研究证明阅读连贯的，有内容的材料可以促进语言的发展和内容的学习。Elley 给出了有力的证据表明，第二语言或外语学习者，如果广泛阅读各类话题，有助于提高他们的听说读写能力，扩大他们的词汇量，获取更多的内容知识以及学习兴趣。在语言教学课堂中，学生阅读与教材有关的大量材料，在很多情况下，提供的材料并不局限于传统的教材内容，而是充分利用从各个源头选来的各种材料，这样促进了学生的自主学习能力的提高。

4. 语言教学是认知心理学研究的拓展

在认知以及教育心理学领域也有大量支持语言教学的研究结果。根据 Grabe 和 Stoller 的研究，在这些领域中，五个潜在的相关的具体研究视角为推动语言教学提供支持。它们分别是认知学习理论、深度处理研究、语篇理解处理研究、动机和兴趣研究等。

认知心理学研究显示当学生接触到连贯的、有意义的信息时，当学生有机会阐述信息时，他们的大脑连接机制就更加复杂，回忆的效果也更好。此外，学习理论的研究也加强了将语言能力发展与内容知识获取相结合的教学方法。根据这些理论，语言教学进一步拓展了将有意义的内容知识与相关的语言学习活动结合起来的教学模式。

深度处理研究也表明连贯的有意义的信息有助于深度知识处理，深度的信息处理促进学习。正如 Grabe 和 Stoller 指出："深度信息处理研究结果与语言教学完全一致，因为，从其定义上来讲，语言教学就是将连贯内容的深度学习与相关的语言学习活动结合起来。这样，深度处理研究就为语言和内容相融合的教学方法提供理论支撑。"

语篇理解处理研究也为语言教学提供了有力的支持，因为该范式的主要目标之一就是通过各种机会学习、理解、阐释各种各样但又相互连贯的内容资源来获得信息，并以各种不同的程序和技巧运用这一信息。语篇理解处理研究表明以更加连贯的主题组织方式呈现的信息更利于记忆，提高学习效果。直接描述或支持文本话题的信息，连接相关话题或领域的信息更容易为学生所掌握和回忆。信息内在关联的不同方式也有助于学生在新的情景下使用该信息。

动机和兴趣研究发现"动机和兴趣部分是因为人们认识到，自己真的在学习，自己在学一些有价值的有挑战性的值得付出努力的东西"。从这个角度来讲，语言教学通过聚焦与学生的学业需求有关的科目内容，或通过聚焦与学生的认知和情感倾向相联系的内容领域企图回应学生的需求与兴趣。研究结果还表明动机越高，对学习越是感兴趣，认为自己很成功很有能力的学生，学习效果越好。此外，这些研究结果还表明，兴趣程度比较高的学生往往会深度阐释学习材料，增强内容信息的连接，能更容易更好地回忆信息。

最后，专门知识领域的研究结果也支持语言教学范式。Bereiter 和 Scardamalia 认为，专门知识是一个过程，在这个过程中学生把他们的知识投资于一连串变得越来越复杂的问题求解任务。当学生接触到越来越复杂的学习任务时，他们的学习就在进步，他们就越加强了内在的动机。

四、语言教学存在的理据

语言教学有三大特征，即注重学科内容、使用真实文本、满足学生的特定需求。首先是注重学科内容，这是 CBI 课程最突出的特征。在语言教学的课堂上，课程的组织总是基于一定学科的内容，例如心理学、电影制作等。这个内容很可能来自于学生参与的一项课程，在课堂上讨论的所有的话题相互关联，这确保了学生所学习的内容是系统的。既然他们在整个一学期或甚至是两个学期只学习一门科目，他们就会对这个科目有深层次的了解，因此有机会以一种复杂的方式处理材料，能够批判性地评价这些材料。

第二特征是使用真实文本。语言教学课堂中使用的文本（或录像或录音等其他材料）主要来自于操母语者制作的。

满足学生的特定需求意味着所选择的内容应该是学生们感兴趣的，也是他们在学术科目的学习或未来的工作中真正需要的内容。而且，所选的内容应该与学生的认知水平以及现有语言水平相关。

根据以往的研究，Grabe 和 Stoller 总结概括了七条采用 CBI 的理据：

（1）在语言教学的课堂上，在学习内容的同时，学生可以接触到大量的语言信息，这附带的语言必须是可理解的，与他们刚刚才学的先前知识有联系，与他们的学习需求相关。在语言教学的课堂上，教师和学生探索有趣的内容而学生同时又介入相关的依赖于语言的活动。其结果，语言学习活动并非是那些人为的或无意义的练习。

（2）语言教学支持情境化学习。课堂中教师教学生一些有用的语言，这些语言拟植入于相关的语篇情境中而不是孤立的语言片段。因此，语言教学的内容与教学相融合，并把它们放置在一个相关并且有目的的语境中。

（3）使用连贯的内容知识容许学生依赖自己原有的知识去学习新的语言和知识。

（4）在语言教学课堂中，学生接触到复杂的信息，参与到有难度的活动中，这会增强学生的学习兴趣。

（5）语言教学本身就有助于策略的学习与运用。

（6）语言教学有较强的灵活性和适应性，可以植入于学科课程和活动程序。

（7）语言教学本身有助于开展以学生为中心的课堂活动。

第二节　语言教学模式的应用

Met 认为语言教学模式是一个连续体，从内容驱动的完全浸入式到语言驱动的主题式非完全浸入式，再到经常利用学科内容以达到语言学习目的的语言课堂。这些模式的差别就在于他们给予语言和学科内容的比重不同。在选择具体模式时，人们应该考虑到各种可能的因素。有些模式在小学阶段特别有效，而有些对于高级学习者更有效。具体选择哪一种模式由很多因素决定，例如语言情境、学生的语言水平、提供的材料以及教学的目标。

← Content-driven			Language-driven →	
Total immersion	Partial immersion courses	Sheltered model	Adjunct courses	Theme based courses	Language classes with frequent use of content for language practice	Immersion

图 8-1　A Continuum of Content and Language Integration

在上述所提及的模式中，有四个最常用：完全沉浸（total immersion）、专业内容依托模式（sheltered subject-matter instruction courses）、辅助式教学模式（adjunct instruction）、主题依托式模式（theme-based courses）。

在完全浸入式的课堂中，主要目标是通过一种语言学习内容知识，教师并不讲授生词和语法点。它强调的是自然环境中有意义的交流。总体来讲，自 1965 年以来加拿大的完全浸入式课程是成功的案例，已证明其有效性。研究报告表明，浸入式课堂中的学生目的语的学习成绩始终胜过传统课堂中的学生。不仅如此，他们的英语语言能力就如同母语课堂中的学生一样。刚开始该模型只用于非常小的孩子，但现在也在高级学习者中使用。

专业内容依托模式通常适用于移居到国外的移民，是第二语言而非外语情境中的典型模式。这些移民得到操母语者的保护。通常课程由学科的专家承担，在教学时他意识到学习者的语言难度。这种模式的主要目标是帮助学生提高语言能力，那样他们就可以尽快地参加主流课程的学习，但必须记住总体的目标仍然还是增加内容知识，该模式也适用于中学以及大学水平的学生。

辅助式教学模式的目的在于帮助学生已经选修的学科内容，但因缺乏所需要的语言能力，该课程帮助学生掌握课程中所需要的语言知识和技能。虽然辅助式教学课程与学科课程具有相同的内容，但这两门课程的重点不同。学科内容的教师把学术概念的理解作为他们教学的目标，而语言教师更多地注重语言技能的培训，例如，用背景知识中所学到的概念改写笔记或完成其他的写作任务。这种模式更多地用于第二语言学习情境而不是外语情境，而且学生们通常处于大学的水平。

主题依托式模式很可能是使用得最广泛的一种模式。它只需要内容在一定的领域中与主题相关，该模式的目的是要提高学生的语言能力而不是增强那个领域的知识，因此，在内容的选择上有一定的自由度，只要学生感兴趣的任何内容都可以使用。通常它有显性的语言教学目的，独立于其他课程，而且很容易操作，它适用于各个层次的学生。

第三节 国内外对语言教学的研究

国内语言教学理论研究可以被分为这几类：对语言教学的引介和评论、语言教学课程建设、对中国大学英语教学的启示。

一、国内对语言教学的研究

首先是对语言教学的引介和评论。在 1994 年，王士先首先将语言教学引入到国内的大学英语教学。他认为给非英语专业的学生开设学术英语阅读具有非常重要的意义，因为学生到了大三时往往没有英语课，这样可以使他们不会忘记英语。此外，学术英语不同于传统的英语课程。因为前者目的在于提高学生在一个特定的领域内的语言能力，扩大他们的知识范围；而后者只是想提高学生总体的语言能力。提高学生学术阅读能力的一个办法就是使用语言教学，于是王士先便介绍了语言教学的起源、模式和在国外的应用。蔡坚探讨了语言教学在第二语言教学中的特征以及理论基础，并且把 Stoller 的 6-Ts 运用于语言教学，即主题（themes）、文本（text）、话题（topics）、关联（threads）、任务（tasks）和过渡（transitions），目的在于把内容学习和语言学习结合起来。主题应该满足学生的需求和兴趣，选择的课文应该让学生进行听说读写，且应该很丰富能确保特定领域语言的变化，应该有某种关联使得文本相互之间很流畅地移动。语言教学中的任务应该根据目的语言的特征进行设计。戴庆宁和吕晔系统介绍了语言教学。首先，他们定义了语言教学，接着介绍了语言教学的起源、理论基础，包括 Krashen 的可理解性输入和脚手架等认知理论。他们提出了语言教学中的三个必备因素，即学科内容、使用真实文本、满足学生的特定需求。廖春红和杨秀松通过对《高等教育中的以学科内容为依托的教学》一书进行评论，介绍语言教学。该书主要阐述三个问题，即如何选择教学模式、如何选择教学内容以及学科内容教师和语言教师分别担任什么角色。影响模式选择的因素有很多，但其中学习者的需求是第一位的，学校的教学目标和教师的教学能力也应该考虑进来。对于教学内容来讲，学生的需求和兴趣是最重要的。通常更倾向于学生们正在学的专业相关的内容，但最好还是在开课之前做一个调查，所选择的内容应该是学生能得到的，也是教师能操作的。至于学科内容教师和语言教师分别担任什么角色，最理想的模式是让语言教师教授学科知识，但由于教学环境和教学要求千差万别，不定的因素也很多。

有研究者在研究如何为英语专业和非英语专业学生建设语言教学的课程体系，雷春林研究如何在商务英语课程中采纳语言教学模式并建立课程体系。在给出定义和理论基础之后，雷春林详细地介绍了六种不同的CBI模式，然而因不同的教学目标、内容和语言不同的侧重点以及语言教师和课程教师的不同角色，这六种模式可以再进一步细分并分别适用于不同语言水平的学生。商务英语可以分为通用商务英语和专门商务英语，前者更侧重于词汇、语法、语篇以及语言基本技能的训练，因此，主题依托式和辅助式的语言教学课程更为可取。专门商务英语课程把商务内容的学习作为重点，而语言只是一种媒介，学习者多为高年级的学生，专业内容依托模式更为合适，因为教学的重点为学科内容的学习，或者说学科内容和语言同等重要。

很多研究者在探索如何在非英语专业大学英语教学中，引入语言教学模式，确保学生为高级学术内容的学习和未来的工作做好准备。章文君为高职院校电子商务专业的学生建立了课程体系，其教学目标包括提高学生围绕某一主题的学术听说读写能力，了解电子商务知识。此外，他们必须学会独立的学习技能，教材由英语教师和专业课程教师组成的团队合作编写，在课堂上向学生提供电子商务的信息，鼓励他们用英语获取并说出或写出电子商务相关的内容。评价包括用英语进行的电子商务知识测试，以及在公司实习的成绩。顾忆华通过对比语言教学和ESP的教学原理认为，在高职院校中可以将辅助式模式和主题依托式融合起来。当前有些学校开设了ESP，但还是有很多问题，例如缺乏具体的教学目标，课堂仍然是以语言为中心，课程并不是必修课等。当ESP课程中融入语言教学模式，学生有两种课程聚焦于相同的内容。专业教师教授专业内容，语言教师教授理解专业内容时所必需的学术语言。此外，所有的话题都是主题上相关的，语言课程和学科内容课程都是必修的。陈冬纯提议根据语言教学和ESP的原则为财政与金融专业的学生建立课程体系，建议对于英语水平比较高的学生大学英语学习可分成三个层次：通识西方文化学习、财政与金融综合英语教学、实习。对于语言能力较弱的学生可以首先进行基本的语言技能培训。陈剑波和叶瑞娟根据语言教学模式的连续体将大学英语教学分成7个层次：综合英语语言技能培训，学生运用语言能力训练、提升学生语言和文化的课程、不同学科的英语课程、ESP课程、双语课程和完全浸入式课程。这些课程对于内容的重要性各不相同。在完全浸入式的课程中，内容学习是主要的学习目标；而在综合英语课程中，语言学习是最重要的，内容只是信息的载体。中国的大学英语教学应该从以语言为中心的教学模式向以内容为中心的教学模式转移，至于选择哪一种教学模式要考虑到学生的第二语言水平、大学的性质以及地区等变化因素。

有研究者研究了语言教学模式对大学英语教学的启示。在分析了渥太华的完全浸入式课堂之后，俞理明和韩建侠给出了如何在中国进行双语教学的建议。他们认为只有当学生的语言水平达到一定的程度后双语教学效果才能显现，全真的语言环境相当的重要，当前中国应该花大力气培训教师，鼓励学科内容教师与语言教师合作以确保完全浸入式的课堂的成功。王蒙提议学生通过了大学英语四级考试就应该进行语言教学课程的学习，尽管培训学生的学术能力是大学英语教学大纲中的一部分，但很多高校并没有重视，只看中大学英语四级考试，其结果是导致学生随后的语言学习兴趣不强。为了完成教学大纲提高学生的学习兴趣，王蒙建议在英语四级考试结束以后学科内容的学习应该占主导，学习材料应该是学生能够得到的真实文本，主题依托式的教学模式是最理想的。蔡基刚也建议根据语言教学原则建立以学科内容为基础的英语课程，使学生很顺畅地从基础英语教学课堂过渡到 ESP 课程中，使他们具有用英语表达特定领域知识的能力，同时扩大该领域的知识面，通过列出具体的学习目标激发他们学习英语的兴趣。以学科内容为基础的英语课程不同于双语课程，因为双语课程的主要目的是帮助学生掌握特定学科领域的系统知识，这也不同于学术英语课程的目的，它是帮助学生学习特定领域的词汇、语法和语篇结构。以学科内容为基础的教学是训练学生的学习技能，所学内容主要选自某些学科，但并非像学术英语课程那么专业。

二、国外对语言教学的实证研究

Kasper 可谓是拓荒者，做了很多研究，通过设计语言教学提高移民的语言能力，特别是阅读能力和学术认知能力，帮助他们从预科班顺利地过渡到主流课程。在证明了以学科内容为基础的英语作为第二语言的阅读教学可以提高学生的语言习得和内容学习之后，Kasper 进一步调查了不同语言教学模式对学生阅读理解能力的影响，即单项内容阅读课程、双项内容阅读课程，它们分别对学生从预科班过渡到主流课程中起到了推动作用。在单项内容阅读课程中，学生阅读心理学方面的材料，心理学是主流课程之一。在双项课程中，学生不仅要阅读这些文本，还要参加一门主流课程，在这个课程中所有的材料与主流课程相对应，这些课程替代了常规的英语作为第二语言的课程。

两个实验组的内容都集中于心理学，材料选自论文集《快乐心理学》。实验班上学生学习话题的顺序与主流导论课程一样，而控制组学生阅读诸如《老人与海》这类的文学作品，主流课程班的同学使用的课本为《心理学：导论》（第 7 版）。实验持续了两个学期。在这期间，三类学生每周都是三个学时，合计 36 个学时。所有学生都来自 Kingborough 社区大学，他们的种族、文化以及语言背景各不相同，英语是他们的第二语言，但他们的阅读能力都很强，他们中所有的人都想获得两年制的大专学历，绝大多数同学还打算继续深造，获得高层次的学历。

为了更好帮助学生理解学科内容，同时掌握较好的语言技能，课堂的活动涉及读写以及视听说。课堂的组织就如同典型的阅读课堂，包括课前预读、课堂在线阅读和课后阅读活动。在课前预读中学生和老师一起通过熟悉相关词汇、澄清相关概念了解背景知识，在这个阶段鼓励学生记笔记，然后将它们运用于读后的写作活动中，例如，缩写、开放性理解问题的回答、论说文作文。学生可以从他们的同学和老师那里获得反馈，最终学生们通过看视频来提高学习效果。

第八章 语言教学研究

实验结束后，两个实验组连同控制组一起参加期末考试，该考试由反映不同认知水平的 7 个开放性的问题组成，学生被要求通过阅读一页或两页的阅读文章来回答问题。整场考试持续 2 个小时，目的是检测学生总体的阅读理解能力，学生必须达到 70 分才算通过考试。

结果表明，两个实验组在总体阅读成绩方面明显地优于控制组。单项内容课程组的同学通过率为 72%，双项组的通过率为 81%，控制组的只有 45%。研究者还注意到双项和单项内容课程模式对学生的阅读成绩产生相同的效果。就内容知识而言，研究者发现，除了阅读成绩提高外，双向组的学生与主流课程班本族语者的同学成绩一样。在心理学导论的期末考试中双项组同学的平均分为 79.9，而主流课程班的平均分为 79.4。换句话说，双项内容课程班不但提高了学生的语言水平，而且还提高了他们的内容知识。

作为一项先导研究，该研究证明了语言教学可以提高学生的总体阅读理解能力，不同的模式可以产生几乎相同的影响。同时，学生的学科知识可以提高到与本族语者相同的水平。当然，如果该项研究调查高水平与低水平学习者之间的通过率，研究的结果将更有启发意义。

继 Kasper 的研究之后，Song 调查了 CBI 对学生的读写能力、保持率以及毕业率的中期和长期影响。就像 Kasper 所做的研究一样，这项研究也是在纽约城市大学中 Kingborough 社区大学进行的。参加者共计 770 人，其中半数为实验组，半数为控制组，课程的内容也是心理学，检测对学生的读写能力的中期影响的持续期为一个学期，检测长期影响的持续期为 4 年。

结果表明，就语言教学对学生的读写能力的中期影响而言，实验组的同学胜于控制组，46 位同学（11.9%）考试没有通过，而控制组中有 116 人考试没有通过，数据有意义。就长期影响而言，结果表明，当学生成功地通过考试毕业之后，实验班上有 235 人通过所要求的阅读测试，而控制班只有 206 人通过考试，研究者还发现实验组的同学毕业率也比控制班的要高。

该研究证明了语言教学对提高总体读写能力的中期和长期影响。虽然该研究没有直接调查语言教学对学生的学术读写能力产生影响，但该项研究确实反映出他们的学术成绩一定有很大的提高，因为他们比起控制班更加顺利地进入主流课程，而且更顺利地毕业。遗憾的是，就像 Kasper 的研究一样，该项研究没有调查不同语言能力水平的学生取得进步的差异。

Paszylk 也进行了一项实证研究，证明应该以适当的方式将读写融合到以学科内容为基础的教学环境对学生的学术读写能力会产生影响。该项研究是一个个案研究，实验班 17 名学生，来自文理学院国际关系专业，控制组 35 名，也是国际关系专业，他们是随机从大二的学生中选出的。这些学生中的大多数人都来自一个国家，中学时期都是接受相同的课程，他们的年龄都为 20～21 岁。也就是说，他们在年龄以及教育背景方面具有可比性。

实验班与控制班最大的不同在于除了选择真实文本以及相关主题的材料以外，实验班的写作任务是系统的文本编写。除了要写出阅读材料的概要以外，还向学生提供两篇同类话题的阅读材料，让学生们进行讨论，分别列出两篇文本之间的相似之处和不同之处。以原文作为标准评价学生的写作，这样的比较与对比促使学生们深度阅读材料，并训练他们批判性阅读技能，促进学生的认知能力的发展。在实验班，学生们还要完成难度更大的任务，例如，改编从因特网上选择的材料设计填空练习、阅读理解问题以及正确与否问题。控制班的同学就按照常规的外语课堂教学程序进行，教材选自 Think FCE 和 Fast Track to FCE，课堂中的教学重点在语法准确性的训练、填空等这样的阅读理解题、正确与否的判断题以及多项选择问答题。在授课课程中，学生被要求按照传统的方式进行扩写。

最终被用来检测学生学术阅读与写作能力的测试取自于剑桥大学的 ESOL test 和 IELTS。语法测试卷取自于高级英语证书中的 Use of English 测试。两组学生都进行了前测和后测。整个课程持续两个学期，每周学生有 90 分钟的面授时间。

研究结果表明，前测两组在学术性阅读、学术性写作以及语法准确性方面没有显著差异，但后测反映出显著差异，实验组的同学在学术性阅读、学术性写作以及语法准确性方面分别提高了 21%、24% 和 18%，而控制组的学生分别是 1%、-1% 和 4%。这表明将读写融合到以内容为基础的语言教学中可以提高教学方法的有效性。

该实验的创新之处在于让学生对两篇相关的阅读材料以书面的形式进行比较和对比完善了读写任务。在阅读部分，有些任务让学生以合作方式设计阅读理解问题，使他们发挥主人翁的角色，该研究证明这些任务可以有效提高学生的学术性阅读、学术性写作以及语法准确性。然而，该研究没有能够调查学生总体的英语能力的变化，也没有跟踪检测这些任务对不同语言水平的学生的影响。也许有些语言能力不强的学生发现很难跟上这种教学方法，不能完成这些任务。

Tsai 的研究将学生的总体英语能力的变化、学生的学术阅读能力、学生不同的语言水平如何影响他们分数的变化等因素都考虑进来，超出前人的研究，该研究的目标首先是调查运用语言教学是否可以提高学生总体的英语阅读能力，然后调查该教学方法是否可以增强学生的学术英语阅读能力，随后调查不同的英语水平对总体英语阅读能力的提高是否有影响，最后调查学生对语言教学的态度。

实验对象为台湾大学 101 名大二的学生，所有对象都是英语专业学生，30 个男生，71 个女生，这些学生在教育背景方面具有可比性，因为他们中大多数人都正式地学了 7 年英语。现在他们要学的课程是英语文学，是必修课，选择 4 部作品，The Rose for Emily，The Chrysanthemums，Barn Burning，The Lottery 和诗歌 The Sick Rose。在班上老师引导学生运用阅读策略学习其中的内容，所有内容必须在 14 周内完成，每周面授 100 分钟。本研究中运用的教学模式为专业内容依托式。在课程开始前，根据学生的模拟 TOEFL 阅读考试成绩将学生分成高（35%）、中（33%）、低（32%）三个层次。在课程的前后都对学生的总体阅读能力和学术阅读能力进行了检测，总体阅读能力测试采用模拟的 TOFEL 阅读测试，学术阅读理解能力测试是自己制作的，其内容由本专业的两位教授证明确认。在不同语言水平的学生中间随机抽取部分学生进行半结构化的访谈，其中关键的要素是学生的过去与现在的学习经历，他们对语言教学的态度。

检测表明学生的总体阅读能力和学术阅读能力都得到提高。就总体阅读能力而言，前测的均分为 43.9，而后测为 56.2，提高了 12.3 分。至于学术阅读能力，前测均分为 8.2，而后测上升为 9.1，增长了 0.9，两项数据都具有意义。也就是说，学生们的总体阅读能力和学术阅读能力都得到了提高。单项方差检验了语言教学是否有利于不同水平的学生提高到相同的程度。结果表明高水平的学生保持优势，仍然名列前矛，中等水平的位列中间，排在第三位仍然是低水平者，但他们取得的进步是最大的，然后是中级水平者，最后才是高水平者。至于学生对语言教学的态度，大部分学生赞成语言教学，他们认为语言教学课堂中明示的阅读策略最有益，各种活动也有助于他们消除焦虑，帮助他们更好地理解文本。

该项研究可以被称为是综合性的，因为它考虑到学生总体的阅读能力的变化，而且还检测了对不同语言水平学生的影响。当然，如果该项研究中有控制组，研究结果将更有说服力。学生取得的进步也许是由于他们自然的语言收获。此外，研究只是检测了学生的不同语言水平对总体阅读理解能力的影响，那么学术阅读能力如何？是否低水平学生的收获最大还是没有取得任何进步？

Camp 和 Camp 再次证明将阅读与写作融合到语言教学的课堂中可以提高学生的批判性阅读能力和学科专业写作能力的有效性。尽管该项试验与 Paszylk 的实验一样都使用了融合模式，但在具体操作方法以及学习目标上存在差异。Camp 和 Camp 想要调查在语言教学的课堂上是否可以通过让学生确认文本中不同的组成部分，以及准确地缩写原文来提高学生的思辨能力，而 Paszylk 的研究通过让学生对相似的两篇文章进行比较和对比，同时根据课文提出各种形式的问题来提高学生总体能力。

三、国内语言教学实证研究

国内进行语言教学的实证研究不多，已有的一些研究也主要是采用了主题依托的模式，在课堂中选择一系列相关的话题作为教学内容，但这些话题与学生们所学的专业并不相关，因此，是否这些内容能唤起学生的兴趣还存在疑问。如果内容与他们的专业课程不相关，建议首先进行问卷调查了解学生真正感兴趣的内容，然后再决定课程的内容。从实验中所使用的内容和测试可以看出语言教学的真正目的是提高学生的通用英语能力。

袁平华和俞理明所做的研究是国内最早的实证研究之一，其目的是调查语言教学对学生学习动机以及总体语言能力的影响，同时调查不同语言水平的学生从语言教学中受益的程度是否相同。研究对象是通过了四级考试的大二的学生，实验组 76 人，控制组 73 人，他们的教育背景认知能力相同，数据显示在实验前他们的语言能力和学习动机都没有差异。整个实验从 2005 年 2 月开始到 6 月底结束，总共 4 个月。

研究中的测试工具为检测学生总体语言能力的大学英语六级考试（CET-6），包括听力、阅读、词汇、完形填空和写作。Gamer 的动机调查问卷被用来检测学生在这方面的变化。研究中还运用了课堂观察和访谈来进一步讨论上述问题，以便有更多的发现。两组学生都参加了实验前后的语言测试和问卷调查。

实验组所选用的教材是美国概况，包括历史、地理、政治、经济、文学、风俗习惯和宗教。学生们的主要任务是在老师做了一定的解释之后围绕一定的话题进行讨论，整个课堂都以英语进行，只有当涉及的概念太抽象英语无法表达时才用中文。在教学中遵守 6-Ts 原则，即主题（themes）、文本（text）、话题（topics）、关联（threads）、任务（tasks）和过渡（transitions），确保内容和语言点更好地融合。教师尽量不显性地阐释生词和复杂的语法项目，二是尽可能鼓励学生自由表达他们的观点。也就是说，课堂教学以交际为中心而不是以语言教学为中心。控制组的学生接受的是常规的英语教学内容，精读和听力，语法翻译法以及听说法为主要的教学方法，所有的生词和语法项目都在课堂上教给学生。

后测的数据表明，实验组同学的成绩在阅读和完形填空两方面优于控制组的同学，但语言教学对学生的听力、词汇和写作能力并没有产生显著的影响。在对比之后，研究者设法搞清楚，CBI 对不同语言水平的学生产生的影响，结果表明，语言水平高的学生受益最大，水平低的受益最小，中等水平的学生仍然处于中等。

可以看出该研究的不足之处在于没有验证语言教学对学生的学术阅读能力的影响，因为整个研究中只用了大学英语六级考试作为测试工具，而且该研究也没有专门测试 CBI 对学生阅读能力的影响。

常跃俊发表了系列论文，报告了在大连外国语大学进行的系列研究，这些研究注重调查 CBI 对学生的语言能力、内容的学习、学生对语言教学的态度等。

常俊跃和董海南等以语言能力偏弱的英语专业学生为研究对象，研究的问题涉及学生对专业课程的态度、阅读以及听力材料的可及性、学生口语能力的发展以及专业词汇的习得。

研究的结果表明，虽然学生发现阅读以及听力材料很容易理解，但有些同学还是觉得有难度，最终研究发现在语言教学课堂上学生遇到的困难：缺乏背景知识、语言能力较弱、补充阅读材料偏难等。例如，与传统的英语课堂相比，语言教学课堂中的材料都选自原版，只是在长度、种类、语体、相关度以及难度上做了调整，学生还是觉得有难度，因为学生的水平参差不齐。对于语言技能的训练，CBI 有利于学习者，但还是存在一定的问题，例如，学生发现在 CBI 的课堂上很难训练口语表达，因为语言教学课堂上对认知能力以及词汇的要求很高，有些学生还是采取应试的态度。

实验表明，语言教学有助于学习者发展他们的语言技能，大多数学生对这一教学模式持支持的态度，但对于低水平的学生来说，存在的问题更多一些，妨碍了他们的语言能力的发展。就阅读而言，生词和缺乏背景知识是理解障碍的主要因素，因此，可以说最好进行分级教学，让语言能力比较强的学生接受语言教学课程教学。此外，要向学生提供足够多的背景知识，减轻阅读理解的压力。至于生词，教师可以改编课文减少生词量，也可以将生词、难词直接提供给学生。最后，也应该考虑到如何评价学生的表现，从而改变老套的学习习惯，确保他们完全意识到课堂的焦点。

一年过后，常俊跃等进行了另一项实验，调查语言教学对学生总体阅读理解能力以及内容学习的影响。该实验持续了一年，实验的对象也是大一的英语学生，计 142 人，来自 4 个班级。他们除了参加听说读写以及语音技能训练以外，还要参加语言教学课程，如美国自然、人与地理、英国历史文化、英国社会文化。值得注意的是，这些学生部参加传统的阅读课程。同样来自这 4 个班级的 116 人组成对比班，他们接受的是传统的英语课，听说读写以及语音等。

实验中所使用的工具包括阅读测试卷（主要测试学生的总体阅读能力）、内容测试卷、含有开放性问题的问卷调查以及半结构化的面对面的访谈。所有学生在实验前后都参加与学生的水平相适应的阅读理解、美国历史、地理、文化知识的测试。在实验组中挑选出 12 人分别代表高、中、低水平学习者，他们回答问卷调查，5 人选自实验组，进行访谈。问卷和访谈的焦点在于了解取消阅读课程产生的影响。

研究结果表明,从均分来看,实验组的学生在总体阅读理解、英美文化内容知识方面的成绩优于控制组。双测检验表明,在前测中,实验组和控制组没有差异,事实上,控制组的同学均分略高。然而,一学期之后,实验班的同学没有参加阅读课程,而控制班的同学参加了阅读课程,但在后测中,实验班的同学均分超出了控制班。也就是说,语言教学既提高了内容知识的掌握也能提高学生的总体阅读能力。问卷调查和访谈表明,在阅读这些材料时,大多数学生发现大量词汇是阻碍流利阅读的主要障碍,而语言教学可以增加学生的阅读量,这样就可以扩大了他们的词汇量。他们认为语言教学有助于提高阅读理解能力,同时可以培训他们的批判性思维能力。

在该项研究中,学生都是英语专业,所选择的内容是说英语国家的文化。至于非英语专业学生是否可以受益,不同英语水平的学生受益的程度是否相同并没有触及。此外,研究目标就是验证语言教学对学生的总体阅读能力的影响,并没有去训练学生用英语作为工具获得某种信息的能力。

在这些研究之后,有研究者开始研究如何提高非英语专业的学生语言能力并激发他们的学习动机。袁平华等对各个专业的英语课堂上使用语言教学,试图验证普通的话题是否可以以语言教学方法提高学生的听说读写能力,提高他们的语言理解能力,扩大他们的词汇量。与前人的研究相比,这项研究参与的学生人数增加了,而且研究的时间延长至1年。

实验组的学生计185人,主要来自中文专业、教育专业、材料学专业,控制组共185人,主要来自生物学专业、食品专业、机械和电子专业。他们都是大二的学生,整个研究持续1年,在这1年中,实验组的学生参加英美文化课程,而控制组则参加传统的大学英语课程的学习。按照语言教学的要求,实验组同学所用的材料都是原版的,课堂上有更多的机会参与讨论,而控制班上英语和汉语则自由切换。

在实验前两个组的同学都参加了大学英语六级考试、英语口语测试、由 Gardner 设计的动机测试,数据显示两组之间没有显著差异。在第一学期末,所有学生都参加了测试,跟踪他们的语言能力以及动机的变化;在第二学期末,他们又参加了测试,试图检查实验组的同学是否从语言教学中受益,部分实验组的同学被随机抽出进行访谈。

结果表明,第一学期末两组之间就产生很大的差异。就语言能力来讲,两组学生都取得了进步,但实验组的同学在听力方面进步更大。1年过后,他们在很多方面取得了进步,特别是阅读能力,这得益于他们有更多的机会阅读原版材料。就输出能力而言,实验组同学有更多的机会表达,明显有进步,但他们在写作和词汇量方面仍然与控制组一样,没有显著差异。

与先前的研究相比,该研究将读写结合,被证明是提高学生读写能力的有效方法。在整个内容的学习过程中将英语作为工具,教师不解释任何的语言点。

最新的研究是由毛亚英等进行的。在她们的研究中引入语言教学,验证了语言教学对提高学生的学习兴趣、学术阅读能力以及词汇学习产生积极影响。事实上,该项研究是普通英语教学与双语教学的衔接。当前,很多学生能够使用英语进行普通的交际,但他们不能很顺利地过渡到双语课堂,其内容与一定的专业关联,学生往往缺乏相应的词汇,对理解双语课程上的内容有困难，学生对传统的大学英语课感到厌倦。因此研究者试图运用语言教学提高学生的学习兴趣，扩大专业词汇量、提高他们文本理解能力以便更好地适应双语课程。

在分析了国外语言教学课程的结构与特点，指出国内大学英语课程的不足之后，研究者提出就大学英语课程体系而言，以学科内容为依托的大学英语课程体系与传统的课程体系有着本质的区别。首先，本章提出的学科英语近乎于专业课程。学生不是简单地被动地背单词或词组，而是通过某一学科知识的学习，借助于新旧知识的联系，在大脑中构建目的语知识，从而达到学习语言的目的。根据国外推行的以内容为基础的外语教学现状以及当前国内大学生基础英语水平，我们提出以学科内容为依托的大学英语课程可以由当前的16个学分压缩至12个学分，由通常的四个学期缩短为两个学期，周学时为6。第一学期为学科导论，第二学期为较深入的专业课程。突出语言是工具的思想。

某校组织大学英语教师为全校涉及的15个主要专业编写了一套系列学科英语教材，除了常规的数理化等专业，还包括音乐、美术、语言学以及文学专业。所编教材为学科导论，由5大板块组成，即学科介绍、名人轶事、名著欣赏、学术论文写作、专业词表。该教材供刚入学的大学生使用，在第一学期完成。第二学期所有学生都按照其所在的专业学习专业课程，由大学英语教师执教，所用课本均为英文原版。该课程为相应专业的基础课程，课本由相应专业的资深教授推荐。

课堂的教与学都以学科内容为主，学生的语言能力训练是通过一系列的活动进行的，包括预先阅读讨论、确定问题、阅读相关的文本、解释相关概念、角色朗读以及书面或口头表达等。例如，就某个相关的主题陈述他们的所思所见所想、理解信息含量比较大的材料、与同伴分享所掌握的相关知识等。

实验结果表明，这样的课程设置使学生产生了极大的英语学习兴趣。从小学到中学，学生们都在进行基础英语的学习，进入大学以后还要继续进行听说读写训练，使很多学生产生厌倦情绪。当他们的目标转向了专业的学习，使很多学生有种新鲜感，甚至那些原本英语不好的同学也对英语学习产生了浓厚的兴趣。

学生很有成就感，而且锻炼了他们的自主学习能力。在学科英语教学中，教与学的重点都在学科知识上，英语的习得是一种附带习得。然而，由于知识的系统性和连贯性在很大程度上帮助学生们掌握了相应的词汇和表达方式。很多同学曾为英语单词量大而难以记忆烦恼，但在学科英语中，他们感受到事半功倍的效果。教材中的许多练习都是围绕专业知识点，需要同学们课后查阅文献完成，他们的自主学习能力得到了提高。

该课程设置的最大好处在于学生的专业词汇扩大了，他们的专业文献阅读能力提高了。由于课文本身都是专业的内容，专业词汇自然丰富。此外，课本中的专业词表为学生们掌握专业词汇提供了方便。这为他们将来选修双语课程或全英课程打下了坚实的基础。

四、结语

语言教学的产生，是建立在一定的条件之上的，同时，随着教学的深入，对于语言教学的研究也就深入了，进而出现了语言教学的相关理论。产生了四个语言教学模式：完全沉浸（total immersion）、专业内容依托模式（sheltered subject-matter instruction courses）、辅助式教学模式（adjunct instruction）、主题依托式模式（theme-based courses）。

参考文献

[1] Anderson. J. R. Cognitive psychology and its implications [M]. NY：W. H. Freeman. 1990.

[2] Brinton. D. & Masters, P. New ways in content-based instruction [J]. Alexandria, VA：TESOL. 1997.

[3] Bozdogan. D &B. Karlidagb. Neglected productive skills in content-based classes [J]. Procedia-Social and Behavioral Sciences 2013. (70)：1152 – 1162.

[4] Crandall. J. Content-centered learning in the United States [J]. Annual Review of Applied Linguistics 1993. (13)：111 – 126.

[5] Dupuy. B. C. Content-based instruction：Can it help ease the transition from beginning to advanced foreign language classes? [J]. Foreign Language Annals 2000. 33 (2)：205 – 223.

[6] Dutro. S. & C. Moran. Rethinking English language instruction：Anarchitectural approach [A]. In G. Garcia (ed.), English learners：Reaching the highest level of English literacy [C]. International Reading Association, Newark：DE. 2003.

[7] Duenas. M. The whats, hows, and whos of content-based instruction in second/foreign language education [J]. International Journal of English Studies, 2004. (4) 73 – 96.

[8] Krashen. S. D. Principles and practices in second language acquisition [M]. New York：Pergamon Press. 1982.

[9] Krashen. S. D. The input hypothesis：Issues and implications [M]. New York：Longman. 1985.

[10] Kasper. L. F. Developing and teaching a content-based reading course for ESL students. Teaching English in the Two-Year College. 1994a (21), 23 – 26.

[11] Kasper. L. F. Improved reading performance for ESL students through academic course pairing [J]. Journal of Reading. 1994b (37)：376 – 384.

[12] Kasper. L. F. Theory and Practice in Content-Based ESL Reading Instruction [J]. English for Specific Purpose. 1995 (3)：223 – 230.

[13] Leaver. B. L. & Stryker, S. B. Content-based instruction for foreign language classrooms [J]. Foreign Language Annals. 1989 (22)：3, 169 – 275.

[14] Lyster. R. & Ballinger, S. Content-based language teaching：Convergent concems across divergent contexts [J]. Language Teaching Research. 2011 (3)：279.

[15] Marsh. D. CLIL/EMILE-The European Dimension：Actions, Trends and Foresight Potential [J]. Public Services Contract DG EAC, European Commission, Strasbourg. 2002.

[16] Naves. T. Effective Content and Language Integrated Learning (CLIL) Programs [A]. Content and Language Integrated Learning：Evidence from Research in Europe [C]. Channel View Publications.

[17] Met. M. Curriculum decision-making in content-based language teaching [A]. In J. Cenoz & F. Genesee (eds.). Beyond Bilingualism: Multilingualism and Multilingual Education [C]. Multilingual Matters, Philadelphia, PA. 1998.

[18] Met. M. Content-based instructions: Defining terms, making decisions [OL]. http://www.carla.umn.edu/cobaltt/modules/principles/decisions.html (accessed18/11/2013). 1999.

[19] Mohan. B. A. Language and Content M. Reading [M]. MA: Addison Wesley. 2009.

[20] Paszyik. B. L. Integrating reading and writing into the context of CLIL [J]. International CLIL Research Journal. 2009 (2): 47 – 53.

[21] Rahimpour. M. Current trends on syllabus design in foreign language instruction [J]. Procedia Social and Behavioral Sciences. 2010 (2): 1661 – 1663.

[22] Yuan Pinghua. A study on Content-based Instruction in the Chinese College English Context [D]. Shanghai Jiaotong University. 2008: 1 – 256.

[23] Krahnke. K. Approaches to Syllabus Design for Foreign Language Teaching. Language in Education: Theory and Practice [M]. ERIC Publications. 1987.

[24] Short. D. J. Assessing integrated language and content instruction [J]. TESOL. Quarterly. 1993 (27): 627 – 656.

[25] Stoller. F. & W. Grabe. A six-Ts approach to content》based instruction [A]. In Snow, M. & Brinton, D (eds.). In The content-based classroom: Perspectives on integrating language and content [C] White Plains. NY: Longman. 1997.

[26] Song. B. Content-based ESL instruction: Long-term effects and outcomes [J]. English for specific purpose. 2006 (25): 420 – 437.

[27] Van Camp. D. & W. Van Camp. Using content reading assignments in a psychology course to teach critical reading skills [J]. Journal of the Scholarship of Teaching and Learning. 2013 (1): 86 – 99.

[28] Tsai. Y. L. The Impact of Content-Based Language Instruction on EFL Students' Reading Performance [J]. Asian Social Science. 2010 (3): 77 – 85.

[29] 蔡坚. 第二语言习得与语言教学教学模式的研究 [J]. 北京第二外国语学院学报. 2002 (3): 13 – 15.

[30] 常俊跃.《高等学校英语专业英语教学大纲》实施效果的定性研究 [J].《外语与外语教学》. 2007 (9): 36 – 40.

[31] 常俊跃, 董海楠等. 英语专业基础阶段内容依托教学问题的实证研究. 外语与外语教学. 2008 (5): 37 – 40.

[32] 常俊跃, 刘晓莱. 内容依托式教学改革对英语专业学生阅读理解能力发展的影响分析 [J]. 中国外语. 2009 (5): 40 – 49.

[33] 蔡基刚. 语言教学理论框架下的分科英语教学 [J]. 外语教学. 201132 (5): 35 – 38.

[34] 陈剑波, 叶瑞娟. 语言教学连续谱理论框架下的大学英语课程体系建设 [J]. 扬州

大学学报（高教研究版）. 2013 (5)：92-96.

[35] 陈冬纯. "商务"依托式大学英语语言实践能力培养模式 [J]. 外语界. 2013 (4)：40-47.

[36] 戴庆宁，吕晔. 语言教学教学理念及其教学模式 [J]. 国外外语教学. 2004 (4)：16-20.

[37] 顾忆华. 基于语言教学教学理念的高职高专 ESP 教学模式探讨 [J]. 外国语文. 2011 (5)：134-137.

[38] 雷春林. 内容教学法（CBI）与复合型外语专业教学—以商务英语教学为例 [J]. 外语电化教学. 2006 (3)：32-37.

[39] 廖春红，杨秀松. 《高等教育中的 CBI 模式》述评 [J]. 外语教学理论与实践. 2009 (3)：88-91.

[40] 顾飞荣，施桂珍. 大学英语口语 CBI 教学实证研究 [J]. 外语与外语教学. 2009 (11)：32-34.

[41] 毛亚英，陈莉萍. 国际化背景下以学科内容为依托的大学英语课程体系 [J]. 外语研究. 2013 (2)：60-63.

[42] 王士先. CBI-专业英语阅读教学的方向 [J]. 外语界. 1994. (1) 27-31.

[43] 王蒙. CBI 和大学英语四级后教学 [J]. 山东外语教学. 2006 (2)：29-32.

[44] 俞理明，韩建侠. 渥太华依托式课程教学及其启示. 外语教学与研究. 2003 (3)：465-468.

[45] 袁平华，俞理明. 以内容为依托的大学外语教学模式研究 [J]. 外语教学与研究. 2008 (1)：36-43.

[46] 袁平华. 大学英语教学环境中依托式教学实证研究 [J]. 解放军外国语学院学报. 2011 (1)：41-45.

[47] 袁华平. 依托学科内容的大学英语教学对学生学习动机及焦虑的影响 [J]. 解放军外国语学院学报. 2012 (3)：41-45.

[48] 杨德祥，赵永平. 内容依托式教学对英语专学生思辨能力的影响 [J]. 外语教学. 2011 (2) 61-64.

[49] 章文君. CBI 与工学结合的高职专业英语教学创新—以电子商务专业英语为例 [J]. 外语界. 2008 (3)：26-32.

第九章 大学英语教学与双语教学

第一节 双语教学发展

一、引言

教育部在2001、2005和2007年分别颁布和修改关于本科教学工作的意见,指出要在国家急需专业开展双语教学,提高双语教育的质量,扩大双语教学的范围。在国家政策号召和经济扶持下,我国双语教学,特别是在国内部分重点高校中,有了一定的发展。关于双语教学的研究也纷至沓来。但是,从国内外语类核心期刊,国内与高等教育有关的中文核心期刊发表的关于双语教学相关的论文来看,主要还是以理论研究为主,实证研究则寥寥无几,不仅数量少,而且研究视角的选择上还有待开发和拓展。本章旨在对2000—2013年间,我国国内对双语教学的理论研究和实践发展做介绍、归类,在前人研究的基础上,总结国内关于双语教学研究的现状、存在的问题、可能的解决方法以及未来发展的方向。

1. 双语教学理论研究

我国对双语教学理论方面的研究已经成熟,呈现角度多、层次深等特点,但是通过对文献的整理也可以看出,现有关于双语教学理论研究有重复现象。国内双语教学理论研究主要包括这几个方面。

双语教学概念的阐释、模式的介绍等。对双语的定义国内外各说纷纭,但基本上可以将其理解为:双语是指"同时具备两种语言知识和能力并加以运用",这种教学以内容为中心,附带语言习得。双语教学,有时也叫作双语课,是指"使用外语或者第二语言为工作语言,传授专业知识的专业课,但不包括传统意义上的外语课"。对于双语教学的实践模式也有不同说法,一般可以将其分为三种:过渡型双语教学,即学生入学后,由部分或全部使用母语,转化为只使用外语教学;维持型双语教学,即入学后,学生从接受母语教学,逐渐转化为接受外语教授一些科目,母语教授另外一些科目;浸入型双语教育,过程中可以根据实际情况选择、变化模式,即只使用外语进行教学。康淑敏从教学语言运用视角构建了高校多层次渐进式双语教学模式,从汉语铺垫式到英语引入式到英汉融合式最终达到全英浸泡式。张幼斌构建的层级化双语教学模式亦有异曲同工之效,他将双语教学分为:基础型,使用中文教材介绍概论知识;扩展型,使用中英文教材,强调阅读和演绎;纵深型,使用全英文教材,强调使用英语去思维。周凡钰、白士彦指出只有巧妙选择不同的模式,结合学生水平才能有效进行双语教学。芦文娟、朱柯冰介绍了中外合作办学这一宏观背景下双语教学模式的选择。

第九章 大学英语教学与双语教学

大学英语的改革以及与双语教学的接口问题。实施双语教学不仅是教育部政策推动，以满足国家对人才的需求，更是当下学生英语实际水平、学习需要、就业现状等现实问题促使。俞理明、袁笃平指出双语教学能够改变大学英语应试教育的趋势，消除传统大学英语教学中目标不太明确、缺乏学习兴趣等消极因素，我国可以参照依托式教学模式探索双语教学模式等。王海华、王同顺提出可以从课程设置、教材编写、教学法、师资方面等促进公共英语与双语教学的接口。叶建敏介绍了双语教学与公共英语教学的现状，指出当下双语教学取得的成绩和不足之处，并且详细介绍了苏州大学某专业实施的双语教学实例。周恩、丁年青指出了大学英语与双语教学衔接中存在的问题，如学生语言水平、专业英语能力与双语教学不相适应，大学英语教学的实际定位不符合双语教学的要求，双语教学中学科内容学习与英语能力提高未能同步。并建议建立专门教学管理机构、强化师资力量、调整课程比例等，从各方面加以改善。

国内外双语教学的区别及对我国大陆双语教学的启示。俞理明、韩建侠在介绍加拿大渥太华大学双语教学后，指出对我国双语教学的启示，提出应当在科研的基础上实施双语教学，保证学生达到一定的英语水平、创造真实的语言环境、学科教师与语言教师相结合等。顾永琦、董连忠通过详细剖析香港双语教学的惨痛经历警示大陆实施双语教学时务必谨慎，政府关于语言政策要清晰明确、要考虑社会现实，且具有相当水平的学生和师资队伍等，对推广双语教学，特别是在中小学，一定要慎重。袁华平将中国高校双语教学与加拿大双语教学进行比较，发现两国开展双语教学在属性与目的方面存在异同，语言政策上存在不同之处，教学方面如师资、教材、教法等存在相对显著差异。这些都会在不同程度上影响我国双语教学的效果。

双语教学的实施建议与思考。国内部分双语教学研究或围绕不同学科双语教学面临的问题提出实施建议，学科涉及天然药物化学课程、国际私法、旅游、计算机、高校体育、离散数学等多种学科，或就当下双语教学总体面对的困难和凸显的问题，提出自己的见解和思考。这些建议主要包括教材选择上的建议，教学方法、手段的优化，创造充足的二语环境，教师队伍的加强，考核方式的转变等。这些建议涵盖范围广，但是过于笼统、抽象，将来的研究最好能够在具体数据的基础上，有学科针对性、根据学科特点、突出矛盾提出实施建议。

双语教学课程体系建设以及课程开展办法。冯建中介绍翻译专业化背景下双语教学的课程体系的建设，指出在此背景下双语教学应定位为"学科概况型"，旨在帮助学生系统掌握所需应用学科的基本知识和专业术语的中外文表述。并具体结合翻译特点从教材、师资、课程定位等方面指出课程体系建设方向和思路。朱全银、白晓林指出当下双语教学存在课程设置思路不清晰、教学手段普适性不够、教材选择随意性大等问题，提出双语课程以专业基础课程为最佳，开设时间宜放在大三或者大四阶段等一系列建议。

除上述角度外，对双语教学的介绍、阐释和分析还包括其他一些角度如教学中文化保持与弘扬建议，网络资源利用于双语教学中优势分析，双语教学中英语思维的培养，与特定学科结合的可行性、特殊性和意义，关于双语教学与双语专科学习词典的几点设想，翻译在高校双语教学中的适用性，学分制条件下双语教学考核存在的问题及对策，双语教学需求分析模块的构建等。

虽然国内外语类核心期刊中关于双语教学实证性研究文献数量尚且不多，但是从更大的文献检索范围来看，双语教学作为一项国家政策和教学方法，已经切实深入到实践之中，在各类非英语专业中得到实施。

2. 学生对双语教学的态度

严峻通过问卷调查发现某高校新闻专业学生中，对双语教学"很感兴趣"及"比较感兴趣"的同学占有69.5%，认为双语教学中最大的困难排名第一和第二的分别为"口头表达、参与讨论"和"专业知识的掌握"。"补充阅读材料"是最应当加强的内容。42.8%的学生认为双语教学对他们"英语水平的提高"帮助最显著。其次，16.1%认为是"掌握学术前沿知识"。该研究同时对学生对双语教学内容的实用性、新颖性、适度性和效果等方面的看法做了调查，总体结果相对乐观，大部分学生对双语教学持积极态度。同时，针对调查结果显示的问题，作者提出一定的解决方案，如可根据学生英语水平差异采取小班教学从而给每个学生锻炼的机会，合理安排授课难度，提高双语教学水平。同时，作者提醒，双语教学目的是学生学习专业知识，但是调查显示大部分学生从双语教学中得益最大的不是专业知识的获取，而是语言的习得，这似乎是本末倒置。这在今后实施双语教学中应当得到重视。韩淑伟等人通过问卷调查了学生在双语教学中遇到的最大困难，结果显示学生认为难点排名前三的依次为"学生接受能力""教师教学水平""教学资源"。王超美调查发现不同的年级的学生对是否能够接受双语教学有显著差异，低年级学生中只有57.6%，而高年级有88%。当必须接受双语教学时，大多数低年级学生希望以汉语为主，小部分使用英语；而多数高年级学生选择汉英对半使用。这可能一是因为专业课有一定的难度，同时学生英语基础薄弱程度不同。陈思本通过问卷、访谈调查发现多数学生对双语教学能够较好地接受，多数学生认为学习中有困难是由于自己水平低造成的，只有少数学生认为是由于教材造成的，学生认为外籍教师不是双语教学的最佳人选，全英文会限制思维的发展。课堂上教师主要以汉夹英的方式教学。司巧梅等人在计算机非师范专业学生中通过问卷调查了学生对双语教学的态度。结果表明，大部分学生存在想听听不懂的困难，认为双语教学对学习专业知识的帮助不大，平时做作业很多人通过电脑软件翻译。另一方面，大多数学生认为英语翻译作业有助于提高专业英语水平，而有约一半的学生认为教师提供的专业词汇对专业知识学习帮助不大。即便这样，问卷结果仍然显示，67.8%的学生倾向使用双语而非汉语，绝大部分学生同意使用中英文配套教材，与专业必修课相比，双语教学安排为专业选修课更得人心，在大三开展更容易让学生接受等。

3. 双语教学模式的研究

李桂山和冯晨昱在天津一所理工类高校下属的中外合办的工商学院，对影响双语教学模式选择的因素做了实证研究。以班级为单位，分析学生入学外语成绩和毕业总成绩（所有双语教学科目成绩累加），发现两者有显著的相关性。并且当入学外语测试满分为120分时，达到72分以上的学生毕业总成绩与72分以下学生的毕业总成绩有显著差异。这说明学生入学外语成绩整体平均水平越高越有利于双语教学，同时双语教学对学生外语水平有一定的最低要求。将外教集中授课时间长度、汉语辅导时间长度以及实验课程作为变量，控制其他因素，比较考试成绩发现，外教集中授课时间越长，成绩越好；汉语辅助越多，学生成绩越好，实验越多，学生成绩越好。这些说明，教学过程越符合学生的认知水平，教学效果越理想。通过访谈发现，教学环境的丰富度与学生对双语教学的满意度成正比。程昕详细探究了不同课程语言特点和双语教学模式的选择关系，并从认知方面对结果进行了分析。结果表明对于内容强制词汇较多的学科（即语言密切反映学科知识），如"大学物理"，适合于使用过渡性双语教学模式；对内容兼容词汇较多的学科（即可以通过一定学科习得，但不是学科知识学习所必需的语言），如"跨国公司管理"更适合强化型；而对于像"Java 语言"这类介于两者之间的学科更适合保持型双语教学。

4. 双语教学中学生的自我效能感研究

吕丰华通过问卷调查信息工程、旅游、数学、国贸等 6 个专业的 1117 位学生对双语教学的自我效能感做了调查。结果显示，26.4% 的学生在没有接触双语教学的情况下，对自己能否很好地学习表示没有把握。在双语教学中期，80.6% 的学生认为虽然存在一些困难，但是基本上都能够克服。而在和专业相关的理论课程上，绝大部分学生都表示不自信，但是各个专业又有所差异，其中信息工程专业有 74.6% 的学生认为不自信，比例最高，只有国贸专业没有超过半数，30.8% 的学生表示不自信。对于在什么情况下，双语教学会对学生自信心有影响时，22.9% 认为在课程最开始，65.9% 认为当课程越学越难的时候，34% 的学生认为双语教学的难度对于他们的自信心有影响，仅有 19% 的学生认为不会对其自信心产生打击。因此在教学过程中，教师应当有意识地对学生实施自我效能感监控。最后，作者提出自我效能感对双语教学的影响以及相对应的措施等。

5. 实施双语教学，我国学生需具备的英语水平

韩建侠、俞理明通过实验验证我国的大学英语四级考试（学生取得优等成绩时）、六级考试难易程度、检测信度、效度等与加拿大的 EPT（经 20 多年实验验证的、学生有效接受双语教学所必须达到的外语水平）没有明显差异，因此可以作为检测国内学生接受双语教学所需具备的英语水平的工具。俞理明、韩建侠通过实验显示，实验组中不同水平的学生成绩有显著差异，证明了 Cummins 的阀限假说（Threshold Hypothesis），即要想从双语教学中受益，学生的外语必须达到一定的水平。

第二节　双语教学理论的缺陷

从上述综述可以看出，从 2000 年起至今，国内双语教学在理论方面已经发展成熟，研究角度多、层次相对深。但是理论方面仍然存在不足之处，具体表现在这几个方面。

（1）以往研究中提出双语教学的实施建议与思考，这方面的陈述可谓多如牛毛，但是他们大部分都在重复固定的要点，且语言宽泛而含糊，大有"放之四海而皆准"的感觉。在实际教学中，不同的学科有其特点，教材、课程设置等要求都有可能发生变化，因而今后的研究可以紧密集合学科特点，针对学科双语教学凸显的问题提出具体可行的建议。

（2）对比实证和理论可以明显发现，实证研究已经远远落后理论研究，不能望其项背。因此今后的研究应该更多转向实证，结合各个学科特点，通过数据支持假设。

（3）实证研究视角和方法也有一定的局限性，今后研究应当从不同的视角出发，多角度发现解决问题，避免过多重复以往的研究。如以往研究多次提出双语教学中师资是一项问题,那么今后的研究可以将教师作为研究主题,通过问卷、课堂观察等调查教师对双语教学的认知、课堂表现等。研究方法上可以采用定量、定性结合的方法,增强结果的有效性。

(4) 国内对于接受双语教学的最低英语水平虽然有一定的研究,但是数据存在冲突,将来研究可以通过实验加以证实。

结语

通过本章学习,我们知道了双语教学在我国的发展,随着双语教学的推广和应用,对于双语的研究也越来越多,越来越深入。双语教学在推动我国的英语教育和提升个人的英语水平之中,其作用也是越来越大。不过,双语教学并不是完美无缺的,其教学理论也存在着很大的缺陷,即语言宽泛而含糊、实证研究远远落后理论研究,实证研究视角和方法也有一定的局限性,国内双语教学研究数据存在冲突,这需要在未来的工作中进一步完善和提高。

参考文献

[1] 陈红蕾. 双语教学的实践与思考 [J]. 高教探索. 2003 (3): 59 - 60.

[2] 陈思本. 大学生对双语教学的反应——对一所理工类大学的调查 [J]. 教育探索. 2007 (3): 83 - 85.

[3] 程昕. 课程语言特点与双语教学模式选择实证研究 [J]. 外语与外语教学. 2011 (2): 62 - 65.

[4] 丁建敏. 做好大学英语教学向双语教学过渡的接口工作 [J]. 外语界. 2005 (2): 69 - 72.

[5] 董宇欣, 印桂生. 高校双语教学模式与评价机制的研究与实践 [J]. 高教探索. 2007 (4): 30 - 32.

[6] 顾永奇, 东联众. 香港双语教学尝试的经验教训及启示 [J]. 现代外语. 2005 (1): 43 - 52.

[7] 冯建中. 翻译教学专业化背景下的双语课程体系建设 [J]. 外语研究. 2009 (4): 79 - 82.

[8] 郭玉军, 乔雄兵. 国际私法双语教学的思考 [J]. 武汉大学学报 (哲学社会科学版). 2005 (3): 377 - 381.

[9] 韩建侠, 俞理明. 我国高校进行双语教学学生需具备的英语水平 [J]. 现代外语. 2007 (1): 65 - 72.

[10] 韩淑伟, 祝传臣, 王小军. 高校开展双语教学面临的问题及对策——兼谈对外经济贸易大学开展双语教学的探索与实践 [J]. 北京大学学报 (哲学社会科学版), 2007 (8): 84 - 86.

[11] 何弦, 廖清华, 吴评等. 大学物理双语教学的思考 [J]. 北京大学学报 (哲学社会

科学版），2007（8）：91-92.

[12] 黄崇岭. 双语教学核心概念解析［J］. 外语学刊. 2008（1）：137-139.

[13] 康淑敏. 从教学语言运用视角构建高校双语教学模式——以地方高校双语教学实践为例. 外语界. 2008（6）：64-70.

[14] 李望国，吴开珊. 高校采用英文原版教材授课的思考［J］. 高教探索. 2003（4）：55-56.

[15] 李春茂，王鑫，刘玉. 高等学校双语教学的未来探索与研究［J］. 高教探索. 2007（3）：202-203.

[16] 刘丽华. 双语教学的理论与实践——以重庆为视域［J］. 四川外国语学院学报. 2008（4）：132-135.

[17] 李桂山，冯晨昱. 中外合作办学背景下双语教学模式的建构——以天津理工大学国际工商学院为例. 高等教育研究. 2009（1）：79-83.

[18] 吕丰华. 双语教学中的学生自我效能感问题研究［J］. 教育探索. 2012（3）：140-142.

[19] 刘爽英，李欣然.《离散数学》课程开展双语教学存在的问题与对策［J］. 教育理论与实践. 2013（18）：49-51.

[20] 李主峰，苗绘. 谈目前国际私法双语教学存在的问题与对策［J］. 教育探索. 2013（5）：44-45.

[21] 芦文娟，朱柯冰. 中外合作办学背景下双语教学模式研究［J］. 教育理论与实践. 2013（9）：15-17.

[22] 毛晓明，陈少华. 关于高校开展双语教学的思考［J］. 高教探索. 2004（2）：41-42.

[23] 沈燕琼. 学分制条件下双语教学考核存在的问题及对策. 教育探索. 2010（8）：76-77.

[24] 邱微等. 工科院校双语教学存在的问题及对策［J］. 教育探索. 2012（12）：64-65.

[25] 司巧梅，刘志宇，邢军. 对高师院校计算机非师范专业双语教学的调查与分析. 教育探索. 2012（1）：60-61.

[26] 唐万侠，张卫民. 天然药物化学课程双语教学探讨［J］. 教育探索. 2012（9）：50-51.

[27] 王海华，王同顺. 我国双语教学和公共英语的接口问题［J］. 外语界. 2003（1）：26-31.

[28] 王本华. 顺应时代潮流营造浓郁的双语学习氛围［J］. 课程、教材、教法. 2003（6）：49-51.

[29] 王超美. 高校低年级双语教学定位分析——以两个年级的调查为例［J］. 中国成人

教育. 2007 (9) 104 – 106.

[30] 王晓华. 合作学习法在大班双语教学背景下的应用 [J]. 教育理论与实践. 2011 (11)：55 – 57.

[31] 许克琦. "双语教学"热中应关注中华民族文化遗失问题 [J]. 外语教学. 2004 (3)：86 – 89.

[32] 孙琦. 关于旅游高校双语教学的研究与实践 [J]. 教育探索. 29 – 30.

[33] 苏广才. 论翻译在高校双语教学中的适用性 [J]. 外语学刊. 2007 (7)：123 – 125.

[34] 叶新. 双语教学的实质及在现代中国的两种现象 [J]. 山东外语教学. 2003 (3)：111 – 112

[35] 叶建敏. 做好大学英语教学向双语教学过渡的接口工作——一次将基础英语和专业英语融合一体的教学尝试 [J]. 外语界. 2005 (2)：69 – 72.

[36] 徐国琴, 何奕娇. 高校双语教学的定位与改革思路 [J]. 教育探索. 2011 (8)：60 – 70.

[37] 俞理明, 韩建侠. 渥太华依托式课程教学及其启示 [J]. 外语教学与研究. 2003 (6)：465 – 468.

[38] 俞理明, 袁笃平. 双语教学与大学英语教学改革 [J]. 高等教育研究. 2005 (3)：74 – 78.

[39] 袁华平. 中国高校双语教学与加拿大双语教育之比较研究 [J]. 高教探索. 2006 (5)：39 – 43

[40] 俞理明, 韩建侠. 初始英语水平对全英语双语教学效果的影响 [J]. 中国外语. 2011 (3)：59 – 66.

[41] 张培. 双语教学热点问题的冷思考 [J]. 东北师大学报（哲学社会科学版），2002 (3)：121 – 127.

[42] 曾艳, 卢佳慧. 基于网络资源开展双语教学的策略 [J]. 课程教材，教法. 2004 (6)：67 – 70.

[43] 朱建成. 高校实施双语教学之探析 [J]. 高教探索. 2004 (4)：57 – 59.

[44] 周书民, 李玲, 高永平. 双语教学中英语思维方式的培养 [J]. 教育探索. 2005 (80)：23 – 26.

[45] 张维佳. 双语教学的性质条件及相关问题 [J]. 语言教学与研究. 2002 (4)：20 – 26.

[46] 张幼斌, 蓝若宇. 论广告英语双语教学的可行性及意义 [J]. 四川外国语学院学报. 2007 (1)：137 – 140.

[47] 章宜华. 关于双语教学与双语专科学习词典的几点设想——以英汉词典为例 [J]. 外语界. 2009 (4)：30 – 37.

[48] 曾明. 高等学校推进双语教学的思考 [J]. 教育探索. 2009 (1)：

[49] 曾鸣. 我国高校体育专业中双语教学的实施 [J]. 教育理论与实践. 2011 (9): 63–64.

[50] 张幼斌. 高等学校专业课程层级化双语教学模式探索 [J]. 外国语文. 2011 (4): 114–117.

[51] 郑大湖. 大学双语教学需求分析的模块构建 [J]. 外国语文. 2011 (1): 128–131.

[52] 朱全银, 白晓林. 双语教学课程设置研究——以本科院校工科专业为例 [J]. 教育理论与实践. 2011 (11): 52–54.

[53] 周恩, 丁年青. 大学英语教学与双语教学的衔接: 现状与思考 [J]. 外语界. 2012. (4): 68–75.